섹ㅅ 사랑이라는 여자
열정이라는 남자

섹스

사랑이라는 여자
열정이라는 남자

박수경 지음

추천사

성은 신이 인간에게 주신 선물이자 축복이다. 저자는 이 책을 통해 즐겁고 행복한 섹스가 인생을 더 풍요롭게 만들 수 있다는 사실을 가르쳐 준다. 책의 내용은 한 상담가의 오랜 관심을 반영하고 있는 것 같다. 책장을 넘기면서 만나는 신선하고 유쾌한 글들이 시선을 사로잡는다. 시중에 나와 있는 통상적인 상담서와 달리, 성에 대한 인간의 근본적인 질문에 대해 생물학과 철학, 심리학 그리고 다양한 상담 사례들로 솔직한 진단과 실제적인 해답을 주고 있어 독서를 멈추고 자주 생각하게 만든다. "여자에게 섹스는 디저트다."라는 저자의 도발적이고 직설적인 화법은 이 책을 읽는 독자들에게 커다란 울림을 줄 것 같다. 저자가 전하는 성에 대한 새로운 발견과 감동으로 더 풍요롭고 행복한 인생이 될 것 같아 책을 적극 추천한다.

변상해 교수(서울벤처대 부총장, 한국청소년보호재단 이사장, 교정상담 전문가)

　미국의 칼럼니스트 노라 빈센트Norah Vincent는 하루는 여성으로
서 남성들의 정서와 성심리를 이해하고 싶어 스스로 남장을 하고
548일간 남자들 틈바구니 속에서 생활하기로 결심한다. 오랫동안
「LA타임즈」지를 비롯한 다수의 잡지에 남녀와 연애에 대한 시시콜
콜한 칼럼을 기고하던 그녀는 어느 날부터 남녀의 성심리에 대한
갈증을 느끼기 시작했다. 남녀의 성역할이 가지는 본질에 좀 더 가
까이 다가서고 싶었다. 남자와 여자라는 성정체성 사이에서 남달리
혼란스런 어린 시절을 보냈던 그녀는 이전까지 대부분의 남자들이
가부장적인 편견을 가졌으며 그러한 마초 같은 남성성이 사회에서
여성을 억압하는 문화적 기제를 만들어왔다고 굳게 믿고 있었다.
자연스럽게 레즈비언이자 페미니스트의 관점에서 남자들의 문화와
시각을 비판하는 글들을 써왔던 그녀였다.

그러던 어느 순간부터 그녀는 진짜 자신이 남자에 대해 정확히 알고 있는지 물음표를 던지기 시작했다. '우리는 정말 남자를 알고 있을까?' '남자로 태어난다면 어떤 느낌일까?' 그녀는 자신을 사로잡았던 남자들의 행동 양식이나 습성을 관찰하며 사회와 문화가 규정하고 강요하는 남성성이 무엇인지 규명하고 싶었다. 동시에 자신이 지금까지 이해할 수 없었던 여러 가지 남자들의 사고방식과 성심리, 남자도 어쩔 수 없는 성역할에 대한 통찰력을 얻을 것을 기대했다. 한편으로는 여자들과 달리 복잡한 감정선에서 자유롭고 당당해 보이는 남자들의 세계를 어느 순간 동경하고 희구하는 자신을 발견하게 되었다. '이참에 남자가 되어 보자!'

어린 시절, 기저귀를 떼기 무섭게 목장 일꾼처럼 옷을 걸쳤고, 비비크림이 아니라 아빠의 면도크림을 탐냈으며, 모든 소녀들이 바비 인형을 가지고 놀 때 혼자서 갑옷 입은 잔 다르크 인형을 가지고 놀았던 그녀에게도 완벽한 변장은 필수였다. 그녀는 또래 친구들이 조신하게 앉아서 소꿉장난을 할 때 사과나무 꼭대기에 올라가서 타잔 놀이를 했고, 일곱 살 때는 아예 남장을 하고 할로윈 파티에 가는 걸 보고 하나같이 주변에서 선머슴 같다는 말을 많이 들었지만,

본능적으로 남아있는 한 올의 여성성마저 철저히 지우지 않는다면 남자 사회에 진입조차 불가능하다고 판단했다. 이름을 우선 노라에서 '네드'로 바꾸었다. 하루아침에 네드가 된 그녀는 치렁치렁했던 머리를 짧게 깎고, 햇볕에 얼굴과 피부를 검게 그을렸다. 운동으로 여성의 체형을 남성의 그것으로 바꾸었으며 더불어 체중도 한 6kg 정도 불렸다. 복대를 가슴에 칭칭 감았고, 헐렁한 와이셔츠와 남성복으로 여성스런 몸매를 감췄다. 한편 수염 분장을 직접 배우는 열의도 보였고, 남자의 걸음걸이며 제스처도 꾸준히 연습했다. 아예 하는 김에 제대로 하려고 고무로 된 남성 성기까지 구입해서 사타구니에 달았다. 그러고도 마음이 놓이지 않은 노라는 남성들의 말투와 발성을 익히기 위해 줄리아드 음대의 음성코치를 찾아가 직접 사사하는 극성을 부리기도 했다.

과연 노라는 어떻게 되었을까? 자신감이 생긴 노라, 아니 네드는 이렇게 남자로 변신한 채 남자들의 세계에 겁 없이 뛰어들었다. 이 과정은 가감 없이 그녀의 저서 『548일 남장체험(위즈덤하우스)』에 수록되었다. 필자는 책을 읽으면서 상담소에서 만났던 많은 남성 내담자들의 얼굴이 자연스럽게 겹쳐졌다. 그녀는 볼링동호회에 가입하여 남자들의 우정과 소통방식을 경험하고, 저녁이면 스트립 바에 가서 남자들의 성심리를 같이 느끼려고 했다. 거기서 풋내기 대학생에서 모범적인 가장, 추레한 외톨박이 영감에 이르기까지 스스로도 어쩔 수 없는 성욕을 해소하는 군상들을 보며 수컷의 내밀한 성심리를 직면하게 된다. 동시에 그녀는 여자였을 때 미처 인식하지 못했던 여자들이 남자에 대해 가진 불편한 편견들도 마주하게 된다. 남자를 대하는 여자들의 이중적인 태도와 남자의 관점에 대한 몰이해, 나아가 이런 상황을 교묘하게 이용하는 여자들의 암컷 본능들도 새롭게 발견한다. 그녀는 기나긴 남장체험을 마친 후, 자신의 기대와 달리 이 시대의 남자들이 너무 불쌍하다는 결론에 도달했다. 「타임즈」지와의 인터뷰에서 그녀는 "남자들도 가부장 역할을 해야 한다는 생각에 고통 받고 있더군요. 남자에게는 여성의 이해와 사랑이 필요해요."라고 말했다고 한다. 비로소 마지막 퍼즐 조각을 맞추며 남녀의 온전한 이해를 이루게 된 셈이다.

남자는 여자를, 여자는 남자를 모른다. 문제는 남자는 여자를, 여자는 남자를 안다고 착각한다는 데에 있다. 모르는데 안다고 하는 것만큼 위험한 것도 없다. 선머슴이 사람 잡는 격이다. 노라 빈센트는 스스로 남자가 되고 나서야 비로소 남자들이 사회에서 숨기고 살아가는 남성성의 아픔을 인식했고, 남자들이 왜 특정 상황에서 그렇게 행동할 수밖에 없었는지 점차 깨닫게 되었다. 동시에 남자들의 한 번 붙으면 꺼지지 않는 성욕과 여자로서 고대 이란의 베히스툰 비문만큼 불가해한 그들의 성심리에 대한 이해도 갖게 되었다. 이 책은 필자가 17년 간 수백 명의 내담자들을 만나 그들의 삶의 이야기들을 듣고 얻은 통찰의 기록이다. 많은 이들이 여성 내담자였지만, 개중에는 남성 내담자도 적지 않았다. 자신의 성심리를 알고 싶어 상담소를 찾았던 이들부터 성범죄의 그늘에서 가까스로 탈출했던 이들, 이상성욕을 주체할 수 없어 온갖 시도를 다 하다가 결국 자포자기의 심정으로 필자를 찾았던 이들, 믿었던 남편의 외도로 자신의 손목을 긋기까지 처절하게 무너지고 방황했던 이들까지 필자와 함께 울고 웃으며 나눴던 깊이 묻어둔 마음속 이야기에서부터 침대 위에서 벌어진 은밀한 이야기까지 여기에 남김없이 담았다.

벌써 세 번째 집필 작업이지만, 언제나 글을 쓰는 일은 어렵고 힘든 것 같다. 앞서 두 권의 책도 물론 소중하지만, 개인적으로 이번 책, 이번 주제가 필자에게는 가장 의미 있고 중요한 책이라고 여겨졌다. 그래서 욕심을 내다보니 생각보다 탈고가 많이 늦어졌다. 매 시간 쉴 새 없이 이어지는 내담자들의 방문과 상담 중에도 틈틈이 짬을 내서 원고를 쓰고 고쳤다. 밤에는 책상에 앉아 스탠드를 켜놓고 전공서적들을 뒤지며 필자의 기록과 맞아떨어지는 이론적 배경들을 찾았다. 관련 심리학 저널들을 뒤졌고 국가 통계들을 살폈다. 그간 여러 공공기관과 사업체에서 특강과 강연을 해오던 내용들을 일차적으로 정리했고, 거기에 필자가 상담 중에 기록해 두었던 상담 일지들을 더해서 원고를 완성했다. 단행본을 염두에 두고 집필을 하다 보니 원래 구상했던 것보다 내용이 많이 줄어들었지만, 그래도 필자가 꼭 쓰고 싶었던 부분들은 다 쓴 것 같다.

여러분들이 이 책을 읽으면 그간 아리송했던 남자와 여자의 성심리를 명쾌하게 이해하고 남녀관계에 새로운 시각을 가지게 될 것이라고 확신한다. 남자의 성심리를 이해한답시고 노라 빈센트처럼 남장을 하고 술집에 드나드는 수고를 하실 필요는 아마 없을 것이다. 부디 이 책이 아름다운 만남과 정신적 에너지를 주는 건전한 성생활로 행복을 되찾는 데에 조금이나마 도움이 되었으면 좋겠다.

부족한 책을 선뜻 내주시겠다고 손을 잡아주셨던 가연출판사 김성룡 대표님, 책을 아름답게 만들어 주신 김민정 디자이너에게 이 자리를 빌어 마음 깊이 고마움을 전하고 싶다. 무엇보다도 처음부터 이 책의 기획을 해주시고 무에서 유를 창조해 주신 정도준 북코디네이터 선생님께도 더 없는 감사의 마음을 표하고 싶다. 그리고 그간 저와 함께 이야기를 나누며 절망 속에서 다시금 삶의 의미를 찾았던 모든 내담자들, 우연한 기회에 이 책과 인연이 되어 이 책을 읽게 될 미래의 독자 여러분들 모두에게도 더불어 마음 깊은 감사를 드린다.

검은들길에서

박수경

Contents

Contents

❖ 율리우스 크론베르그(Julius Kronberg)의 「Romeo and Juliet on the Balcony(1886)」

—

chapter 1

남자와 여자의 만남

성심리의 인간적 접근을 위한 프롤로그

"사랑이 없는 섹스는
섹스가 없는 사랑만큼이나 공허하고 우스꽝스럽다."
―헌터 톰슨Hunter S. Thompson―

남자와 여자의 만남

'태초에 여자가 있었다.'

1974년 11월 24일, 세계적인 커피 생산지로 유명한 에티오피아 북동부의 한 계곡에서 고고학계를 발칵 뒤집어놓을 화석이 발견되었다. 두 다리로 걸었던 최초의 원생인류의 해골과 뼈가 발굴된 것이다. 오랫동안 학자들은 네 다리로 걷는 유인원에서 두 다리로 걷는 인간 사이를 잇는 진화의 연결고리를 찾고 있었다. 당시 발굴을 이끌었던 미국의 고고학자 도널드 조핸슨Donald Carl Johanson은 발견된 화석이 390만 년에서 290만 년 전까지 지구상에 생존했던 오스트랄

로피테쿠스 아파렌시스, 즉 사족보행과 이족보행을 함께 했던 최초의 인류라고 확신했다. 흥미로운 점은 해골의 주인이 '여성'이라는 사실이다. 당시 발굴팀은 내내 천막에서 비틀즈의 '루시 인더 스카이 위드 다이아몬드*Lucy in the Sky with Diamonds*'라는 곡을 질리도록 들었는데, 덕분에 뼈의 장본인에게 '루시'라는 이름을 붙여 주었다. 이렇게 인류의 시작은 '여성'으로 출발했다.

> "루시는 믿기 힘들만큼 놀라운 발견이었다. 그것 말고는 달리 표현할 말이 없었다. 온 캠프가 축제 분위기에 들떴다. 루시에 관한 것은 모든 게 놀라웠다. 인류학 천막의 탁자에 전체 골격 중 절반에 가까운 뼈를 올려놓고 각 부분을 제 자리에 갖다 놓자, 거기에 모든 과학자들은 눈앞에 생생한 증거가 나타난 것을 보고도 차마 믿을 수 없었다. 전체 골격을 맞춰 놓은 루시 자체도 놀라운 존재였다. 키가 150cm 정도 밖에 안 되고 뇌도 작았지만, 직립보행을 한 게 분명했다."
>
> 『루시, 최초의 인류(김영사)』, 283.

우리가 익히 알고 있는 『성서』에는 최초의 인간, 아담이 등장한다. 신이 자신의 갈빗대로 여자를 만들기 전까지 그는 이 땅에 존재했던 최초의 인류였다. 하지만 유대인 신화에 따르면, 아담에게는 하와 이전에 또 다른 아내가 있었다. 고대 근동을 떠돌던 신화들을 집대성한 바빌로니아 탈무드에 따르면, 하와는 아담에게 두 번째 여자에 불과했다. 릴리트Lilith라는 여자가 아담과 같은 시간에 같은 방식으로 같은 진흙을 떼어 창조되었기 때문이다. 히브리어로 '밤[夜]'을 뜻하는 릴리트는 남자가 만들어지고 난 뒤, 그것도 그의 갈빗대로 만들어진 하와와는 질적으로 다른 존재였다. 릴리트는 하와처럼 남자보다 열등하거나 부차적인 위치가 아닌 처음부터 동등하게 창조되었다. 그렇다면 왜 릴리트는 과거의 기록과 기억에서 삭제된 것일까?

탈무드의 설명에 의하면, 릴리트는 그리 고분고분한 성격이 아니었다고 한다. 둘을 창조하고 합방을 시키려 했던 신의 예상과 달리, 사사건건 릴리트는 아담과 티격태격했다. "내가 너 위에 올라갈게." "아냐, 내가 너보다 더 우월하니까 위에서 할 거야." 체위를 놓고 초야부터 남자와 여자는 치고 박고 싸웠다. 아담은 자신이 힘이 세기 때문에 더 월등하다고 주장했고, 릴리트는 자신이 더 아름답기 때문에 상위에 있다고 대들었다. 힘과 아름다움이 충돌했다! 급기야 릴리트는 한 남자에게 종속된 신분으로 살아가는 것을 거부하고 에덴동산을 떠나 다시는 돌아오지 않았다. 인류 최초의 '가출'인 셈이다. 졸지에 배우자를 잃은 아담은 신에게 불평을 늘어놓았다. "당신이 만든 여자가 내 곁을 떠났으니 다른 여자를 만들어 줘야 하지 않나요?" 더불어 "이번에는 좀 고분고분하게 만들어 주세요."라는 주문도 빼놓지 않았다. 그렇게 만들어진 두 번째 여자가 바로 하와라는 것. 같은 실수를 반복하지 않기 위해 신은 아예 하와를 '돕는 배필' 수준으로 만들었다.* 「창세기」 신화는 문자를 만나 책으로 남고, 릴리트의 신화는 입에서 입으로 구전되다 망각 속으로 사라졌다.

그렇다면 아담의 곁을 떠나 일탈을 감행한 릴리트는 어찌 되었을까? 갖가지 상상 속에서 릴리트의 신화가 만들어지고 다듬어졌다. 이후 릴리트는 으슥한 밤에 출몰하여 남자를 후리는 '도깨비'나 사악한 '악귀', 남자의 피를 빠는 뱀파이어로 전락했다. 이런 여성 비하의 관점은 후대에 "여자, 너는 순수한 우연의 산물이자 창조주의 실수"라고 선언한 아우구스투스나 "여자는 부차적이고 우연한 존재"라고 규정한 토마스 아퀴나스의 관점과 전혀 다를 바가 없다. 하지만 에티오피아 하다르 계곡에서 발견된 루시처럼, 남녀의 성심리를 이야기하기에 앞서 역사의 진토 속에 묻혀버린 릴리트가 다시 깨어나야 할 때가 아닐까? 여자는 단순히 남자의 돕는 배필이 아니라 인류를 이끌어온 위대한 자궁을 가졌기 때문이다.

---

* "여호와 하나님이 가라사대, '사람(아담)의 독처(獨處)하는 것이 좋지 못하니 내가 그를 위하여 돕는 배필을 지으리라.' 하시니라." 「창세기」, 2장 18절.

영원한
남녀의 싸움

  프랑스의 화가 귀스타프 쿠르베Gustave Courbet가 1866년 발표한 그림은 기존의 사실주의 화풍에서 벗어난 독특한 이미지와 구도로 사람들의 이목을 단번에 사로잡았다. 벌거벗은 한 젊은 여성이 침대에 드러누워 다리를 벌린 채 자신의 복부와 성기를 보여주는 구도는 그 그림을 처음 보는 이들에게 충격을 주기에 충분할 만큼 매우 도발적이다. 제목은 더 충격적이다. 쿠르베는 세로 46cm 가로 55cm의 좁은 캔버스에 그린 이 그림에다가 「세상의 기원L'Origine du monde」이라는 자못 거창한 제목을 붙였다. 팔과 다리가 캔버스 밖으로 다 잘려나간 토르소torso는 보는 이로 하여금 검은 털이 수북한 여성의 성기만을 집중해서 보도록 강요하는 듯하다. 이 그림이 시사하는 바는 무엇일까? 미학에는 문외한이지만, 그림을 보고 필자는 '인간관계의 모든 함수가 결국 이 다리 사이의 갈라짐에서 비롯한 게 아닐까?' '그렇기 때문에 어쩌면 인류 모두 태생적으로 공통의 원인에서 비롯한 동일한 문제에 직면하고 있는 게 아닐까?' 하는 생각이 들었다.

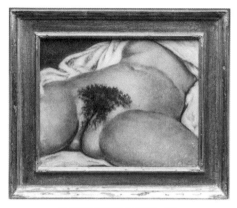

귀스타프 쿠르베, 「세상의 기원」

　홍미로운 점은 이와 같은 쿠르베의 그림을 패러디하여 1989년 프랑스의 현대미술가 오를랑Orlan이 「전쟁의 기원L'Origine de la Guerre」이라는 그림을 그렸다는 사실이다. 제목 뿐 아니라 이미지와 구도마저 쿠르베의 그것을 그대로 따왔는데, 달라진 거라고는 여성이 아닌 남성의 성기가 대신 한다는 점이다. 같은 자세로 누운 남성은 사타구니를 벌리고 자랑스럽게 자신의 발기한 성기를 보여주고 있다. 이 정도면 '오마주'가 아니라 '디스'에 가깝다. 마치 "너, 이 거 없지?"라고 뇌까리듯 보무도 당당하게(?) 드러낸 자신의 남근은 수북한 음모陰毛로 덮인 치골 사이로 '있어야 할 그것'이 부재한 여 성의 성기를 초라하게 만든다. 하지만 그것이 오를랑의 전략이다. 오를랑은 그림을 통해 "우뚝 선 남성의 성기는 그 자부심만큼이나 모든 전쟁의 근원이 되었다."고 고발한다. 그녀의 관점에 동의하기 에 앞서, 필자는 남성성을 남근으로, 여성성을 남근의 부재로 집약 하는 문화적 이분법에 반대한다. 어쩌면 이 책은 이러한 문화가 낳 은 남녀의 고착된 성역할을 해부하기 위해 쓰인 것일지도 모른다.

과연 언제부터 이런 남녀의 정반합은 시작되었을까? 플라톤의 『향연』에는 아리스토파네스가 전하는 흥미로운 신화가 등장한다. "그 당시[태초에] 인간은 팔이 네 개에 다리도 네 개, 얼굴은 두 개 이고 부끄러운 부분도 두 개, 그 나머지 부분도 모두 마찬가지였다. 제우스는 인간의 불복종을 다스리고자 과일을 자르듯 인간을 둘로 나누었다. 그런데 그들이 둘로 나뉘자 이번에는 서로 자신의 나머 지 반쪽을 그리워하며 만나려 들었다. 서로 껴안고 뒤엉켜 한 몸으 로 자라기를 욕망하다가 결국 아무 것도 하지 않아 굶어죽었다." 남자와 여자가 원래 한 몸이었다는 신화는 섹스sex라는 단어가 라틴어로 '갈라지다_secare'에서 나왔다는 사실에서 나름대로 설득력을 지닌다. 정말이지 어쩌면 남자와 여자는 처음부터 '갈라진' 존재, 반쪽으로 '나누어진' 존재였을지도 모른다. 쿠르베의 그림에서 보듯, 여성의 그 갈라진 틈 사이로 모든 생명이 나왔고, 그래서 다시 그 틈으로 들어가기를 열망하는 존재. 현생인류가 모두 루시의 자손이듯 분화되어 나온 본류로 다시 회귀하기를 희구하는 존재. 그래서 끊임없이 남자는 여자를, 여자는 남자를 욕망하고 추구하는 존재였을지도 모른다. "태평양 한 가운데 남자들만이 사는 금녀의 섬과 여자들만이 사는 금남의 섬이 있다면, 과연 두 섬의 운명은 어떻게 될까? .... 해운업이 발달할 것이다! 왜냐하면, 양측에서 끊임없이 배를 만들려고 할 테니까." 미국의 유명한 스탠딩코미디언이 토크쇼에서 이들 두고 한 별스럽지 않은 유머다.

❧

남녀의 정반합은 욕구에서 그대로 드러난다. 흔히 인간의 3대 욕구를 식욕과 수면욕, 성욕으로 꼽는다. 인간이면 누구나 먹고, 자고, 싸려는 욕구가 있다. 이 욕구는 거의 본능에 가깝기 때문에, 이를 충족하지 못했을 때 인간은 좌절하게 된다. 그렇다고 이 세 가지 욕구가 모두 동일한 층위에서 논의될 수 있는 것들은 아니다. 앞의 두 가지는 잘 먹고 잘 자면 된다. 물론 개인에 따라 이러한 주문이 쉽지 않은 경우도 많다. 괜히 못 먹고 못 자는 게 아니다. 거식증과 폭식증, 불면증을 비롯하여 대부분의 섭식장애와 수면장애가 정신질환이나 불안 및 각종 이상심리에서 기인하기 때문이다. 하지만 식욕과 수면욕은 비교적 혼자 해결할 수 있는 욕구에 가깝다. 먹고 자는데까지 굳이 상대를 필요로 하지 않기 때문이다.

반면 성욕은 쉽지 않다. 혼자 해결해 보려고 해도 잘 안 된다. 앞선 두 개의 욕구와 달리, 성욕에는 남녀의 정반합, 즉 인간관계가 들어있기 때문이다. 배고프면 라면이라도 끓여 먹을 수 있고, 졸리면 낮잠이라도 한두 시간 자면 된다. 극단적으로 말해서, 무인도에 혼자 살아도 식욕과 수면욕은 해결이 가능하다. 하지만 성욕은 절대 혼자서 해결할 수 없는 욕구다. 앞서 언급한 스탠딩코미디언의 농담처럼, 자위도 한두 번이지 인간이면 갖는 상대 이성을 희구하는 강렬한 욕구는 다른 어느 것으로도 치환하거나 보충, 대체할 수 없다. 이 욕구를 해결하기 위해서는 반드시 상대(연인 혹은 배우자)가 있어야 한다. 오해하지 말자. 지금 여기서 필자가 말하는 성욕은 단순한 '섹스'를 의미하는 게 아니다. 성욕은 남자와 여자의 성적 관계를 넘어선 보다 높은 차원의 정신적, 정서적 교류를 포괄하는 개념이다.

근본적으로 성욕이 식욕이나 수면욕과 다른 점은 남녀가 차이를 보인다는 데에 있다. 식욕과 수면욕은 남자나 여자나 큰 차이가 없다. 먹고 자는데 남녀가 따로 없다. 배고프면 먹고 싶고, 졸리면 자고 싶은 건 인간이면 누구나 갖는 욕구이며, 차라리 이런 점에서 남녀의 차이보다는 개인의 차이가 더 크다. 반면 성욕은 그렇지 않다. 성욕은 남자와 여자가 판이하게 다르며, 게다가 서로의 욕구가 함께 만나야만 충족될 수 있는 구조를 갖고 있다. 남녀의 정반합이 이뤄지는 영역이 바로 이 성욕이라는 지점이다. 물론 성욕 중에서도 남녀가 공통적으로 머물러 있는 지대가 있다. 소위 **'동물의 성욕'**이라고 부르는 영역이다. 반면 남녀가 각기 상반된 성욕을 가지고 있는 고립된 지대도 있다. 이 지대는 남자와 여자가 배타적으로 가

지고 있는 성욕이기 때문에 둘은 결코 겹쳐지지 않는다. 이를 도표
로 나타내면 다음과 같다.

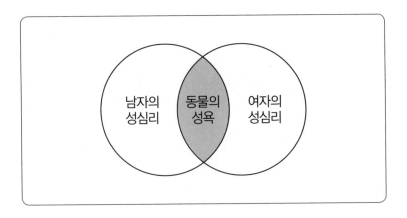

　　흥미로운 것은 중간지대에 머물러 있는 동물의 성욕만 가지고
는 남지든 여자든 어느 한 쪽도 결코 만족하지 못한다는 사실이다.
동물의 성욕과 함께 남자는 남자의 성심리까지, 여자는 여자의 성심리
까지 온전히 충족되어야 진정한 성적 만족과 정신적 에너지가 이르
러온다. 지금까지 무수한 남녀 간의 트러블이 서로의 성욕을 충족
시키기 위해 서로를 좌우로 끌어당겨왔던 역사에서 비롯한 것이다.
남자는 개인적인 성욕이 먼저 생기고 관계로 넘어가고 여자는 관계
의 긍정적 감정에서 성욕으로 넘어가다보니 성에 대한 남녀의 인식
도 다르고 성욕을 해결하는 방식도 서로 다를 수밖에 없다. 언어를
조립하는 방식에서부터 성적 메시지를 읽는 독법까지 판이하게 다

르기 때문에 남자와 여자는 영원히 서로를 오해하게 된 것이다. 모든 동물과 식물의 가장 강력한 욕구는 번식욕이다.

인간의 성욕 = 동물의 성욕 + 남자의 성심리 + 여자의 성심리

동식물은 외부의 도움 없이도 혼자서 생존할 수 있기 때문에 다른 개체와 밀접한 관계를 맺지 않는다. 그러나 인간은 태어날 때부터 혼자서는 생존할 수 없는 무능력한 상태로 태어나기 때문에 상대와 관계를 맺게 되었다. 이러한 인간관계 속에서 뇌가 발달하고, 언어를 습득하면서 내부의 심리와 외부의 인식을 갖추게 되었다. 유전자 번식욕이 성욕이라는 것을 알게 된 인간은 자신의 유전자를 다른 유전자보다 우세하게 성장시키려고 경쟁을 하게 된다. 사회에서 발생되는 성욕을 열정과 사랑으로 승화시켜 자신이 원하는 것을 이루어 가는 정신적 에너지로 발달시키며, 더불어 삶의 의미와 가치를 만들며 살아가게 되었다. 하지만 그와 반대로 인간은 불완전하게 태어났기 때문에 처음 접하는 것에 대한 불안과 두려움으로 자신을 보호하려는 방어기제를 쓰게 되고, 올바른 인식에 의한 성장이 아닌 비뚤어진 인식의 몰입으로 이상심리가 발생하여 비정상적인 정신적 에너지가 일어나기도 한다. 왜곡된 열정과 사랑으로 정신증과 일탈의 심리로도 발달하게 되었다. 이 책은 바로 이런 성심리의 오해를 해부하고 분석하기 위해 집필되었다.

02 인간이 그토록 관계에 집착하는 이유

　　인간의 성심리를 다루기 전에 인간의 뇌부터 이야기를 시작하자. 심리학을 전공하고 한동안 뇌를 해부학적으로 연구할 기회가 있었다. 남달리 뇌의 작용과 정신 역동을 이해하고 싶었던 필자는 심리학이나 상담학 서적뿐 아니라 뇌와 관련하여 임상의학과 뇌과학 전문서적을 닥치는 대로 읽었다. 약 1.4kg에 불과한 인간의 뇌는 크게 세 부분으로 이루어져 있다고 한다. 파충류의 뇌, 포유류의 뇌, 인간의 뇌가 그것들인데, 이처럼 세 겹의 뇌는 마치 블랙박스처럼 호모 사피엔스가 진화해온 과정을 순서대로 보여준다. 인간이 가장 오랫동안 담고 있었던 뇌의 중핵은 '후뇌後腦'로 뇌의 가장 밑바닥에 깔려 있는 부분이다. 후뇌는 뇌간과 소뇌로 이루어져 있는데, 이 중에서 흔히 '뇌줄기'로 불리는 뇌간이 파충류가 지구에 출현했던 고생대에 형성되었다고 해서 '파충류의 뇌'라고 불린다. 호흡이나 심장 박동 및 혈압을 조절하고 생명 유지에 필수적인 기능을 담당하고 있기 때문에, 이 부분이 괴사되면 인간은 흔히 '뇌사腦死'에 빠지게 된다. **파충류의 뇌**라고는 하지만 인간의 생존에는 없어서는 안 될 가장 중요한 부분이다.

반면 후뇌를 감싸고 있는 '중뇌中腦'가 있는데, 이 부분은 포유류가 출현했던 중생대 무렵 발생하여 '포유류의 뇌'라고 불린다. 뇌에서 처리하는 모든 정보를 전달하는 정거장과 같은 역할을 담당한다. 중뇌를 의학적으로 '변연계'라고도 하는데, 이는 대뇌피질과 뇌간 사이에서 기억과 감정, 그리고 각종 호르몬을 조절하는 역할을 담당하여 흔히 '감정의 뇌'라고도 불린다. 흔히 동물은 이 부분을 가지고 적대적 상황에 직면했을 때 싸울 것인지 도망칠 것인지 fight or flight를 판단하고, 우호적 상황에 직면했을 때 거기서 안주할 것인지 번식할 것인지brood or breed를 결정한다. 자연스럽게 피아를 구분하고 무리를 이루거나 단독으로 활동하는 데 필요한 지각력이 발달하게 되었다.

	후뇌(hindbrain):
파충류의 뇌 생존	생존에 필수적인 혈압과 호흡, 심박을 관장하고 여러 신경정보를 받아 연결하는 기능을 담당한다. 후뇌를 이루는 연수와 소뇌가 소근육과 대근육을 움직이는 정교한 신체 운동이 가능하도록 작용한다.
	중뇌(midbrain):
포유류의 뇌 감정	감각과 관련된 단순 운동을 관장하며 변연계는 감정을 조절하는 편도체, 기억을 저장하는 해마, 호르몬 분비를 조절하는 시상하부로 이루어져 있다. 식욕과 수면욕, 성욕은 중뇌의 기본적인 활동의 결과이다.
	전뇌(forebrain):
인간의 뇌 이성	대뇌피질은 언어와 판단, 사고 등 고차원적 정신 기능을 가진다. 단어를 물건과 연관 짓고, 타인과의 인간관계를 형성하며, 과거의 기억을 떠올려 비판적으로 성찰하고 미래를 전망하며 현재의 삶을 설계하는 고도의 지적 기능을 담당한다.

　　그 다음 중뇌를 싸고 있는 세 번째 뇌 부위는 '전뇌前腦'로 고도의 정신적 사고 기능과 판단 기능을 발휘하기 때문에 '**인간의 뇌**' 또는 '이성의 뇌'라고 부른다. 인류가 출현했던 신생대에 발생했다고 알려져 있다. 전뇌를 흔히 '대뇌피질'이라고도 하는데, 인간의 뇌에서 80%에 해당할 정도로 가장 발달된 영역이다. 학습과 기억을 관장하고 인간으로 하여금 언어와 이성적 추론이 가능하게 해주기

때문에, 이 부분이 손상되면 비이성적인 행동을 하거나 동물과 같은 욕구 중심의 사고를 드러내게 된다. 대뇌피질이 발달한 덕분에 인간은 오늘날처럼 동물의 왕국에서 만물의 영장으로 군림할 수 있었다. 오늘날 의학계는 이 인간의 뇌를 연구하는 데 많은 시간과 노력을 들이고 있다. 대뇌피질이 인간의 기억과 언어를 관장하는 일뿐만 아니라 신경세포 감소와 알츠하이머 등 신경퇴행성 질병과도 연관이 있는 것으로 보고 있기 때문이다.

필자는 3중으로 이루어진 인간의 뇌에 우리가 다루게 될 인간의 성심리가 고스란히 반영되어 있다고 생각한다. 포유류처럼 새끼가 태어나 자립하기 전까지 어미의 젖을 먹는 동물은 파충류의 뇌와 본질적으로 다르게 발달할 수밖에 없다. 종種에 따라 차이는 있지만, 대부분의 파충류와 양서류는 암수가 만나 교미를 하여 알을 낳으면 바로 자리를 뜬다. 부화과정을 지키거나 새끼가 태어난 다음에도 이들을 거둬 먹이는 종은 생태계에서 극히 드물다. 설사 그런 종이 있다 하더라도 포유류가 보여주는 어미와 새끼 사이의 유대를 똑같이 기대하기란 어렵다. TV 다큐멘터리「동물의 왕국」에 등장하는 여러 동물들의 습생을 보면, 포유류가 생태계의 다른 하위 종들에 비해 우월한 지위를 누릴 수밖에 없는 가장 결정적인 이유를 깨닫게 되는데, 그것은 저들에게 포유류의 뇌가 있다는 사실이다. 포유류는 일정 기간 동안 태중에 새끼를 배고 생존에 필수불가결한 어미와의 인간관계를 형성한다. 이 관계는 새끼가 세상 밖으로 나온 다음에도 상당 기간 이어진다. 어머는 새끼에게 바로 젖을 물린다. 새끼는 본능에 이끌려 필사적으로 어미의 품속으로 파고든다. 개나 고양이 같은 동물들은 그루밍이라 하여 자신의 갓 태어난 새끼들을 혀로 핥아주고 온몸을 닦아준다. 이 과정에서 자연스럽게 관계를 배운다.

한 술 더 떠서 포유류의 정점에 서 있는 인간을 보라. 갓난아기는 철저하게 무기력하다. 그 어떤 포유류보다 인간은 출생 이후 속절없이 무능하다. 새끼 사슴은 태에서 나오자마자 바로 펄쩍펄쩍 뛰지만, 인간은 목도 제대로 가누지 못한다. 여러 가지 이유로 생모와 떨어진 신생아의 생존확률은 거의 제로에 가깝다. 생모나 생부, 아니면 또 다른 친인척에 의해 거둬지지 않고서 갓 태어난 아기는 자신의 생사를 장담할 수 없는 처지에 놓인다. 이렇게 인간은 생존을 위해 타인과의 관계에 집착할 수밖에 없는 운명에 봉착한다. 태어나면서 부모에게, 자라면서 친구에게, 성인이 되고 나서는 배우자와 동료에게 의지하고 살아가기 때문에 인간에게 인간관계는 매우 중요해졌다. 철저히 무능력하게 태어났기 때문에 살아남기 위해서는 철저히 관계에 의존할 수밖에 없었다. 인간은 그렇게 진화하였고, 또 그 결과로 그런 뇌를 갖게 된 셈이다.

인간의 뇌는 인간관계 역시 오랜 진화의 산물임을 보여준다. 관계 속에서 인간의 뇌가 발달하고, 더불어 언어와 감정이 함께 발달하게 되었기 때문이다. 동물은 감각은 발달했지만 희로애락이라는 복잡한 관계에서 오는 감정들은 발달시키지 못했다. 기껏해야 좋고 나쁨 사이에서 오가는 좁은 감정의 통로를 갖고 있을 뿐이다. 반면 인간의 감정은 그 스펙트럼이 대단히 넓고 다양하다. 감정을 느끼고 표출하는 능력은 인류의 위대한 문명과 역사를 낳았고, 이후 진화를 거듭하며 지구상에 거대한 족적을 남겼다. 이처럼 루시의 후예들은 인간의 뇌를 가지고 언어와 감정을 활용하여 지구의 절대 패자覇者가 되었다.

인간관계는 생존이다. 따라서 인간관계가 틀어질 때 발생하는 스트레스는 생존을 위협하기까지 한다. 관계가 꼬이는 건 인생이 꼬이는 것과 같다. 부부관계나 성관계, 친구관계, 일관계 등등 다양한 사회적 관계에서 발생하는 정서적 스트레스는 당사자를 단번에 압살할 수도 있다. 인간관계를 좌우하는 정서와 심리를 이해하는 것이 생존의 필수코스이자 성공의 지름길인 이유가 바로 여기에 있다. 그런데 남자와 여자의 심리는 정반합의 변증법 속에서 정반대의 구조를 갖고 있다. 인간만이 그런 게 아니다. 주변을 보면, 세상의 모든 게 정반대의 짝을 갖고 있다. 수컷이 멸종하면 암컷도 바로 멸종할 수밖에 없다. 마찬가지로 남자가 사라지면, 여자도 사라진다. 남녀는 끊임없이 차고 빠지는 밀물과 썰물과 같다. 밀물만 있는 바다, 썰물만 있는 해변을 상상해 보라. 이런 재앙이 따로 없을 것이다. 남자는 여자를, 여자는 남자를 알고 배려하는 것만이 상호 공존을 위한 가장 시급한 선결과제다.

그렇다면 어떻게 서로를 알고 배려할 수 있을까? 남자와 여자의 정반합의 변증법, 성심리의 상반성을 이해해야 한다. 여자는 자신의 '감정'을, 남자는 자신의 '생각'을 표출한다. 어쩌면 인간의 이러한 상반성 때문에 호모 사피엔스가 만물의 영장으로 올라선 것인지도 모른다. 인간이 기생충처럼 단성생식을 하는 양성구유였다면, 이처럼 다양하고 복잡한 문명을 끌어낼 수 있었겠는가. 양지는 음지가 있기 때문에 존재할 수 있고, 봉우리는 골짜기가 있기 때문에 솟을 수 있다. 기쁨은 슬픔이 있기 때문에 가능하고, 행복은 불행이 있기 때문에 의미가 있다. 아름다움은 추함으로 확보되는 것이며, 뜨거움은 차가움으로 인해 비로소 존재할 수 있다. 희로애락이라는 감정 역시 긍정과 부정이라는 두 가지 감정이 다 들어있다. 즐겁고[喜] 좋은[樂] 것만 공유하는 삶은 인생의 의미와 가치를 만들지 못한다. 화나고[怒] 슬픈[哀] 때도 있어야 삶이고 인생이다. 부정감정과 긍정감정이 함께 있을 때 인생은 진정한 의미를 갖는다.

궁극적으로 남자의 성심리는 정신의 에너지를 만드는 '열정'이며, 여자의 성심리는 '사랑'이다. 남자는 열정을 가질수록 헌신적이며, 여자 역시 사랑을 받을수록 희생적으로 변한다. 두 가지 양면성의 조화와 상반성의 균형을 이룰 때 진정 원만한 관계가 형성된다. 모성애와 책임감, 삶의 가치와 의미가 만들어지면서 더 큰 사랑의 에너지가 생성된다. 남녀는 이러한 다름[異]에서 행복의 극치를 맛보며 육체와 정신의 궁극적인 합일과 같음[同]을 이룬다. 상반된 감정과 정서의 표출인 언어가 무엇보다도 남녀 사이에 중요한 이유가 바로 그것이다.

남자의 성심리(정신적 에너지)는 열정이며
여자의 성심리(정신적 에너지)는 사랑이다

남녀관계는 언어의 이해에 있다고 해도 과언이 아니다. 인간이 파충류의 뇌, 포유류의 뇌와 더불어 인간의 뇌를 가지고 있다는 점은 인간만이 언어를 가지고 있다는 사실에서 가장 명확히 확인된다. 현대 언어학의 아버지 노엄 촘스키Noam Chomsky는 언어야말로 인간과 동물을 명확하게 구분 짓는 결정적인 기준이라고 말했다. 그는 인류의 뇌에 아예 언어를 습득하는 특수 장치LAD가 있고, 인간의 모든 언어를 지배하는 보편문법이 들어 있어 인간이라면 누구라도 언어를 자연스럽게 습득할 수 있다고 주장했다. 인간에게 말은 물고기의 헤엄처럼, 사슴의 뜀박질처럼 본능적이고 필수적인 것이라는 말이다. 그의 주장은 언어가 어떻게 인간관계와 성심리를 지배하게 되었을까를 고민하는 우리에게 결정적인 해답을 제시해 준다.

03 언어와 감정이 관계에 미치는 영향

　우리는 태어나면서 어머니로부터 말을 배운다. 우리가 한국말을 하는 이유는 단 하나다. 우리를 낳아 길러주신 어머니가 한국말을 했기 때문이다. 아이는 태어나 어머니의 품에서 젖을 빨며 어머니가 발화하는 음성을 통해 관계를 시작한다. 그 음성의 일정한 리듬과 발음의 특이성, 억양과 어조는 아이의 **거울 뉴런**mirror neuron이라는 신경세포를 자극하여 이를 그대로 모방하게 만든다. 관계의 밀착과 물리적 소통, 무수한 반복과 지속적인 교정을 통해 아이는 점차 그 음성 안에서 일정한 규칙을 발견하게 되고, 그 규칙은 자신이 평생 사용하게 될 언어의 문법을 자연스레 터득하게 한다. 그래서 우리는 한국말을 모국어母國語, 즉 '엄마의 나랏말'이라고 하는 것이다.*

뿐만 아니다. 더 세부적으로 들어가면, 나의 어머니가 부산 출신이라면 아기도 경상도 사투리를, 광주 출신이라면 전라도 사투리를 구사하게 된다. 반대로 어렸을 때, 미국이나 유럽으로 입양 보내진 아이라면, 비록 생물학적으로는 100% 한국인이라 할지라도 한국어를 단 한 마디도 할 수 없다. 이유는 간단하다. 말을 어머니로부터 배우기 때문이다. 이처럼 인간은 단 한 사람도 예외 없이 태어나자마자 관계라는 **사회망**social network 속에 놓이며, 그 속에서 언어라는 **의미망**meaning network을 함께 얻게 된다. 사회망에서 벗어나면, 언어를 통한 의미망에서도 벗어난다. 이를 언어결정론에서는 소위 **사피어-워프 가설**Sapir-Whorf hypothesis로 설명한다. 간단히 말해서, 언어는 무의식 속에 투사된 내적 세계를 경험의 세계로 끌어올려 실제적 경험을 규정하는데, 이때 언어는 사고의 감옥과 같은 역할을 한다는 것이다. 이는 언어가 개인의 사고 및 생각의 폭에 영향을 끼친다는 것으로 한 개인이 어느 환경에서 어떠한 언어(의미망)를 습

---

* 이와 관련해 브라운대학교의 심리학자 앤 파우스토-스털링(Anne Fausto-Sterling)은 남녀의 성 심리의 차이는 유아기 때 엄마가 남자아이는 행동으로 반응하고, 여자아이는 언어로 반응하는 비율이 높다는 사실에서 비롯한다고 주장한다. 매우 흥미로운 주장이다. 「Sexing the baby: Part 1 What do we really know about sex differentiation in the first three years of life?」참고.

득했는지에 따라 그가 맺는 관계(사회망)에 영향을 줄 수 있다는 주장이다. 그래서 인간은 언어를 떠나서는 사고할 수 없고, 생각의 표현은 언어를 매개로 할 수밖에 없는지도 모른다.

사피어—워프 가설

인류학자인 에드워드 사피어(Edward Sapir)와 그의 제자이자 언어학자인 벤자민 워프(Benjamin Whorf)에 의해 제시된 가설로 '언어가 인간의 사고를 규정한다.'는 언어결정론(linguistic determinism)의 입장을 말합니다. 사피어—워프 가설은 우리들이 보통 의식하고 있지 않는 언어의 강제력이 사람들의 경험과 사고방식을 규정하며 사람이 이것을 피할 수 없다는 주장입니다. 이는 각 언어마다 다른 어휘와 표현에서 찾을 수 있는데, 이를 테면, 알래스카 이누이트족에게 눈을 지칭하는 수십 개의 단어가 존재한다든지, 중동의 베두인족에게 모래를 지칭하는 수십 개의 단어가 존재한다든지 하는 사례를 통해 설명됩니다.

인간은 관계라는 사회망에서 언어라는 의미망을 갖는다

관계라는 사회망에서 벗어나 언어라는 의미망을 놓치면 어떤 일이 벌어질까? 1872년, 인도 북부 우타 프라데시 정글에서 발견된 디나 사니챠르Dina Sanichar의 사례에서 우리는 그 극단적인 경우를 발견하게 된다. 갓난아기였던 사니챠르는 어렸을 때 부모가 밭일을 하러 나간 사이 집에서 감쪽같이 사라졌다. 부모와 마을 사람들은 그가 필시 늑대들에게 잡아먹혔을 거라 판단하고 장례까지 치러

주었다. 그런데 놀라운 것은 6년 뒤 그가 거의 온전한 상태로 먹이를 찾아 내려왔다가 마을 사람들에 의해 발견되었다는 점이다. 무슨 이유에선지 늑대들은 사니챠르를 잡아먹지 않았고 마치 자기 새끼처럼 젖을 물려가며 키웠다. 발견 당시 사니챠르는 실오라기 하나 걸치지 않은 벌거숭이로 늑대들과 어울려 네 다리로 걷고 뛰었다. 습성도 늑대를 그대로 흉내 냈다. 들짐승처럼 고개를 땅바닥에 처박은 채 날고기를 뜯어 먹고 동물의 **뼈**로 자신의 이빨을 갈았으며, 저녁에는 여느 늑대들처럼 울었다.

영국의 소설가 러디어드 키플링이 쓴 『정글북』의 실제 모델이 되기도 했던 그는 이후 선교사가 운영하는 인도의 한 고아원에 보내졌고, 거기서 평생 생활했다. 사니챠르라는 이름 역시 그곳에서 붙여진 것이었다. 우리가 쉽게 예상할 수 있듯, 그는 타인과 대화를 나눌 수 있는 언어능력을 아예 습득하지 못했다. 그렇게 밀림에서 이름도 없이 꾸부정하게 네 발로 뛰면서 살았던 사니챠르는 로마의 건국 신화에 등장하는 로물루스와 레무스의 모습을 연상시켰다. 이처럼 관계는 언어를 요구하게 된다. 포유류의 뇌보다 인간의 뇌가 더 월등한 점은 언어를 만들고 상호 소통하는 능력에 있다. '상대방이 나에게 원하는 게 무엇일까?' '내가 원하는 것을 상대방에게 어떻게 요구할까?' 이런 물음과 필요는 언어의 욕구를 촉발시켰고, 이상적인 매개의 하나로 다양한 언어를 탄생시켰다. 관계가 없다면 언어도 필요 없다. 타인이 없다면 소통도 필요 없다.

오해 없기 바란다. 지금 필자는 인간관계를 언어로 환원시키려는 게 아니다. 인간이 가진 성심리의 뿌리가 인간관계에서 출발하며 언어는 그 인간관계의 중요한 매개가 된다는 점을 강조하고 싶을 뿐이다. 성심리는 화술을 배우고 웅변술을 익혀서 확보할 수 있는 것이 아니다. 물론 인간이 활용하는 언어에는 발화된 언어만 있는 것은 아니다. 인간이 관계에서 사용하는 언어는 크게 두 가지가 있다. 실제 발화된 언어와 비발화된 언어, 이 두 가지 중에서 무엇이 더 중요할까?

UCLA대학의 심리학과 교수인 앨버트 메라비언Albert Mehrabian은 자신의 저서『침묵의 메시지』에서 비발화된 언어들이 사람들 사이의 대화에서 대부분을 차지한다고 주장했다. 그는 한 사람이 입을 통해 전달하는 언어적 표현은 고작 대화의 7% 밖에 되지 않으며, 나머지 93%가 시각이나 청각과 같은 '말로 되어 있지 않은 요소들'로 채워져 있다고 밝혔다. 말하는 사람이 은연중에 드러내는 자세나 용모, 대화 중 보이는 손동작 같은 제스처가 55%로 대화의 가장 많은 부분을 차지하고, 말하는 이의 목소리나 음색, 어조 등 청각적 요소가 38%를 담당한다는 것이다. 솔직히 표정이나 몸짓, 말씨나 목소리 등 정작 말의 내용과는 직접 관계가 없는 이러한 요소들이 그 사람의 메시지를 대부분 채운다는 그의 이론을 사람들은 메라비언의 법칙이라고 부른다. 이 법칙은 오늘날 심리학을 넘어 관계학과 경제, 경영, 행정 분야에서부터 면접, 영업, 자기계발, 화술 등 다양한 분야에 이르기까지 널리 활용되고 있다.

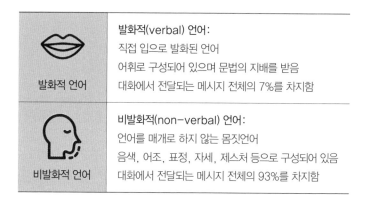

발화적 언어	발화적(verbal) 언어: 직접 입으로 발화된 언어 어휘로 구성되어 있으며 문법의 지배를 받음 대화에서 전달되는 메시지 전체의 7%를 차지함
비발화적 언어	비발화적(non-verbal) 언어: 언어를 매개로 하지 않는 몸짓언어 음색, 어조, 표정, 자세, 제스처 등으로 구성되어 있음 대화에서 전달되는 메시지 전체의 93%를 차지함

이 법칙에 따르면, '무엇을 말하는가(what)'보다 '어떻게 말하는가(how)'가 더 중요하다고 할 수 있다. 언어는 왜 이렇게 언어적 요소와 함께 비언어적 요소도 발달하게 되었을까? 이유는 간단하다. 앞서 말했던 인간의 뇌가 작동했기 때문이다. 인간이 언어를 절

대적으로 기능화했다면, 그 언어의 핵심인 감정과 정서는 고스란히 비언어적 요소에 녹아들어갈 수밖에 없었다. '상대가 무엇을 원하고 무엇을 바라는가?' 끝없이 상대의 감정을 살피고 분위기를 파악하는 눈치가 발달했다는 말이다. 이 눈치는 다가오는 위험을 감지하는 시력과 청력, 포식자를 피해 달아나는 운동신경에 기반한 동물의 원초적인 생존 본능과는 본질적으로 다르다. 진화론적 관점에서 몸짓언어와 발화언어의 사용은 얽히고설킨 사회활동과 인간관계에서 오는 복잡한 신호체계를 해독하는 메커니즘을 필요로 했다. 특히 비언어적 요소를 포괄한 언어의 발명은 인간의 뇌를 현재의 수준으로 증폭시키는 결정적 변곡점이 되었다.

언어는 인간의 운동신경과 함께 발달한다. 막 걸음을 뗀 아기들을 보면, 옹알이를 하다가 막 말을 하기 시작하면서 아장아장 걷는다. 대략 만으로 한 살 전후의 아기들은 기초적인 의사소통과 사지 제어력을 갖는다. 엄마의 품에 안겨 있으면서 가장 기초적인 단계의 관계를 경험하고, 엄마의 입에서 나오는 언어를 통해 소통의 도구를 확보하고, 나아가 걷게 되면서 사물과 다른 인간과의 새로운 관계에 도전하는 길을 따르게 된다. 둥지의 새를 보라. 어미새는 49일 동안 새끼를 품다가 더 이상의 관계로 나아가지 못한다. 반면 인간은 태어나서 부모 품에서 나와서 한 살 전후로 언어를 통해 더 깊은 관계로 진입하는 경험을 하게 된다. 초등학교에 입학하는 시기쯤 되면서 부모로부터 배웠던 지식을 좀 더 구체화시키는 과정을 얻는다. 이를 1차적 분화라고 한다. 포유류의 뇌가 발달하는 과정을 지나 인간의 뇌가 발달하는 단계로 나아간다.

관계 → 언어 → 걷기

몸과 마음이 교감하면서 얻어진 것이 **심리**psyche다. 몸이 발달하면서 심리도 함께 발달하게 된다. 몸이 미성숙할 때에는 심리도 그렇다. 부모와의 관계를 벗어나 다양한 인간관계 속에서 새로운 심리들이 만들어지게 된다. 그 심리 중에 가장 중요하고 근간이 되지만 가장 더디게 발달하는 것 중에 하나가 바로 성심리다. 성심리는 몸이 성숙하여 성인이 되면서 완성된다. 섹스는 성적 인간관계이다. 섹스를 남녀가 육체적으로 나누는 쾌락만으로 인식해서는 안되는 이유다. 아이가 운동성을 갖게 되면서 몸이 발달하고 언어를 터득하게 되면서 성심리의 기초가 만들어진다. 이 기초 위에서 청소년기에 접어들면 2차적 분화를 통해 이성에 눈을 뜨게 되고 서로에 호기심을 갖게 되는 단계가 만들어진다. 이 책은 바로 이 단계에서부터 성심리의 구조를 설명하기 위해 쓰인 상담학 전문서다.

성심리
_몸과 마음의 행복

　『행복론』을 쓴 데일 카네기는 "행복은 어떠한 외부의 조건에 달려 있는 게 아니라 우리의 정신적 태도에 지배를 받는다."고 했다. 인간은 누구나 행복하기 위해 살아간다. 행복은 존재의 이유를 환기시키며, 불행은 존재의 이유를 망각하게 한다. 행복은 천국이며, 불행은 지옥이다. 여기엔 세상을 호령했던 독재자도 저잣거리의 비렁뱅이도 예외가 있을 수 없다. 이러한 행복에는 크게 몸의 행복과 마음의 행복이 있다. 몸의 행복은 일시적이다. 제아무리 오성급 호텔 뷔페에서 각종 산해진미를 먹고 마셔도 돌아서고 나면 금세 배가 고파진다. 멋진 파트너와 짜릿한 원나잇스탠드를 가져도 며칠만 지나면 다시 관계의 갈증이 찾아들기 마련이다. 그래서 영국 속담에 "하루가 즐거우려면 이발을 하고, 일주일이 즐거우려면 여행을 하고, 한 달이 즐거우려면 새 차를 사고, 일 년이 즐거우려면 새 집을 사라."는 말이 있나 보다. 그렇다고 행복하기 위해 매일같이 머리를 하고 매년 같이 이사를 다닐 수는 없지 않은가? 몸의 행복은 이처럼 새벽녘 호숫가에 잠깐 피어오르는 물안개처럼 조금만 지나면 금세 사라져 온데간데없다.

그런데 이와 비슷한 속담이 중국에서도 전해지는데, 그 내용은 영국의 그것과는 사뭇 다르다. "하루가 즐거우려면 낮잠을 자고, 한 달이 즐거우려면 결혼을 하고, 일 년이 즐거우려면 유산을 물려받고, 평생 즐겁게 살려면 남을 도우라." 우리에게 영국 속담보다 중국 속담이 훨씬 인간미가 느껴지는 이유는 간단하다. 이발을 하고 차나 집을 사는 건 혼자서도 얼마든지 할 수 있는 일이지만, 결혼을 하고 남을 돕기 위해서는 반드시 누군가와 관계를 맺어야 하기 때문이다. 객체의 존립을 중요하게 여기는 서구의 **개인주의 행복론**에 반해, 가족과 공동체, 사회를 보다 중요시하는 동양의 **관계주의 행복론**은 인간관계의 중요성을 그만큼 고민한 흔적이 엿보인다. 최근 '소확행'이라 해서 개인이 삶에서 추구하는 자잘한 즐거움을 중요한 행복의 기준으로 삼는 문화가 유행인데, 관계를 배제한 즐거

움은 아무리 짜릿해도 결코 '소소하지만 확실한 행복'에 도달할 수
없다.

개인주의 행복론보다는 관계주의 행복론으로

마음의 만족은 몸의 만족보다 훨씬 지속적이다. 먹고 자고 싸
는 행위는 어김없이 공복과 함께 또 다른 먹고 자고 싸는 행위를 부
른다. 그에 비해 마음의 만족은 상당히 호흡이 길다. 한 번 마음에
자리를 잡은 행복감은 여간 해서는 사그라지지 않는다. 그러한 마
음의 행복감의 정점에는 인간관계에서 주는 만족감이 위치해 있다.
여자는 현재의 만족을, 남자는 미래의 성취를 행복으로 여긴다. 여
자는 현실의 희로애락에서 행복의 요소들을 찾는 데 능하다. 반면
남자는 장래의 목표를 바라보고 이를 달성하는 과정에서 행복의 요
인들을 찾는다. 여자가 남자에게서 사랑을 확인하지 못할 때, 그리
고 남자가 여자에게서 열정을 찾지 못할 때, 관계를 지속하는 과정
에서 정서의 문제가 발생한다.

여자는 사랑의 반대 개념으로 위로를 추구하고, 남자는 열정의
반대 개념으로 쾌락에 탐닉한다. 잠시 위로를 받으면 마음에 만족
이 온다. 하지만 아무리 달아도 사카린이 설탕이 아니듯, 위로는 사

랑이 아니기 때문에 관계의 갈증은 증폭될 수밖에 없다. 남자도 마찬가지다. 여자로부터 열정을 확보하지 못할 때 남자는 삶의 목표를 상실하고 길을 잃는다. 이때 남자는 술과 도박, 섹스같이 주변에서 간단히 찾을 수 있는 인스턴트 같은 감정 해소에 몰두한다. 해소를 만족으로 착각해서는 안 된다. 감정을 해소하는 것과 문제를 해결하는 것은 전혀 다르다. 스트레스를 받고 술을 마시거나 섹스를 하는 것은 일시적으로 자신의 감정을 배설한 거지 그것을 건전한 인간관계라 말할 수는 없기 때문이다.

남자		여자
열정 ↔ 재미		사랑 ↔ 위로

감정을 해소하는 데 급급하면 정신적인 교감이나 관계의 충만한 감정을 놓칠 수 있다. 정신적인 가치는 육체적인 것보다 그 반응이 더디기 때문이다. 성희롱이나 성추행도 이런 축에 속한다. 근본적인 문제를 해결하지 않고 감정과 스트레스를 그때그때 해소하려고 했을 뿐이다. 많은 사람들이 섹스는 몸으로 하는 것이라고 착각

하는데, 몸으로 하는 섹스 이전에 마음으로 하는 섹스가 있다. 몸으로 하는 섹스는 순간적인 만족을 주며 빠른 반응을 유도하지만, 이에 탐닉할수록 에너지가 소진되고 공허하다. 반면 마음으로 하는 섹스는 지속적인 만족과 충만감을 주며 삶의 에너지를 생성시킬 수 있다. 필자는 육체관계를 배제한 '플라토닉 러브'를 말하는 게 아니다. 마음으로 하는 섹스 위에 몸으로 하는 섹스가 올라탈 때 진정 온전한 섹스, 이상적인 성관계가 가능하다는 말을 하고 싶을 뿐이다.

몸	마음
성행동	성심리
물리적 결론	심리적 과정
'몸'으로 하는 섹스	'마음'으로 하는 섹스
순간적인 만족	지속적인 만족
에너지가 소진됨	에너지가 생성됨
일방적일 수 있음	쌍방적이어야 함
해소에 머물 수 있음	해결로 나아갈 수 있음

그렇다면 인간의 성심리는 어떻게 구조화될까? 인간은 일차적으로 인간관계를 통해, 그리고 이차적으로 자연현상을 바라보며 인지과정을 거친다. 인간은 백지상태로 태어나 외부의 정보와 자극을 경험하며 다양한 의식과 무의식을 만들게 된다. 예를 들어, 난로를 한 번도 경험해보지 못한 아기라면, 벌겋게 달구어진 난로 표면에 아무런 거리낌 없이 손을 대려고 할 것이다. 주변에서 난로에 절대 손을 대서는 안 된다는 이야기를 듣지 못하고 직접 손으로 난로의 온도를 경험하지 않았다면, 호기심 많은 아기에게 난로는 흥미로운 장난감이나 사소한 고철덩어리로 보일 게 뻔하다. 하지만 뜨거운 난로에 덴 경험이 있는 아기라면, 난롯가 근처에는 얼씬도 하지 않을 것이다. 이처럼 인간은 관계와 경험을 통해 형성된 의식과 무의식의 구조를 통해 세상을 이해하고 판단한다.

　　인지과정에 있어 이런 주장을 한 대표적인 사람이 스위스가 낳은 인지발달이론의 대가 장 피아제Jean Piaget다. 심리학이나 교육학을 전공한 사람들이라면 익히 알고 있을 학자인데, '도식'이라고 불리는 소위 '스키마schema'를 통해 사람들이 세상을 받아들인다고 주장한 학자로 유명하다. 그에 따르면, 태어나자마자 아이는 끊임없는 관계의 사슬 속에서 인지구조를 만들어가고 그 구조는 아이가 성인으로 성장하면서 덩달아 확대되고 정교해진다. 우리는 스키마라는 구조를 떠나서는 인지도 학습도 할 수 없게 된다는 게 피아제 이론의 핵심이다. 예를 들어, 아이는 집에서 키우는 강아지 '바둑이'를 통해 개라는 동물종의 경험을 하고, 이후 그가 살면서 만나는 많은 다양한 개들을 보고 바둑이를 쓰다듬고 만졌던 인지적 도식을 통해 개로 이해하게 된다는 것이다. 이렇듯 이미 구조화된 생각이나 행동을 가지고 인간은 자신에게 주어지는 정보나 자극을 수용하고 인지한다.

문제는 이 스키마라는 도식은 고정불변의 그 무엇이 아니라 한 개인이 살면서 계속 수정하고 교정한다는 사실이다. 피아제는 어느 누구도 어릴 때의 스키마를 성인이 되어 죽을 때까지 그대로 가져가지 않는다고 단언한다. 왜 그럴까? 개인의 경험이 한정되어 있고 불완전하기 때문이다. 제아무리 일상에서 많은 시행착오와 경험을 갖춘다 해도, 시간과 공간의 제약으로 인지의 스펙트럼은 제한될 수밖에 없다. 그에 따른 스키마 역시 완벽할 수 없다. 그의 인지 발달이론에 따르면, 스키마는 외부 환경과의 상호작용을 통해 수도 없이 재구조화된다. 이 재구조화의 과정을 피아제는 **동화**assimilation 와 **조절**accommodation이라는 메커니즘으로 설명했다. 동화는 기존의 스키마에 새로운 정보를 맞추는 작업이라면, 조절은 기존의 스키마에 새로운 정보가 더 이상 맞지 않아 스키마를 바꾸는 작업을 의미한다. 인간의 인지는 이러한 동화와 조절이라는 연결고리들이 줄지어 연결된 사슬로 되어있는 셈이다. 예를 들어, 반원이라는 정보는 원이라는 스키마에 들어갈 수 있기 때문에, 원을 수정하지 않고도 이해될 수 있는 반면, 네모는 원이라는 스키마에 들어갈 수 없기 때문에 스키마를 조정하지 않을 수 없게 된다. 일단 스키마라는 인지구조에 정보를 끼워 맞추게 되면 인지구조는 다시 기존의 **평형상태** equilibrium로 돌아가게 된다. 그런데, 스키마와 새로운 정보가 맞지 않으면 인지적 부조화에 빠지게 되면서 평형이 깨진 심한 동요가 일어날 수밖에 없다.

끊임없는 동화와 조절을 통해 스키마의 평형이 유지된다

내 평형상태를 유지하기 위해 도식을 바꾸는 사람은 그 순간 새로운 깨달음과 배움이 일어나게 된다. 인지적으로 일정한 무질서와 약간의 혼란은 오겠지만 이를 극복하여 내 스키마를 유연하게 가져갈 때, 인간은 새로운 지식을 얻어 인식의 지평을 넓히는 즐거움을 맛보게 된다. 반면 내 평형상태를 유지하기 위해 도식이 아닌 정보를 왜곡시키는 사람은 인지구조를 전혀 바꾸지 않는 편견에 빠질 수밖에 없다. 이런 사람은 인식의 틀이 경직되어 있기 때문에 동화만 일어날 뿐 조절은 전혀 기대할 수 없다. 사람이 나이가 들수록 이렇게 인지구조를 바꾸지 않으려는 경향이 강해지는데, 노인들이 보수적인 사고방식을 고수하고 사고의 전환을 주저하는 이유는 바로 여기에 있다. 예를 들어, 난생 처음으로 오리너구리를 보았다고 치면, 이 괴상망측한(?) 동물을 '오리'라는 도식에 넣어야 할지 '너구리'라는 도식에 넣어야 할지 처음엔 혼란스럽기 마련이다. 우리가 알다시피, 오리너구리는 오리의 얼굴과 너구리의 몸을 하고 있기 때문이다. 조류처럼 알을 낳지만, 포유류처럼 새끼에게 젖을 물린다. 몸은 수달과 비슷하고, 꼬리는 비버처럼 넓적하며, 발에는 오리처럼 갈퀴가 달려있다. 이분법적 사고만 고집하는 사람이라면, 오리너구리를 보고 아연실색할 것이다.

 동화	새로운 정보를 수용하는 과정에서 인간은 기존의 스키마에 맞춰서 인지하게 되는데, 이 과정에서 인지적 균형을 유지하게 된다. 동화는 인지에 있어 매우 중요한 과정으로 이를 거치지 않는 인지는 사고 내에서 의미를 갖지 못한다.
 조절	새로운 정보가 기존의 스키마에 맞지 않을 때 스키마를 정보에 맞게 조정하게 되는데, 이 과정에서 일시적으로 인지적 균형이 깨지지만 바로 균형을 잡고 평형상태를 맞추게 된다. 조절을 통해 학습과 인식의 확장을 경험하게 된다.

하지만 동화와 조절의 과정은 피아제가 말한 것처럼 그렇게 간단하지 않다. 인간은 인간관계를 통해 자기도 모르게 스키마를 왜곡시키는 운명에 빠지기 때문이다. 상대방에게서 오는 정보를 오해해서 자신의 스키마를 잘못 조절하는 경우, 뒤틀린 스키마가 심리에 누적되는 그릇된 과정을 갖게 된다. 이런 상황을 반복적으로 경험하면서 스키마가 고착되면 더 이상 동화와 조절의 과정은 일어나지 않게 된다. 나이든 어른들이 자신의 생각을 바꾸는 것이 그토록 어려운 이유가 바로 이것이다. 인간의 성심리 역시 마찬가지다. 사람이 평생 긍정적이고 유익한 인간관계, 지지와 사랑을 주고받는 남녀관계만 경험한다면 얼마나 좋겠는가? 그런데 살다보면 본인의 의지와 상관없이 뒤틀린 관계에 빠져 부정적이고 파괴적인 성심리

를 얻는 경우가 대부분이다. 동화와 조절의 실패는 인지의 왜곡으로 귀결되며 이는 고스란히 불행한 결혼생활과 이혼, 외도, 성범죄로 이어지게 된다.

어떻게 하면 뒤틀린 성심리를 조절할 수 있을까? 다음 장에서는 정신분석학의 두 거장이 바라본 뒤틀린 성심리와 그 처방에 대해 살펴보려고 한다.

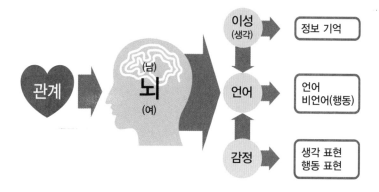

동물은 생존하기 위하여 먹이사냥을 하고, 사람은 생존하기 위하여 인간관계를 맺습니다. 인간관계망을 떠난 인간의 존재는 상상조차 할 수 없습니다. 인간이라면 누구든 두 명 이상 만날 때부터 자연스럽게 관계가 성립됩니다. 인간관계는 매우 중요합니다. 인간관계에서 이성과 감정 그리고 언어가 발달하고 비로소 인간으로서 살아갈 수 있는 기초적인 능력을 얻기 때문입니다. 인간관계를 통해 인간은 인생에서 궁극적인 자기실현과 최고의 성취를 이룰 수 있습니다. 억만금을 쌓아놓고 살아도 배우자와 관계가 엉망이면 결혼생활이 지옥과 같습니다. 그래서 인간에게는 파충류의 뇌와 포유류의 뇌뿐만 아니라 인간의 뇌가 들어찬 것입니다. 인간의 뇌 때문에 인간은 여느 동물처럼 종족 번식의 욕구보다는 인간관계에 대한 욕구 때문에 성관계를 맺게 되었습니다. 인간관계의 가장 숭고한 지점에 남녀의 관계가 놓이는 이유가 바로 그것입니다. 성심리는 인간에게 가장 큰 정신적 에너지를 주는 감정이며, 인간관계를 완성하는 가장 궁극적인 욕구입니다.

❖ 실비오 알라손(Silvio Allason)의 「키스(II Bacio, 연도미상)」

chapter 2

프로이트와 융의 만남

개인무의식의 발현인가, 집단무의식의 학습인가

"모든 혼돈chaos 속에 조화cosmos가 있으며,
모든 무질서 속에 질서가 있다."
—카를 구스타프 융—

프로이트와 융의 만남

우리나라에도 잘 알려져 있는 프랑스의 베스트셀러 작가 베르나르 베르베르는 『상상력 사전』에서 코페르니쿠스의 지동설, 다윈의 진화론과 함께 프로이트의 무의식의 발견을 '인류의 자존심을 상하게 한 세 가지 사건'이라고 언급했다. 그는 성적인 욕망인 리비도가 인간의 모든 고상한 행동 이면에 자리하고 있는 근원적 원리라고 밝힌 프로이트가 인간 세상이 더 이상 광활한 우주의 중심이 아니라는 코페르니쿠스의 발견과 인간은 한낱 원숭이에서부터 진화한 동물에 불과하다는 다윈의 가설에 맞먹는 인간 비하의 개념을 던졌다고 주장한다.

> "세 번째 사건은 지그문트 프로이트의 선언이다. 인간은 예술을 창
> 조하고 영토를 정복하고 과학적인 발명과 발견을 하고, 철학의 체
> 계를 세우거나 정치 제도를 만들면서, 그 모든 행위가 자아를 초월
> 하는 고상한 동기에서 비롯된다고 믿는다. 하지만 프로이트의 주
> 장에 따르면, 인간은 그저 성적인 파트너를 유혹하고자 하는 욕망
> 에 이끌리고 있을 뿐이다."
>
> 『베르나르 베르베르의 상상력 사전(열린책들)』, 12.

과연 그럴까? 심리학이나 정신분석학을 전혀 모르는 사람들도
한 번쯤 프로이트는 들어봤을 것이다. 그가 밝힌 인간 무의식의 구
조는 이후 근-현대 학문의 지형도를 완전히 바꾸어 놓았다. 일관
된 범성론凡性論으로 많은 비판을 받기도 했지만, 프로이트가 제시
한 핵심 기제들은 아직도 심리학계에서 가장 중요한 이론의 하나로
꼽힌다. 베르베르의 말처럼, 인간 욕망의 근원에는 리비도가 자리
하고 있다는 사실, 그 성적 욕망이 인간으로 하여금 예술을 창조하
고 영토를 정복하며 위대한 과학적 발견을 하고 철학 체계나 정치
제도를 세우게 했다는 사실, 그리고 무의식에 자리한 그 본능이 제
대로 충족되지 못할 때 신경증을 비롯한 다양한 정신질환이 발생할
수 있다는 사실이 프로이트가 말하고자 했던 핵심은 아니다. 프로
이트는 오히려 인간의 무의식을 발견하여 사고와 행동 이면에 도사

리는 비이성적인 근거를 설명하려고 했다.

프로이트가 말한 리비도의 개념 역시 그렇게 단순하지 않다. 차라리 리비도는 근본적인 삶의 욕구로 그의 욕동drive 개념에 근거가 되었다. 그에게 리비도는 다양한 정신적인 표상이나 마음의 구조에 들어가는 정신적인 연료, 즉 에너지로 여겨졌다. 프로이트에게 리비도의 충족은 정상과 비정상을 가르는 정신의 시금석이었다. 따라서 적절하게 방출되거나 승화된 리비도는 개인에게 무한한 삶의 활력을 가져다주는 화수분이 되지만, 억압되거나 승화되지 못한 리비도는 신경증, 즉 노이로제를 안겨줄 수 있는 판도라 상자와 같다. 사람들이 노출시키는 다양한 욕망과 애착, 충동들은 모두 이 리비도의 화산에서 분출되는 에너지의 결과였으며, 훗날 리비도의 유형에 따라 개인의 성격을 분류하려고 시도하면서 그의 무의식의 개념은 절정을 맞았다.

반면 그의 제자 구스타프 융은 이러한 개인무의식을 넘어선 집단무의식의 존재를 밝혀냈다. 어린 시절 콤플렉스가 원인이 되어 일어나는 각종 이상심리의 기제를 설명하다 그는 인간의 오랜 진화의 과정을 통해 누적된 집단 기억이 있음을 깨닫게 되었다. 마치 개인 앨범에 과거 사진들을 보관하고 있는 것처럼, 인류 전체가 집단적으로 체험한 경험의 산물들을 무의식에 쌓아놓고 있다는 것이다. 융은 이 집단무의식이 개인무의식의 지층보다 더 아래 깔려 있기 때문에 대부분은 의식적으로 도달할 수 없으며, 무의식의 가장 밑바닥에서 인간의 삶을 규정하는 강력하고 저항할 수 없는 '틀'로 작용한다고 생각했다. 물론 이런 주장은 그의 스승의 욕망이론과 전혀 다른 관점을 지니고 있었기 때문에 프로이트를 비롯하여 많은 학자들로부터 집중 공격을 받아야 했다. 특히 섹스에 관한 관점도 상이했는데, 이번 장에서는 그 부분을 살펴볼 것이다. 우리는 앞서 남자와 여자의 성심리가 서로 상반된 구조를 지니고 있으며, 그런 구조를 이해하고 배려하는 것이 건전한 인간관계를 만들어갈 수 있는 기초가 된다고 했다. 그런데 프로이트와 융은 이 기초, 즉 남녀의 성심리를 이루는 무의식의 구조부터 다르게 이해한 셈이다.

01 프로이트, 무의식을 발견하다

　지그문트 프로이트Sigmund Freud는 1856년 5월 6일, 오스트리아 프라이베르크의 유태인 부모 아래에서 8남매 중에 장남으로 태어났다.* 프로이트는 처음엔 법을 공부하기로 마음먹었다가 당시 사회와 학계에 커다란 반향을 일으킨 다윈의 『종의 기원』을 탐독하고 자연과학에 대한 관심이 증폭되었다. 진화론에 대한 관심은 자연스레 그의 학문을 지배하게 되었다. 그는 의과대학으로 적을 옮기고 1885년 정신과 의사였던 샤르코의 문하에서 히스테리와 최면술을

---

*그가 태어난 프라이베르크(Freiberg)라는 지명은 독일어로 '자유산(自由山)'이라는 뜻이다. 평생 성(性)의 억압과 자유를 연구한 그의 생애를 미루어볼 때 이 지명이 주는 의미마저 남다르다.

배우며 본격적인 정신분석가의 길로 들어섰다. 이후 자신의 진료소
를 차리고 비엔나학파를 창설해 후학들을 길렀다.

　　프로이트는 인간의 마음과 행동은 이성적이고 합리적인 의식
이 아니라 비이성적인 무의식의 영향을 받는다고 보았다. 무의식
은 평소 의식 아래 잔잔히 깔려 있다가 꿈과 같이 의식의 빗장이 풀
려났을 때 의식의 수면 위로 떠오른다. 꿈에서는 자신이 키우는 개
가 되어 옆집 아줌마와 신나게 후배위를 하거나, 돌아가신 할머니
가 되살아나 나에게 로또 당첨 번호를 불러주는, 현실 세계에서는
도저히 불가능한 설정들이 마구 튀어나온다. 프로이트는 이런 꿈들
이 무의미한 '개꿈'이 아니라 평소 자신의 의식으로 눌러왔던 무의
식이 불현듯 튀어나온 것으로 이해했다. 따라서 그는 한 개인의 무
의식을 탐사하는 데 그의 꿈을 분석하는 것만큼 훌륭한 방법이 따

로 없다고 믿었다. 그에게 꿈은 무의식에 이르는 왕도였던 셈이다. 이러한 믿음은 『꿈의 해석』이라는 그의 저서에 고스란히 드러나 있다.

프로이트는 의식과 무의식이 서로를 밀어내는 갈등-긴장상태에 있다고 보았는데, 종종 이러한 의식과 무의식의 구조를 물 위에 떠 있는 빙산으로 표현했다. '**빙산의 일각**'이라는 말이 있듯이, 바다에 떠 있는 빙산은 조금만 보일 뿐 대부분은 수면 아래에 가라앉아 있다. 물 위에 솟아오른 일각은 아래에 엄청난 얼음 덩어리를 숨기고 있다는 사실을 방증한다. 대부분의 무게중심이 아래에 놓여 있기 때문에 빙산이 마치 해류를 거스르는 것처럼 보이는 이유가 바로 이 때문이다. 따라서 눈에 보이는 작은 얼음 조각을 유빙遊氷이라 착각해서 가볍게 여기면 엄청난 해상사고를 겪을 수 있다. 역사적으로 1912년 4월 14일 북대서양에 가라앉은 타이타닉호의 비극도 항해사가 수면 아래 감추어져있는 빙산의 규모를 간과했기 때문이다. 프로이트는 인간의 마음도 이와 같다고 보았다. 의식의 흐름과 작용을 지배하고 어거하는 것이 의식 아래 놓인 거대한 무의식이라고 본 것이다. 그러면 그가 발견한 무의식이란 과연 무엇이었을까? 그는 다양한 내담자들의 **노이로제**neurosis를 치료하며 무의식의 내용이 대부분 성욕과 관련된 것임을 알게 되었다.

그는 모든 사람이 기본적인 성적 욕구, 리비도libido라고 불리는 본능적인 에너지를 가지고 태어난다고 보았다. 성적 욕구에는 정신적 측면과 육체적 측면이 있는데, 프로이트는 성적 만족을 일으키는 특정한 신체기관—대표적으로 성기—이 시기적으로 발달하면서 원숙한 성인이 된다고 주장했다. 그는 성심리의 발달단계를 다섯 단계로 나누었는데, 물론 이런 그의 주장은 단번에 완성된 게 아니라 평생에 걸쳐 꾸준히 다듬어져 온 것이다. 성심리 발달의 제1단계는 구강기oral stage로 프로이트는 이 시기에 갓 태어난 아이가 어머니의 젖을 빨면서 '입으로' 성적 쾌감을 느낀다고 보았다. 한 마디로 어머니를 자신의 성적 대상으로 본다는 뜻인데, 언뜻 듣기에 좀 불편하고 기괴한 주장으로 들린다. 물론 이런 욕구는 철저하게 무의식에 감추어져 있기 때문에 우리가 의식적으로 알 수 있는 방법은 없다. 프로이트는 아이가 이유기離乳期를 거치며 상실감과 불안감을 경험한다고 보았다. 더 이상 젖을 빨지 못하는 상실감은 실낙원의 신화로도 표현될 수 있다. 이러한 상실감을 적절히 승화시키지 못한 개인은 입으로 하는 여러 행동들—이를테면, 흡연이나 손가락 빨기, 과식, 과음, 구강섹스 등—에 집착한다고 주장했다.*

---

* 프로이트 자신이 지독한 애연가였다는 사실 역시 심리적으로 많은 부분을 이야기해 준다.

리비도는 단지 성욕뿐만 아니라
인간의 기본 욕구를 포괄하는 개념이다

　　제2단계는 항문기anal stage로, 프로이트는 아이가 부모로부터 배변훈련을 받으며 항문에 집중하게 된다고 주장했다. 아이 스스로 배변을 통제하는 법을 터득하면서 항문에서 쾌감을 얻게 된다는 뜻이다. 괄약근을 조이고 힘을 주어 변을 밀어내면서 만족감과 성취감을 동시에 얻을 수 있지만, 반대로 적절한 배변훈련이 이뤄지지 않을 때 항문에 집착하는 성향을 보일 수 있다. 과도하게 배변훈련을 받은 아이는 고집이 센 성인이 될 수 있고, 반대로 방종한 성인으로 자랄 수도 있다. 특히 배설 기능은 청결과 혐오 같은 사회적인 관념과 밀접하게 결부되어 있기 때문에 자칫 결벽증이 올 수 있다. 반면 제3단계는 남근기phallic stage로, 서너 살 무렵이 되면 아이는 자기 마음대로 할 수 있는 것, 즉 자신의 성기를 만지작거리며 쾌감을 얻는다. 프로이트는 이 시기에 아이가 오이디푸스 콤플렉스Oedipus complex라는 복잡한 무의식에 사로잡히는데, 자신의 성적 대상을 빼앗아가는 아버지의 존재를 인식하게 되면서 자신의 성기가 잘려나갈지 모른다는 거세불안castration anxiety에 시달리게 된다고 보았다. 물론 남근기라고 해서 남아에게만 해당하는 건 아니고, 여아 역시 남근기를 지나게 되는데, 프로이트는 남아와 달리 여아는 남근선망

*penis envy*에 빠진다고 주장했다. 자신에게 '이미 잘려나간 성기'가 없는 것에서 충격을 받고 자기도 모르게 아버지의 성기를 염원한다는 주장인데, 역시 무사히(?) 이 시기를 거친 분들이 듣기에는 매우 거북한 이야기로 여겨질 수 있다. 어쨌든 이 시기부터 남아는 아버지를 자신의 성적 라이벌로 생각하고 **부친살해**patricide를 꿈꾸며, 여아는 이미 거세된 자신의 망가진 성기를 보고 어머니에 대한 적개심을 품는다고 한다. 어디까지나 프로이트의 주장이다.

부친살해

프로이트는 오이디푸스 신화를 통해 남아의 무의식에 숨어 있는 반항심을 설명하면서 부친살해(patricide)를 언급했습니다. 그의 이론에 따르면, 남아는 자신의 어머니를 성적으로 독차지하는 아버지의 존재를 두려워하게 되고, 급기야 그를 살해하고 어머니를 갖고 싶다는 욕망에 사로잡힌다고 합니다. 프로이트의 이 개념은 나중에 「토템과 타부」라는 저작에 그대로 이어져 최초의 종교가 부족 내의 아들들이 여자들을 성적으로 독점한 아버지에 앙심을 품고 합심하여 그를 살해해 나눠먹고는 그 죄책감에 아버지를 신성화한 토템(totem)을 만들어 숭배하게 된 것이라는 파격적인 주장을 하게 됩니다. 그의 부친살해 개념은 이후 다양한 분야에 많은 학자들에게 깊은 영향을 미쳤습니다.

초등학교에 들어갈 나이쯤 되면 제4단계인 **잠재기**latent stage를 거치는데, 프로이트는 이때를 사춘기 직전까지 성적 충동이 의식의 수면 아래로 가라앉아 있는 잠복기로 보았다. 이 단계는 학업과 사회화 과정을 거치는 시기로 성적 욕망이 잠깐 휴식 모드를 취하는 '휴지기'인 셈이다. 하지만 학령기에도 성에 대한 관심이 눈에 띠지 않을 뿐 의식 아래에 숨어 있다는 사실을 잊어서는 안 된다고 경고한다. 반면 사춘기로 접어든 개인은 2차성징과 함께 제5단계인 **성기기**genital stage를 거치며 잠재된 성적 충동이 본격적으로 준동하기 시작한다. 이성에 대한 관심이 증폭되고 성에 대한 호기심이 끓어오른다. 이때 이전 단계에서 원활하게 승화되거나 충족되지 못했던 욕구 불만들이 어김없이 표출되거나 위장된 형태로 나타나기도 한다. 중요한 점은 자신의 리비도를 '성기'를 통해 확인하고 만족시키려 한다는 점이다. 물론 프로이트의 이러한 주장이 과도하게 남성 중심의 이론이라는 비판을 받았지만, 이후 여러 학자들에 의해 수정-보완되면서 오늘날 학계에서도 널리 수용되고 있다.

> "프로이트는 성적 유혹의 환상과 신경성 질환의 관계를 연구했지만, 신경증 환자만 이런 욕망을 추구한다고 보지 않았다. 모든 사람이 이와 유사한 욕망을 경험한다는 것이다. 프로이트는 성적 본능이 육체와 정신에 발현되는 방식을 강조했다. 성적 욕망과 연관된 에너지, 즉 리비도는 어떤 식으로든 표현되어야 한다. 신경증 환자가 건강한 사람과 다른 점은 욕망의 일부분인 긴장과 소망을 적절히 해소하지 못하는 것이다."
>
> 『프로이트 심리학 강의(메이트북스)』, 121.

이와 함께 프로이트는 인간의 정신 구조에 세 가지가 있다고 믿었다. 이드와 자아, 초자아가 그것인데, **이드**는 프로이트가 영어의 '잇it'에 해당하는 라틴어 '이드id'에서 가져온 용어다. 말 그대로 이름도 명칭도 없는 '그것'이다. 이드는 원시적이고 본능적인 1차 충동에 지배되는 성적 에너지를 지칭한다. 원초적이고 무의식적인 정신 활동의 원천으로, 그 핵심에는 리비도가 자리하고 있다. 문제는 이 이드가 망나니 같이 날뛰기 때문에 적절히 눌러놓을 필요가 있다는 점이다. 내가 지금 하고 싶다고 내키는 대로 무작정 길 가는 엉뚱한 사람을 붙잡고 섹스를 할 수는 없기 때문이다.

이드를 위에서 억압하고 통제하는 역할을 하는 게 바로 **초자아** super ego다. 프로이트에게 초자아는 아버지의 존재로 상징되는 규범 의식으로 이드의 무분별한 욕구와 대립한다. 초자아는 양심과 사회 적 도덕을 통해 생성되며 사회화를 촉발한다. 프로이트는 초자아를 형성하는 과정에 오이디푸스 콤플렉스가 영향을 끼친다고 보았다. 아버지와 화해를 통해 적절하게 본능적 욕구를 승화시킨 성인은 초 자아가 발달해 이드를 바람직하게 통제할 수 있다. 반면 오이디푸 스 콤플렉스를 극복하지 못한 성인은 초자아의 제어에 이드가 말을 듣지 않는 상황이 벌어지게 된다.

한편 **자아**ego는 이드와 초자아 사이에 위치하여 긴장과 대립을 적절하게 통제하거나 억제하는 기능을 하며 서서히 발달해 나간다. 이드가 너무 강해지면 인간이 동물처럼 비이성적인 욕망에 이끌려 신문에 나올법한 패륜적인 사건들을 저지르게 된다. 반면 초자아가 너무 강하면 각종 강박증에 시달리게 된다. 이 사이에서 자아는 둘 을 화해시키고 조정한다. 자아는 어떤 전략을 통해 이드와 초자아 를 조정할까? 프로이트의 대단히 흥미로운 주장 중 하나가 정신적 **방어기제**defense mechanism라는 개념이다. 프로이트는 방어기제가 우 리가 불안으로부터 자신을 지키기 위해 사용하는 수단이라고 보았 다. 예를 들어, 어떤 불쾌한 기억 때문에 화가 났을 때 이 기억을 의식에서 억누르거나 아예 일어나지 않았다고 부인함으로써 자아를 방어하는 것이다.

이드, 자아, 초자아

프로이트는 자신의 이론을 이드와 자아, 초자아로 구분하여 설명했습니다. 이드(id)는 욕망에 즉각 반응하는 인간 정신의 솔직하고 본능적인 부분으로, 무질서하고 혼란스러운 특징을 갖습니다. 쾌락은 추구하고 고통은 피하려는 동물과 같은 욕구이며 보통 성적 욕망으로 수렴됩니다. 반면 자아(ego)는 이드처럼 쾌락을 쫓기는 하지만 이성과 논리를 가지고 의사결정에 도달하려는 경향을 갖는다는 점에서 차이를 보입니다. 기본적으로 법이나 사회적 규범 안에 이드를 통합시키려는 역할을 합니다. 한편 자아와 달리 초자아(superego)는 개인의 부모나 사회로부터 학습되거나 전수된 가치관과 도덕 및 윤리를 뜻하며, 쾌락을 추구하기보다는 보통 이드와 자아를 도덕적 목표로 돌리는 데 집중합니다.

프로이트의 주장에서 우리가 간과하지 말아야할 핵심은 결국 그가 인간의 무의식을 통제되고 억압되어야 할 대상으로 보았다는 사실에 있다. 단편적인 예를 들어, 어린 시절 겪은 여러 가지 정서적 상흔(트라우마)은 어른이 되어서도 다시는 떠올리고 싶지 않은 기억들에 속한다. 개인은 되도록 그 생각을 안 하려고 의식적으로 노력하며 방어기제를 써서 아예 무의식 속으로 억누르려고 한다. "억압의 본질은 어떤 것을 의식으로 진입하지 못하게 하여 의식과 거리를 두게 하는 데 있다." 그런데 문제는 그 무의식 속에 저장된 억압은 장마로 불어난 물을 견디지 못하고 강둑이 터지듯 언젠가 빗장을 열고 의식으로 튀어 오를 것이다. 이를 두고 프로이트는 "억압된 것은 반드시 회귀한다."고 말했다. 우리는 억압된 무의식은 과연 무엇이며 의식으로 돌아온 무의식은 무엇인지 다음 장에서 오스카 와일드의 사례를 통해 살펴보도록 하자.

02 남자에게 섹스는 메인요리다

    프로이트가 말한 리비도와 관련하여 19세기 아일랜드 출신의 극작가이자 독설가로 평단에 이름을 날린 오스카 와일드Oscar Wilde 는 우리에게 시사해주는 바가 많다. 특유의 재치와 입담은 기본이고, 그의 걸출한 글 솜씨에 화려한 유미주의적 필치는 와일드로 하여금 문단의 호평과 시샘을 한 몸에 받게 했다. 거기에 190cm를 넘는 훤칠한 키에 곱상하고 조각 같이 멋진 외모에서 뿜어져 나오는 귀족미는 단숨에 그를 영국 사교계의 셀럽으로 올려놓았다. 그가 남긴 촌철살인의 경구와 아포리즘은 오늘날까지 많은 이들 사이에서 회자되며 책 한 귀퉁이를 장식하고 있다.

1891년, 잘 나가던 오스카 와일드는 한 주연酒宴에서 앳된 부잣집 청년 앨프레드 더글러스를 소개받는다. 평소 양성애자였던 와일드는 호리호리하고 핏기 없는 미소년 더글러스를 보고 그만 첫 눈에 반해 버린다. 당시 뛰어난 작가로 명성이 자자했던 37세의 오스카 와일드는 이미 결혼해서 두 자녀를 둔 유부남이었지만, 수년 전부터 이미 거리에서 매춘을 일삼는 소년들과 관계를 맺고, 미소년들이 접대를 하는 술집을 공공연히 드나들고 있었다. 그가 썼던 장편소설 『도리언 그레이의 초상』에도 곳곳에 동성애 코드들이 등장하는 것으로 봐서 그에게 이러한 성적 편력은 무의식 아래 꽤 뿌리 깊이 박혔던 것 같다. 여하튼 풋내기 대학생에 불과했던 더글러스 역시 당대 최고의 작가와 잠자리를 갖는 사이임을 여기저기 떠벌리고 다녔다. 물론 여기에는 옥스퍼드에서 공부하며 오랫동안 문학소년으로 시창작을 해왔던 자신이 와일드의 명성에 기대 유명세를 얻으려는 욕망도 강하게 작용했을 것이다.

　　와일드는 더글러스와 연애하던 시기에 왕성한 예술혼을 발휘해 훗날 그의 이름에 수식어처럼 따라 다닐 최고의 명작들을 써낸다. 더글러스를 '보시Bosie'라는 애칭으로 불렀던 와일드는 사랑의 힘을 창작의 욕구로 승화시키며 더욱 승승장구했다. 반면 부잣집 도련님으로 사치와 향락에 찌들어 있던 더글러스는 한치 앞도 예상할 수 없는 히스테릭한 성격으로 와일드를 괴롭혔다. 와일드가 문학적으로 성공하면 할수록, 더글러스는 열등감과 모멸감에 발악했다. 둘은 서로 싸우고 헤어지고, 또 화해하고 만나기를 반복하며 서로에게 점차 지쳐갔다. 그러다가 운명의 순간이 왔다. 더글러스의 아버지이자 거물급 실력자였던 퀸즈베리 후작이 자신의 아들을 동성애로 망가트린 와일드를 '파렴치한 남색자'라고 공개적으로 비난하고 나선 것이다. "위대한 문학가가 길거리 소년들을 추행하고 뒤에서 몹쓸 짓을 한다."는 후작의 독설에 와일드는 자신의 유명세를 통해 금전적 이득을 취한다는 이유로 그를 고소하기에 이른다. 사실 이는 본래부터 자신의 아버지와 관계가 그리 좋지 못했던 더글러스의 소원이기도 했다.

결국 1895년, 세간의 이목을 끌며 자신의 동성 애인의 친부를 법정에 세운 와일드는 자신의 예상과 달리 소송에서 보기 좋게 패배하며 나락으로 떨어졌다. 결국 그는 2년의 징역형을 선고 받고 펜톤빌 교도소로 보내졌다. 일순간에 그의 명성은 더럽혀졌고 재산은 압류되었으며 작품은 시민들에 의해 불태워졌다. 아내와 아이들은 그를 떠났고, 자신이 사랑했던 더글러스 역시 프랑스로 도망쳐 버리고 말았다. 와일드는 교도소의 열악한 환경에서 강제 노역에 시달리다 수막염에 걸리기도 했다. 수감 중에 얻은 병은 결국 훗날 악화되어 그를 이른 나이에 죽게 만든 주된 요인이 되었다. 형기를 마친 후, 와일드는 옛 사랑을 찾아 프랑스로 건너가지만, 이미 다른 사랑에 눈이 먼 더글러스와의 관계를 이어갈 수 없다는 사실을 처참하게 깨닫는다. 망가진 몸을 이끌고 아무런 창작 활동도 하지 못하며 그렇게 프랑스에 머물다 1900년 11월 30일, 파리의 골목에서 쓸쓸히 객사하고 만다. 그의 나이 고작 46세였다. 더글러스는 영국으로 돌아와 자신이 그토록 증오했던 아버지의 재산을 상속받고 새로운 삶을 살아간다.

억압된 무의식은 반드시 회귀한다. 와일드는 억압되었던 동성

애적 무의식이 회귀하여 일생을 망가뜨렸다. 이와 유사한 사례가 필자도 있다. 위로 누나가 셋 있는 집에서 막내로 태어난 J군(20대)은 혼란스러운 성정체성으로 갈팡질팡 세월을 낭비하다가 필자의 상담소를 찾아왔다. 그는 큰 키에 준수한 외모, 수도권 명문대학을 다니는 소위 '엄친아'였고, 그만큼 주변에서 거는 기대가 남달랐던 모범 청년이었다. 학업성적도 우수하여 매 학기 장학금을 받았고, 과외로 중고생을 가르치며 돈을 모아 방학이면 해외여행도 다녔다. 그러나 언제부턴가 남들에게 말 못할 고민이 생겼는데, 이성이 아닌 동성을 좋아하는 성향에 눈을 뜨게 된 것이다. 스스로 동성애적 성향이 발현된 후로는 정상적인 생활을 유지할 수가 없었다. 학교를 휴학하고 미국으로 어학연수를 준비하며 어학원에서 만나 사귀던 여자친구와 모텔에서 섹스를 시도했지만 어김없이 실패하고 말았다. 스스로 피곤했다고 여기고 며칠 뒤 그녀와 재차 관계를 가졌지만, 그 역시 마음먹은 대로 진행되지 않았다. 이후 그의 동성애적 성향은 더욱 짙어만 갔다. 게이 포르노를 보고 자위를 했고, 이태원의 게이바를 전전하며 성적 대상을 물색하다가 괴로운 마음에 결국 필자를 찾았다.

내담자와 충분한 라포를 형성한 뒤, 필자는 J가 동성애자로 자라게 된 원인을 다각도로 분석하였다. 고민 끝에 그가 털어놓은 이

야기는 자못 충격적이었다. 어릴 때 아빠가 자신의 바지를 벗기고
는 "우리 아들, 고추 좀 만지자."라며 습관적으로 놀리곤 했다는 것
이다. "에구, 요녀석 고추가 참 실하네." 이런 광경을 손위 누나들
도 종종 목격했고, J는 그때마다 수치스러우면서도 딱히 설명할 수
없는 야릇한 쾌감에 사로잡혔다고 한다. 언제부턴가 자위를 터득
하게 되면서부터는 자기 방에서 성기를 주무르고 비비며 그 상황을
자꾸 떠올리곤 했다. 그럴 때마다 고개를 저으며 변태적인 욕구에
저항하려 했지만, 그럴수록 더 깊은 욕망의 늪에 빠지곤 했다.

한 달쯤 지났을까? 하루는 필자와 상담하면서 J가 무릎을 탁 치
면서 이렇게 이야기했다. "기억나요. 언제부터 제가 이랬는지..."
초등학교 때, 아버지와 함께 목욕탕을 갔던 그 날을 J는 분명하게
기억하고 있었다. 목욕탕에서 아버지의 우람한 성기를 보고서는 자
신도 모르게 자신의 그것이 발딱 서는 경험을 하게 되었다. 너무 창
피하고 혼란스러워 탕 속에 급히 몸을 숨겼지만, 어느 틈엔가 손으
로 그곳을 위아래로 문지르고 있는 자신을 발견하게 되었다. "맞아
요. 분명 그때부터였을 거예요." 프로이트는 아동기의 성적 각인에
의한 동성애적 심리 고착을 나르시시즘의 결과로 말했다. 고착은
억압을 통해 무의식이 굳어진 것을 의미한다. 그는 남성 동성애자
들의 경우 대부분 어머니에게 강한 에로틱한 정서를 느꼈던 경험을

토로한다고 주장했다. 가족관계를 분석해보면, 동성애 환자들의 어머니들이 대부분 여장부라 불러도 좋을 만큼 괄괄한 성격의 인물로 아버지의 자리를 대신하고 있었던 사례가 많았다는 것이다. 어머니에 대한 애정은 억압되어야 할 감정이기 때문에 의식적으로 강하게 누르게 되고, 그중 가장 손쉬운 방법의 하나로 결국 어머니와 자신을 등치시키게 되었다. 결국 프로이트는 동성애가 자기 성애, 즉 나르시시즘에 불과하다고 보았다.

와일드는 왜 이런 비극을 맞이했을까? 성심리의 이해가 부재했기 때문이다. 남녀의 성관계를 음식에 비유하는 몰상식을 독자들이 너그러이 이해해 주신다면, 남자에게 섹스는 메인요리와 같다. 전채도 있고 스프도 있지만, 메인요리를 맛보지 않고 식탁을 떠날 수는 없는 노릇이다. 접시에 올라간 풍미 가득한 스테이크는 그릴에 먹음직스럽게 구워져 나이프와 포크를 부른다. 포테이토도 있고 가니쉬도 있지만, 적당히 익혀진 스테이크 한 조각을 씹는 즐거움에 비할 바 아니다. 육즙이 줄줄 흐르고 스테이크의 상태만 좋다면, 뭐 까짓 거 디저트는 먹지 않고 일어날 용의도 있다. 교감도 좋고 대화도 좋지만, 결코 섹스를 뛰어 넘을 수 없다. 남자에게 섹스는 관계의 완성이자 사랑의 인장印章이다. 리비도는 인간을 구성하는 중핵이며, 섹스는 남자의 리비도를 싸고 있는 외피다. 남자는 눈을 뜨면서 눈을 감을 때까지 섹스를 떠올린다. 젊거나 늙거나 남자는 '섹스의, 섹스에 의한, 섹스를 위한 관계'를 지향한다. 대상의 부재로 섹스를 할 수 없는 상황이거나 신체적으로 불가능한 상황일 때조차 남자는 성욕을 섹스가 아닌 다른 형태로 전환시키거나 승화시켜 해소할 뿐이다. 따라서 남자에게 섹스를 억압하거나 평가절하하는 그 어떤 요구나 비판도 부당하다. 억압된 무의식은 반드시 회귀하기 때문이다.

남자에게 섹스는 관계의 완성이자 사랑의 인장이다

03 융, 집단무의식을 말하다

　프로이트는 그의 성심리 이론과 무의식의 발견으로 유명세를 타게 된다. 1902년과 1908년 사이, 유럽에서 프로이트를 추종하는 학자들이 정신분석학의 기치 아래 모여들었다. 이들이 비엔나학파, 즉 최초의 정신분석학회를 결성하면서, 프로이트의 이론은 가설을 넘어 유력한 이론으로 자리매김하게 되었다. 그런 프로이트에게는 아들러와 융이라는 두 명의 수제자가 있었다. 특히 융은 '콤플렉스'라는 용어를 처음 제안할 정도로 처음부터 두각을 나타냈고, 프로이트 스스로 자신의 '양아들'이라고 지칭할 정도로 신뢰를 한 몸에 받았다. 그러나 1912년부터 융은 노골적으로 프로이트의 유아기 성욕에 관한 개념들을 비판하기 시작했다. 그는 일종의 부친살해를 통해 그만의 방식으로 프로이트라는 토템을 숭배했는지 모르겠다. 융은 프로이트와 어떤 부분에서 어떻게 갈라서게 되었을까?

카를 구스타프 융Carl Gustav Jung은 1875년 스위스의 한적한 시골 마을 케스빌에서 태어났다. 목사의 아들로 자라며 성직을 꿈꿨지만, 점차 그리스도교 신앙에 대한 회의에 빠지면서 아버지와 갈등을 빚게 되었다. 그의 관심사는 종교에서 인간과 자연으로 점차 옮겨갔고, 1895년 신학 대신 의학을 전공하기 위해 스위스 바젤대학에 입학했다. 융의 행보는 당시 지적인 명민함을 지닌 많은 학생들이 전형적으로 취하던 것이었다. 평소 인간과 함께 정신, 영혼에 대한 남다른 관심을 가지고 있었던 융은 자연스럽게 정신의학에 심취하게 되었고, 정신과 자연이라는 두 가지 영역의 조화가 가능할지도 모른다는 기대를 안고 정식으로 정신의학자가 되기로 마음먹게 된다. 1900년, 대학을 졸업하고 블로일러 밑으로 들어가게 되면서 융은 본격적으로 정신의학자의 길에 접어든다. 1905년, 그는 취리히 의과대학에 교수가 되면서 정식으로 이 분야에 지위를 갖게 되었다.

하지만 그가 정신분석에 눈을 뜨게 된 결정적 계기는 프로이트를 만나면서부터였다. 융은 일찍이 프로이트의『꿈의 해석』을 읽고 자신과 똑같은 생각을 한 사람이 이미 존재하고 있다는 사실에 흥분을 감추지 못했다고 한다. 1907년, 융은 오스트리아에 있던 프로이트를 직접 찾아가 만나는 열의를 보이기까지 했다. 그는 유대인이었던 프로이트를 공개적으로 두둔하고 지지하는 입장을 보였고, 프로이트는 그런 그를 자신의 후계자로 여기며 끔찍이 아꼈다. 융은 프로이트에게서 꿈의 해석을 통한 정신분석학의 기본 테제를 배웠고, 프로이트는 융에게서 콤플렉스의 구조에 대한 힌트를 얻었다. 프로이트가 운동장을 깔았다면, 융은 그 위에서 신나게 공을 찼다. 그들은 거의 8년 동안 끊임없이 서신으로 연구를 함께 진행했고, 사례와 환자를 놓고 다양한 의견들을 교환했다.

하지만 둘의 관계는 더 이상 지속되지 못했다. 융은 프로이트가 환자가 어린 시절 겪은 트라우마에서 모든 히스테리의 병인을 찾는 방식에 점차 불만을 갖게 되었다. 그가 보기에 프로이트는 범성설이라는 만능열쇠를 가지고 마음대로 환자의 과거를 도해하고 있었다. 비록 융이 1910년 창설된 국제정신분석협회 초대 회장으로 선출되었지만, 이미 프로이트에 대한 감정은 돌이킬 수 없는 상황에 이르렀다.

　　하지만 둘의 마찰은 공멸이 아니라 정신분석학이 한 단계 더 성숙해지는 계기가 되었다. 융은 개인의 무의식 저편에 존재하는 **집단무의식**collective unconscious을 발견하므로 인간이 공통적으로 갖는 정신의 원형들을 도식화했다. 융은 프로이트가 고대 신비주의나 원시 심성의 유아적 미신으로 치부해버렸던 영적인 부분을 도외시한다면 인간의 무의식이 반 토막 날 것이라고 생각했다. 그래서 그는 UFO나 심령술, 도교, 만다라, 연금술 등 언뜻 비과학적으로 보이는 영역에도 정신분석학의 메스를 들이댔다. 그의 이런 입장은 결과적으로 프로이트가 지배하던 히스테리 중심의 정신분석학을 인간의 심성과 성격을 탐구하는 보다 보편적인 학문으로 발전시키는 데 공헌했다. 덕분에 융의 이론들은 오늘날 심리학계에서 다양한 개념으로 응용, 활용되고 있다. 일찍이 내향성과 외향성이라는 두 가지 성격 유형과 사고, 감정, 감각, 직관이라는 네 가지 사고를 토대로 인간의 성격을 구분했던 융의 관점을 원용해서 심리학계는 MBTI라는 성격검사를 탄생시키기도 했다.

MBTI

독자분들도 한 번쯤은 받아보았을 MBTI(Myers-Briggs Type Indicator)는 1921년 미국의 심리학자인 캐서린 브릭스와 이자벨 마이어스가 당해 출간된 융의 『심리유형론』을 토대로 작성한 성격유형검사입니다. MBTI는 외향-내향 지표(E-I), 감각-직관 지표(S-N), 사고-감정 지표(T-F), 판단-인식 지표(J-P)를 기준으로 16가지 성격유형을 제시하고 있습니다. 이후 여러 번의 개정을 통해 오늘의 형태에 이르고 있으며, 시행이 쉽고 간편하여 학교나 직장, 군대 등에서 광범위하게 사용되고 있습니다. 국내에는 대략 1990년에 도입되어 초급, 보수, 중급, 어린이 및 청소년 프로그램, 일반강사 교육과정이 개발되었고, 지금도 현장에서 활발하게 활용되고 있는 성격검사입니다.

융은 평소 "자신의 의식 뒤에 숨어있는 무의식을 의식으로 실현하는 게 인생이다."라고 말했다. 그만큼 무의식을 긍정적으로 보았다고 볼 수 있다. 그는 무의식의 기저에 인간이 집단적으로 공유하고 있는 상징들이 있다고 믿었는데, 이를 **원형**archetypes이라고 불렀다. "상징은 절대로 인간의 발명품이 아니고, 인간에게 그냥 일어나는 것이다. 현대인이 독단적인 사상이라고 여기는 많은 것들은 아주 오랜 옛날 시원始原에 인간들에게 실제로 일어나던 일들이다. 인간들은 그런 사실들이 자신들에게 일어나고 나서 시간이 한참 지

난 뒤에야 그것들에 대해 생각하기 시작했다." 융이 보기에 인간의
마음은 아무것도 없는 빈 서판이 아니었다. 원형이라고 부르는 일
부 사고의 범주들은 선험적으로 주어진 것이다. 융은 이 사고의 범
주들이 모든 경험보다 앞서고, 최초의 사고 행위와 함께 나타났으
며, 이 최초의 사고 행위에 영향을 미친 집단무의식이 인간을 지배
한다고 보았다. 이를 입증하기 위해 융은 집단무의식의 원형을 각
국의 신화와 전설에서 부지런히 찾았고, 이를 묶어 『원형과 무의
식』이라는 책으로 출간하기에 이르렀다.

　　이후 그의 작업은 모두 집단무의식으로 수렴된다. 개인무의식
이 콤플렉스로 이뤄져 있다면, 집단무의식은 원형으로 이루어져 있
다. 정신병의 대부분은 이러한 원형에서 벗어난 탓에 생긴다고 생
각한 융은 환자가 원형적인 상황, 즉 집단무의식으로 다시 돌아갈
때에만 본능적인 태도가 정상으로 돌아올 것으로 진단했다. "성직
자들과 주술사들은 지식이 아닌 직관으로 이를 이해했지만 우리
는 이제 지식으로 이를 알게 되었다." 융은 또한 이 원형에서 **아니
무스와 아니마**를 찾아내므로 프로이트가 가진 남성 중심의 정신분
석의 추를 중간으로 옮겨놓았다. "아니무스는 여자 조상들이 대대
로 남자를 겪은 경험의 축적이다. 아니무스에 사로잡힌 여자는 언
제나 자신의 여성성을 상실할 위험에 처해 있다. 남자는 모두 가슴

에 영원한 여자의 이미지, 아니마를 가지고 있다. 남자들이 대대로 내려오면서 여자를 경험한 내용이 축적되어 있다. 여자들이 지금까지 남자들에게 남긴 인상이 모두 담겨 있다. 이 이미지는 무의식이다." 아니무스와 아니마는 **그림자**shadow, **자아**self와 함께 융이 집단 무의식에서 찾아낸 원형 가운데 가장 중요한 것들이다. 특히 이 개념은 개인적으로 필자의 상담기법에도 많은 영향을 미쳤다.

아니무스와 아니마

자신 안에 있는 이성에 대한 성심리를 포괄적으로 가리키는 개념으로 융이 자신의 책 『원형과 무의식』에서 처음 쓰기 시작했습니다. 아니무스(animus)는 여성의 무의식의 한 부분을 구성하고 있는 남성적 심상이며, 아니마(anima)는 남성의 무의식의 한 부분을 구성하고 있는 여성적 심상입니다. 융은 정신적으로 발전하고 성숙한 인간이 되기 위해서 남자는 자신의 아니마를, 여자는 자신의 아니무스를 알아차리고 그것을 긍정적인 방향으로 개발하고 포용해야 한다고 보았습니다. 이를 억압하면 상대의 성에 대한 왜곡된 심리를 갖게 되며 급기야 정신병을 얻게 된다고 주장했습니다. 융에 따르면, 아니무스는 의식과 권위, 존경에 초점을 두는 반면, 아니마는 상상과 공상, 놀이에 집중하며, 보통은 제대로 발현되지 않고 의식 아래에 내재되어 있다고 합니다.

남자 안에 여자에 대한 심상이 여자 안에 남자에 대한 심상이 들어 있다는 융의 주장은 언뜻 너무 뻔한 이야기처럼 들린다. 왠지 아니무스나 아니마 같은 개념어로 전달하다 보니 듣는 이의 입장에서 그럴싸하게 보일 뿐 대단한 건 아니라고 여길 수 있다. 하지만 융의 이런 개념은 대단히 파격적인 주장에 속한다. 남녀의 심리는 학습된 게 아니라 물려받은 것이라는 이해는 융에게 있어 매우 중요하고 결정적인 이론이다. 아니무스와 아니마는 사회적 관계 속에서 보여주는 페르소나persona와 달리 인간이 가지고 있는 진정한 자아를 지칭한다.* 아니무스는 사람들 마음에 깃들어 있는 남성에 대한 심상으로 이성적인 사고, 합리적인 결단, 능동적인 모험, 투쟁의 이미지를 가진다. 반면 아니마는 직관적인 사고, 육감적인 결단, 사랑의 능력, 순응의 이미지를 가진다. 우리의 무의식 안에는 이 두 가지 원형이 다 존재한다. 창조 혹은 파괴의 힘이기도 하여 한 개인이 아니무스와 아니마를 어떻게 개인화했느냐에 따라 비상한 사람도 되고 특이한 사람도 될 수 있다.

프로이트와 융은 동시대를 살았지만, 인간의 무의식에 대한 이해는 이처럼 사뭇 달랐다. 프로이트가 개인무의식을 통해 환자의 히스테리 연구에 집중했다면, 융은 집단무의식이라는 개념을 통해 인간 문명사를 면면히 타고 내려온 원형의 줄기를 찾으려고 했던 사상가의 면모를 보였다. 물론 프로이트 역시—융에게 영향을 받은

---

* 아니무스(animus)는 라틴어 남성형 명사로 '영혼'을 뜻하며, 아니마(anima)는 여성형 명사로 '바람'을 뜻한다.

것인지, 융의 이론에 자신의 입장을 밝힌 것인지 분명하진 않지만-말년에 『모세와 유일신교』, 『토템과 타부』 같은 문명사 저작들을 내놓지만, 성담론에 대한 그의 일관된 관점을 결코 놓지 않았다. 반면 융은 심리학과 철학, 종교학을 넘나들며 인간의 심리와 문명의 관계에 관한 자유로운 지적 모험을 감행했다. 한때 사제의 연을 맺을 만큼 극찬과 칭송으로 서로를 추켜세웠지만, 이처럼 그들이 밟은 학문의 길은 처음과는 전혀 다른 방향으로 나아갔다.

결국 프로이트는 성심리에 있어 개인무의식을, 융은 집단무의식을 주장했다. 비유하자면, 프로이트는 어린 시절 개인의 경험이 성심리의 모든 지도를 완성하며, 성인기 때는 그 지도 위에 그려진 영토들을 지우거나 바꾼다고 믿었다. 반면 융은 개인무의식이라는 지도 아래에 집단무의식이라는 밑그림이 이미 존재한다고 주장했다. 프로이트에게 중요한 것은 무의식의 억압이다. 노이로제에 걸리지 않으려면, 이 억압이라는 기제를 통해 무의식과 의식의 화해 내지 잠정적인 휴전을 찾아야 한다. 반면 융에게 중요한 것은 무의식과 의식의 통일성이다. 의식과 무의식은 서로 상보적 관계에 있다. 프로이트는 무의식이 의식을 끌고 가지만, 융은 의식이 무의식을 감독, 지도한다고 생각했다. 프로이트는 남성 중심적인 관점에서 성심리를 풀어갔지만, 융은 남녀의 성심리를 모두 들여다보았

다. 융은 남자의 자아와 아니마는 상보적인 관계에 있으며, 여자의
자아와 아니무스 역시 같은 상보적인 관계에 있다고 보았다. 개인적
으로 필자는 융의 이러한 관점을 대부분 수용하는 편이다. 이런 프로
이트와 융의 서로 다른 견해를 거칠게나마 정리하면 다음과 같다.

프로이트	융
• 개인무의식 밖에 없다	• 개인무의식 이전에 집단무의식이 있다
• 남성 중심적인 성심리를 연구	• 남녀의 성심리를 함께 연구
• 의식은 욕망을 억압하는 기제	• 의식은 정서를 건설적으로 다루는 기제
• 무의식은 리비도가 끌어가는 기제	• 무의식은 경험이 영향을 주는 기제
• 꿈은 내면의 욕망이 표출된 것	• 꿈은 삶의 다양한 측면들이 반영된 것
• 종교/영성은 심리학과 구분되어야 한다	• 종교/영성은 정신을 발달시킬 수 있다
• 심리학은 실증적인 과학이다	• 심리학은 인간 이해를 위한 과학이다

04 여자에게 섹스는 디저트다

　흔히 페미니스트들의 경전이자 매니페스토로 꼽히는 책이 두 권 있다. 사회심리학자 베티 프리단Betty Friedan의 『여성의 신비』와 철학자 시몬 드 보부아르의 『제2의 성』이 그것이다. 필자 역시 두 권의 책을 읽어 보았다. 여성에게 결혼과 엄마를 강요하는 미국 사회를 '안락한 강제수용소'라고 일갈하며 평생을 여성인권운동의 투사로 살았던 프리단과 달리, 보부아르는 계약결혼으로 부부의 연을 맺은 남편 사르트르 곁에서 평생 온건한 아내이자 작가로서의 삶을 살았다. 많은 페미니스트들이 전미여성단체NOW를 창설하고 여성에게 씌워진 사회의 굴레에 맞서 부단히 싸웠던 프리단을 더 높게 평가하는 것을 모르는 바 아니지만, 그럼에도 필자는 개인적으로 보부아르에 더 정이 간다. 그녀의 삶이 적어도 여성으로서 섹스의 본질과 의미를 더 분명하게 보여주고 있기 때문이다.

시몬 드 보부아르Simone de Beauvoir는 1908년, 프랑스 파리의 라스파유 거리의 한 부르주아 가정에서 태어났다. 가부장적이고 엄격한 변호사 아버지 밑에서 심한 저항감을 느끼며 사춘기를 보낸 보부아르는 그에 대한 경험을 토대로 대학에서 철학을 공부하게 된다. 여자로서 철학을 공부한다는 것은 아버지와 세상에 대한 반항의 한 표시였다. 1929년, 라이프니츠에 대한 졸업논문을 쓰고 있던 보부아르는 운명처럼 사르트르를 만난다. 당시 사르트르는 24세, 보부아르는 21세에 불과했다. 우리에게 실존주의 철학자이자 노벨상을 거부한 학자로 알려져 있는 사르트르는 그녀의 인생에서 빼놓을 수 없는 인물이다. 처음부터 서로 사랑에 빠졌던 둘은 2년이 지난 다음, 관계를 다시 생각해 보기로 하고 계약결혼에 돌입한다. 둘의 이러한 관계는 평생 지속되었다.

두 사람은 관계로 서로를 옭아맬 생각이 없었다. 대신 관계로부터 이르러 오는 모든 속박과 의무, 규율로부터 자유롭기를 선택했다. 두 사람은 '플라토닉 러브'라는 말을 실증이라도 하려는 듯 평생 서로에게 사랑과 자유, 결속과 독립, 존중과 배려를 베풀었다. 서로에게 새로운 사람이 생기거나 상대에게 감정이 식을 때면 언제고 서로 놓아주기로 약속했다. 둘은 육체적인 관계에 집착하지 않았다. 당연히 자녀도 없었기 때문에 관계를 이어갈 책임도 없었다. 베티 프리단이 이혼을 통해 페미니스트 운동의 새로운 화력을 얻었던 것과는 달리, 보부아르는 남자의 위치를 자신보다 '낮다'거나 '낮다'고 여기지 않았다. 그녀는 누구보다 사랑과 섹스에 민감했으며, 자신의 감정과 욕구에 솔직했다.

그렇다고 그녀가 가부장제에 의해 지속되어온 남자의 부당한 속박에 동의했던 건 아니다. 그녀는 끊임없이 여자의 지위를 위협하는 사회적 압박과 부조리에 맞서 싸웠고 이에 대한 글을 정력적으로 발표했다. 그녀 스스로 밝혔듯이, 보부아르가 지속적으로 이렇게 할 수 있었던 가장 큰 힘은 바로 사랑하는 사람, 사르트르에게서 온 것이었다. 그렇게 두 사람의 계약은 평생 이어졌으며 끝까지 선을 지키면서 관계에서 이르러 오는 일정한 원심력과 구심력을 즐겼다. 사르트르와 보부아르는 누구보다 서로의 활동과 작업을 격려했으며 끝까지 관계를 핑계로 상대를 강요하거나 짓누르지 않았다. 그들은 서로에 대해 존칭으로 불렀으며 애정을 비롯하여 둘 사이에 어떤 비상한 일이 일어나도 서로에게 먼저 정직하자고 맹세했다. 지구상에 이런 부부는 이전에도 없었고, 아마 이후에도 없을 것이다.

그러던 둘의 관계에 미묘한 변화가 일어났다. 1947년, 강연 차 미국을 여행하던 도중에 보부아르는 미국 시카고 출신의 젊은 작가 넬슨 앨그렌을 사랑하게 되었던 것이다. 앨그렌 역시 대륙에서 유명세를 타던 그녀를 남모르게 흠모하고 있었다. 여행을 다니며 둘은 급격히 가까워졌다. 20년 동안 앨그렌과 주고받은 304통의 은밀한 편지들이 최근 세간에 공개되면서 뜨거운 논쟁의 주제가 되기도 했다. 아무래도 페미니스트들의 우상인 그녀가 한 남자에게 "저는 당신 없이 그처럼 많은 세월을 살아왔다는 게 너무나 이상하게 느껴집니다." "당신을 위해 앞치마를 두르고 아침밥을 지어주고 싶어요." 라며 사랑에 목을 매는 '푼수(?)' 같은 여자로 여겨지는 상황이 기꺼울 리가 없다. 하지만 필자는 보부아르의 이런 모습이 도리어 여성으로서 더 아름답다고 생각한다. "나는 당신의 포로"라고 애원하며 앨그렌을 '악어'로, 자신을 '개구리'로 표현하는 모습에서 애정을 갈구하는 한 여성이 보여주는 진정한 사랑의 위대함을 느끼기 때문이다. 그래서 그녀가 자신의 저서에서 "여자의 비극은 부단히 본질로서 자신을 확립하려는 모든 주체의 기본적인 요구와 여자를 비본질로서 형성하려는 상황의 요구 사이에서의 갈등이다."라고 고백한 게 아닐까?

앨그렌과의 애정 관계는 이후 4년 동안이나 이어졌다. 보부아르는 그와의 육체적 관계를 통해 진정한 섹스를 배우게 된다. 회고록에서 그녀는 앨그렌과의 애정관계를 상세히 기록하고 있다. 하지만 그녀는 앨그렌을 사랑하면서도 동시에 사르트르를 떠나지 않았다. 사르트르는 그녀에게 아버지이자 남편이자 동지이자 친구였다. 그와의 관계는 여느 부부관계가 말해주는 가정과 섹스, 출산과 육아라는 통념적인 틀에 매몰되지 않았다. 심지어 사르트르조차 보부아르가 앨그렌을 좋아한다는 사실을 알고 있었지만, 그런 감정이 둘 사이에 전혀 문제될 게 없다는 반응을 보였다. 보부아르가 애지중지했던 저작 『제2의 성』을 집필할 때조차 그녀는 앨그렌과 사르트르 모두에게서 많은 영감을 받았다.

하지만 이런 미적지근한 관계가 이해될 리 없었던 앨그렌은 자신이 사르트르에 밀려 제3자가 되는 것을 참지 못했다. 그 이후에도 앨그렌과의 편지는 계속 되었지만, 이전처럼 연인의 알콩달콩한 연서는 아니었다. 어쩌면 둘 사이에서 보부아르는 사르트르를 선택했다고 할 수 있을 것이다. 역사에 '만약'이란 없지만, 사르트르가 그녀를 여느 남자처럼 소유욕을 가지고 강하게 붙들었다면 그 반발로 도리어 보부아르가 튕겨져 나갔을 수도 있겠다 싶다. 물론 이건 전적으로 필자의 생각이지만, 보부아르는 육체적 사랑과 정신적 사랑에서 후자를 택했다고 본다.

이후 보부아르에게 봄날처럼 또 다른 사랑이 찾아왔다. 작가 클로드 란즈만과 사귀게 된 것이다. 당시 이 젊은 유대인 마르크스주의자는 겨우 스물다섯이었고, 보부아르는 그보다 스무 살이나 연상이었다. 이로 인해 보부아르는 사후에 "작가의 명성을 위해 타인의 삶을 난도질한 양성애자"라는 비난을 받기도 했다. 프랑스의 한 여류작가는 사르트르와 애정행각을 벌였던 자신의 과거를 담담하게 쓴 『수치스러운 외도』에서 자신이 양성애자가 될 수밖에 없었던 지점에 보부아르가 있었다고 폭로했다. 사르트르와 보부아르가 어린 자신을 가지고 성적으로 놀았다는 고백은 1996년 발표 당시 많은 사람들을 놀라게 했다. "나는 17세 때 보부아르와 사랑에 빠졌으나 그녀는 내가 싫증이 나자 나를 사르트르에게 넘겨버렸다."고 폭로한 것이다. 하지만 이런 위태로운 파고들을 넘으면서도 사르트르와 보부아르는 끝까지 결혼관계와 부부관계를 유지했다.

1장에서 말한 것처럼, 인간은 언어를 통해 상대방과 의사소통을 한다. 생존에 언어는 필수불가결한 도구다. 네 다리로 땅을 기어가다가 두 다리로 일어서서 서로를 마주보는 것은 그래서 큰 의미가 있다. 호모 에렉투스의 위대함은 이족보행 자체가 아니라 신체의 물리적 위치 이동에 따른 새로운 전경과 타인과의 인간관계를 확보한 것에 있다. '직립'은 땅을 바라보던 네발짐승에서 서로를 바라보는 두발짐승으로 나아간 인류의 첫 번째 진보였다. 그리고 이 진보는 인간에게 관계의 함수를 던져주었다.

융에 따르면, 이처럼 초기 단계에서 원시적인 인류의 기억들이 만들어졌고, 이 태곳적 기억들이 누적되고 응축되어 모든 인간이 가진 무의식의 밑바닥에 차곡차곡 쌓여있다. 이런 집단무의식이 남녀의 성심리를 이루는 바탕이 되며, 이 바탕 위에 프로이트가 말하는 개인무의식이 자신만의 구조물을 쌓아올린다는 것이다. 물론 이

두 가지 무의식은 의식의 수면 위에 좀처럼 올라오지 않기 때문에 우리들이 살면서 대부분의 경우에 제대로 인식하지 못한다. 따라서 만남과 이별을 반복하며 쌓아올린 왜곡된 성심리의 지층은 전문가의 도움을 받아 명확하게 전모를 이해하고 교정하는 과정을 거쳐야 한다.

사르트르와 보부아르의 관계는 우리에게 남녀의 성심리에 대한 여러 가지 통찰력을 제공해준다. 보부아르가 아버지로부터 받은 부정성의 심리는 그 대리물로 사르트르를 찾게 했으며, 새로운 사랑을 갈구하면서도 동시에 자신에게 아버지와 같은 사르트르의 곁을 벗어날 수 없게 했다. 그녀의 어린 시절 아버지의 심리적 부재는 전 생애에 걸쳐 그녀의 인간관계를 조종하고 흔들었다. 1장에서 뇌와 언어가 인간관계와 어떤 관련이 있는지 보았듯이, 인간에게는 뇌로 생각하는 성, 몸으로 생각하는 성, 언어로 생각하는 성, 이렇게 세 가지가 있다. '**뇌의 성**'은 프로이트와 융이 말한 무의식의 성심리를 말하며, '**몸의 성**'은 그 성심리를 통해 표출된 성행동을 지칭하고, '**말의 성**'은 관계를 풀어나가는 성언어를 의미한다. 이 세 가지는 서로 맞물려 있으며 서로 비등하게 영향을 주고받는다. 동물에게는 없고, 인간에게만 있는 독특한 특성이다. 게다가 이 특성은 남녀가 반대로 발달한다. 남녀관계가 깊어지면 성감정을 교감하게 되고 남자는 열정의 과정에서 섹스를 하고 여자는 사랑의 결과로 섹스를 하게 된다.

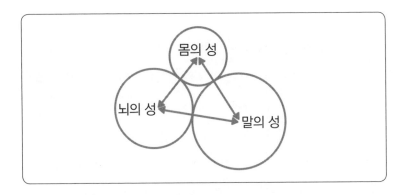

여자에게 섹스는 디저트와 같다. 이미 여자는 메인요리를 다 먹고 입가심으로 섹스라는 디저트를 선택한다. 디저트가 달다면 금상첨화다. 어쩌면 식사의 완성은 메인요리가 아니라 디저트의 유무에 있을지도 모른다. 스테이크는 시간이 중요하지만, 디저트는 그렇지 않다. 웰던, 미디엄, 레어로 나뉘는 스테이크의 세밀한 조리방식과 달리, 디저트는 시의적절한 때에 나오기만 하면 그게 초콜릿 무스든, 딸기 푸딩이든, 오색 마카롱이든 상관없다. 여자에게 섹스는 주식이 될 수 없다. 같은 스테이크는 매 끼니마다 먹더라도 질리지 않는다. 하지만 같은 디저트는 바로 다음 끼니에 먹으려고 해도 바로 물린다. 보부아르와 사르트르의 관계가 그러했다. 계약결혼에서 보부아르는 이미 사르트르와의 사랑을 통해 이미 배부른 상태로 섹스라는 디저트를 한 스푼 삼킨 것이다.

스테이크가 중요할까, 디저트가 중요할까? 남녀관계에서 치명적인 우문에 속하는 물음이다. 스테이크와 디저트가 함께 어우러질 때 진정한 코스요리가 탄생한다. 스테이크 없는 디저트를 상상할 수 없듯이, 디저트 없는 스테이크도 생각할 수 없다. 칸트의 명제를 잠시 빌려서 패러디한다면, '스테이크 없는 디저트는 맹목이며 디저트 없는 스테이크는 공허하다.' 남자의 직관적이고 본능적인 스테이크와 여자의 현실적이고 정서적인 디저트가 랑데부하여 남녀관계라는 멋진 프랑스 정찬 테이블이 차려지는 것이다. 스테이크를 굽는 데 필요한 조건은 무엇이며, 디저트를 장만하는 데 요구되는 규칙에는 무엇이 있을까? 다음 장에서 살펴보도록 하자.

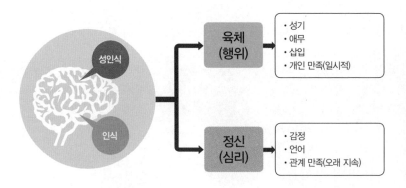

각종 매체나 영상의 영향 때문인지 우리는 일반적으로 성에 대해서 떠올릴 때 육체적인 관계부터 생각하는 경향이 있습니다. 애무나 오럴섹스, 성기 삽입 등 성적 인간관계만을 성심리의 전부로 오해하기 쉽습니다. 하지만 프로이트는 인간이 살아가면서 필요한 모든 에너지의 근원을 성욕, 즉 리비도라고 보았고, 그 범주 또한 굉장히 넓혀 놓았습니다. 섹스라는 행위는 쾌락이나 음란, 수치심, 부끄러움, 동물적 본능 등 부정적인 측면보다 성욕의 승화와 적절한 억압, 자기 이해의 달성을 통한 긍정적인 측면을 갖고 있습니다. 필자는 수많은 성심리 상담을 해오면서 섹스를 육체적 관계로만 생각하고 부정적 인식을 통해 문제를 해결하려다가 오히려 심각한 정신적 문제를 안고 상담소의 문을 두드리는 내담자들을 많이 보았습니다. 그들 대부분의 공통점은 섹스를 육체적인 문제로 한정시키며 자연스럽게 정신적인 문제를 등한시했다는 데에 있습니다. 사랑하는 마음으로 충만한 연인은 서로 끌어안고만 있어도 행복한 법입니다. 건전한 성심리는 상대방에게서 자신의 무의식의 원형을 찾아가는 작업입니다. 융은 인간 모두에게 아니무스와 아니마가 있다고 말했습니다. 남녀의 이상적인 인간관계가 가능한 이유도 서로의 모습 속에서 자신의 성심리의 조각을 찾을 수 있기 때문입니다.

❖ 프란체스코 하예즈(Francesco Hayez)의 「키스(Il Beso, 1859)」

chapter **3**

—

섹스는 욕망인가 에너지인가

아름다운 성과 왜곡된 섹스의 변주곡

"섹스 빼고 세상 모든 것이 섹스에 관한 것이다.
반면 섹스는 권력에 관한 것이다."
—오스카 와일드—

섹스는 욕망인가 에너지인가

　　　　　　　　　　　세상에서 가장 왜곡된 단어는 아마 '사랑love'일 것이다. 숱한 문학가가 숱한 시를 써서 절절한 사랑의 마음을 노래했지만, 수많은 작곡가가 수많은 노래를 지어 사랑의 감정을 토로했지만, 인간의 언어 중에서 사랑만큼 형언하기 어려운 의미의 간극이 남는 말도 따로 없을 것이다. 해도 해도 부족한 말이면서 해도 해도 오해가 쌓이는 말이 바로 사랑이란 두 글자다. 어떻게 보면 사랑의 애가와 각종 연애물의 홍수 속에 살아가는 현대인들이 옛날 사람들보다 더 사랑을 모르는 것 같다.

"문제는 대부분의 현대 언어에는 '사랑'이라는 엄청나게 폭넓은 감정을 표현하는 단 하나의 단어밖에 없다는 사실이다. 고대 언어에는 사랑에 대해 다양한 범주를 설정했고, 각 범주에 대한 별도의 어휘가 있었다. 그리하여 고대 페르시아어는 78개, 그리스어는 4개, 라틴어는 5개를 갖고 있으나, 영어에는 단 한 단어뿐이다."

『밝히는 남자 바라는 여자(김영사)』, 63~64.

책을 들춰보니, 영어 '러브'는 중세영어 '루푸lufu'에서 나왔는데, 이는 '환희' '칭송' '친애'를 나타내는 원시게르만어 '루보*lubo'에 그 어근을 두고 있다. 독일어의 '사랑하다lieben'라는 동사가 여기서 파생한 단어라고 한다. 흥미로운 사실은 영어에 '믿다believe'라는 동사와 '떠나다leave'라는 동사가 모두 이 '사랑하다'라는 동사와 같은 어근을 가지고 있다는 점이다. 사랑은 상대방에 대한 믿음과 이별을 함께 함축하고 있는 말인지도 모르겠다. 그렇다면 우리나라말 '사랑'은 어디에서 왔을까? 영단어보다 훨씬 철학적이다. 학자마다 여러 가지 설이 있지만, 그 중에서 크게 두 가지 설명이 설득력이 있다고 한다. 첫 번째는 1462년 발간된 『능엄경언해』에 등장하는 'ᄉᆞ랑'이다. 이 단어는 '사르다[燒]'와 '살다[生]'라는 두 동사에 어근을 두고 있는 것으로 추측된다. 사랑하면 마음이 불타는 것 같고, 죽은 사람도 살리는 묘한 마력이 있다. 자신을 불사르도록 한 대상에 미친 듯이 빠지는 경험이 '사랑'인 셈이다. 반면 두 번째는 1459년 『월인석보』에 실린 '스랑'으로 이 단어의 앞뒤 맥락으로 미루어 볼 때 '임을 생각하다[思]'라는 동사에서 파생된 것으로 추측된다. 사랑은 보고 싶은 임을 마음속에 그리는 것이다. 이처럼 옛날 사람들은 오늘날 우리들보다 마음의 소욕을 훨씬 구체적으로 구분하고 살았던 것 같다.

서양도 마찬가지다. 고대 그리스인들은 사랑의 범주를 모두 아가페와 에로스, 필리아, 스토르게처럼 4개로 나누었다. '아가페'는 신이나 부모가 인간이나 자식에게 베푸는 무한한 사랑을 말한다. 요즘도 쉽게 볼 수 있는 그리스도교의 성찬식 역시 '애찬愛餐'이라는 뜻의 아가페로 불렸다고 한다. 중세 스콜라철학자 토마스 아퀴나스는 이 아가페를 "다른 사람의 선을 바라는 마음"으로 정의했다. 반면 '에로스'는 성적인 욕망에서 비롯한 사랑을 의미한다. 플라톤은 『향연』에서 에로스가 젊은 시절 아름다움의 이상적인 형태를 회상시키는 마음으로 정의했다. 물론 플라톤은 육체적인 차원을 넘어선 진리를 갈망하는 철학자의 미의 추구를 말했지만, 에로스는 대체적으로 욕정을 기반한 사랑을 지칭한다고 할 수 있다. 또한 '필리아'는 친구나 지인 같은 동등한 지위에서 나누는 애정을 말한다. 아리스토텔레스는 『니코마코스 윤리학』에서 필리아를 넓은 개념의 '형제애'로 정의했다. 특히 이 단어는 벗이나 애호가 사이에서 즐기는 행위를 지칭하기도 했는데, 오늘날 영어에 남아있는 '철학 philosophy'이라는 단어에서 그 흔적을 찾을 수 있다. 마지막으로 '스토르게'는 특히 부모와 자식 간의 애정을 말한다. 가족 간의 관계에서 쓰였던 이 단어는 자신이 좋아하는 국가나 스포츠팀에 대한 애정을 지칭할 때도 사용되었다고 한다.

이처럼 과거 문헌을 들여다보면, 사랑은 '러브'라는 외마디 단어에 모두 수렴하기에 다양한 지반과 폭넓은 영역을 지니고 있었던 것 같다. '사랑' 하면 '섹스'만 떠올리는 본능적이고 즉물적인 연상은 대중매체가 가공한 문학과 예술, 영화를 거쳐 우리들의 뇌리 속에 하나의 조건반사 같은 연결고리를 심어주었다. 그래서 우리는 평소 사랑이라는 단어로 그토록 해결되지 않는 정서적 갈증을 느꼈던 게 아니었을까?

01 섹스의 조건

사랑하면서도 사랑에 갈증을 느끼는 현대인. 루 안드레아스-살로메Lou Andreas-Salomé 역시 이것을 알고 있었을 지도 모르겠다. 19세기 후반, 여성의 몸으로 입센과 니체, 릴케, 프로이트 같은 당대 최고의 지성인들과 허물없이 사귀고 사랑했던 여류작가 살로메는 '사랑'이라는 말로 다 함축되지 않는 내면의 성적 에너지를 복수의 대상과 서로 다른 방식으로 풀어냈다.

그녀는 1861년 상트페테르부르크에서 러시아 황제 차르의 장군이었던 위그노 혈통의 아버지와 독일 혈통의 어머니 사이에서 태어났다. 당시 글을 제대로 읽지 못했던 여성들과 달리 그녀는 이미 어려서부터 여러 가지 주제의 수많은 서적을 독파한 지식인이었고, 자유연애주의자로 철학자 파울 레와 그의 친구 니체와는 삼각관계 속에서 농도 짙은 연애를 나누기도 했다. 파울 레와는 육체적 사랑을, 니체와는 정신적 사랑을 나누었는데, 재색을 겸비한 그녀를 두고 둘은 팽팽한 신경전을 벌이곤 했다. 둘은 시차를 두고 그녀에게 프러포즈를 했고 보기 좋게 퇴짜를 맞는다. 남정네들의 속 타는 심정을 농락하듯, 얼마 후 그녀는 새로운 사랑을 찾아 그들 곁을 홀연히 떠난다.

1897년, 살로메는 당시 문단에서 전혀 명성이 없었던 스물한 살의 시인, 릴케를 만난다. 어린 릴케는 그보다 열다섯 연상의 유부녀였던 그녀에게서 농익은 육체적 사랑을 배우게 된다. 살로메는 자상한 어머니처럼 릴케에게 '라이너'라는 필명을 선사하고, 그는 그 이름을 평생 간직한다. 더불어 살로메는 홍등가 여염집의 여자처럼 온몸으로 자신이 지닌 초절정 비기秘技로 그를 길들인다. 살로메와 함께 몸을 섞으며 릴케는 육체가 되살아나고 영혼이 분리되는, 그 어디서도 맛볼 수 없던 짜릿한 해방감을 느낀다. 덕분에 이 시기 릴케는 자신이 남긴 최고의 작품들의 초고를 대부분 완성할 수 있었다. 그녀의 사랑으로 예술혼의 각성을 경험한 릴케는 비로소 문단에 성공적으로 데뷔한다. 이 관계는 3년 동안 지속된다.

　살로메의 애정 편력을 단순히 사랑이라는 밋밋한 단어로 정의 내리기 힘들다. 그녀는 친구로 시작했던 레와 육체적 관계로까지 발전했지만, 니체와는 평생 철학적 사유만 나누는 플라토닉한 관계로 남았다. 1887년, 언어학자였던 프리드리히 카를 안드레아스와 결혼한 뒤 죽을 때까지 혼인관계를 유지했지만, 그렇다고 서로 애틋한 부부의 정을 나누는 금슬 좋은 사이는 아니었다. 권태기의 아내가 풋내기 문학청년이었던 릴케를 성적 노리갯감으로 삼았지만, 남편인 안드레아스는 이를 알고도 묵인했다. 나아가 1912년과 1913년 사이, 비엔나에서 프로이트를 만난 살로메는 그와 사제관계를 넘어선 모종의 연인관계를 유지하기도 했다. 그녀는 여성의 몸으로 당대 유럽 대부분을 직접 여행하고 견문을 넓혔으며, 여러 소설과 에세이를 비롯해 개인적으로 자신이 다양한 방식으로 사랑했던 니체와 입센, 프로이트에 대한 저서를 냈다. 뿐만 아니라 게르하르트 하우프트만, 프랑크 베데킨트, 호프만슈탈 같은 당대 최고의 지식인들과 허울 없이 자유롭게 교류하고 사랑했다. 말 그대로 '여행하고 먹고 사랑하라!'를 실천한 여자였다. 그렇다고 그녀가 방종하고 헤픈 여자였다는 건 아니다. 그녀는 진정 자신을 사랑했으며, 자신의 내면에서 들리는 솔직한 목소리에 귀를 기울일 줄 알았다.

그래서 자신을 속이지 않고 욕망과 관계에 충실할 수 있었다. 그녀의 파란만장한 일대기는 2016년 영화로도 제작되었다.

　반면 니체는 어떠한가? 금발의 야수, 초인을 기다렸던 철학자 니체는 생전에 지독한 여성혐오주의자로 알려져 있다. 자신의 책 『차라투스트라는 이렇게 말했다』에서 니체는 여자를 신랄하게 저주한다. "여자란 반드시 열쇠를 채워 보관해야할 소유물이자, 시중을 드는 용도로 창조된 존재, 예속을 통해서만 비로소 완성에 이를 수 있는 존재다. 남자들이여, 여자를 찾아갈 때면 채찍을 들고 가는 것을 잊지 말라." 친구 레와 함께 살로메가 채찍을 들고 찍은 사진을 연상케 하는 글이다. 첫사랑이자 마지막 사랑이었던 살로메에게 두 번이나 퇴짜를 맞았던 비운의 사나이, 자신이 욕망하는 게 무엇인지 사랑이 무엇인지 몰랐던 무지의 청년, 니체는 그녀의 대리물로 밤마다 라이프치히의 홍등가를 기웃거린다. 한 여자를 성녀로 이상화할수록 세상 다른 모든 여자들은 창녀로 전락한다. 거기서 우연히 인도계 창녀를 알게 되고 그 검은 피부의 미소녀에게 정신없이 빠져든다. 이미 젊은 시절 색광이었던 백작 부인의 성적 노리개가 되어 어설프게나마 육체의 도락을 맛본 그는 현실에서 이룰 수 없는 사랑을 동전 몇 푼에 이름 모를 남정네들에게 몸을 파는 유곽에서 찾을 수밖에 없었다. 그렇게 그가 만난 '유라시아 소녀'는 그에게 화대의 대가로 매독을 옮겼고, 니체는 선천성 두통과 고질적인 우울증에다 그녀에게서 옮은 매독균이 뇌에 파고들어 결국 1889년 미쳐버리고 말았다.* "나는 백작 부인과 유라시아 소녀를 내 피에서 몰아낼 수가 없었다. 내게 그들은 빛과 그늘의 세계를 이루는 필수불가결한 존재였다."

살로메를 '나의 신'으로 부르기 주저하지 않았던 니체는 그녀와 파울 레, 그리고 자신이 '삼위일체'라고 공공연히 말하고 다녔지

---

* 참고로 말년에 니체가 앓았던 질환이 매독이었는지 편집증(피해망상)이었는지에 대해서는 여러 가지 설이 있다. 다만 그가 매독에 걸렸을 개연성이 높다는 추측이 가능하다. 카우프만(Walter Kaufmann)의 『Nietzsche: Philosopher, Psychologist, Antichrist』를 참고.

만, 살로메에게서 버림받은 뒤 성심리의 왜곡을 겪게 된다. 여성혐오주의자가 된 것이다. 『이 사람을 보라』에서 니체는 당대 페미니스트들에 대한 극렬한 혐오를 여과 없이 드러내고 있다. "여성에게 남자란 항상 수단에 불과했다. 거리에 나부끼는 저 '여성 해방'의 목소리, 이것은 아이를 생산할 수 없는 여성들의 분노이다. 더 정확히 말하자면, 임신에 필요한 남자를 얻지 못했다는 상실감의 표현이다. 더 자세히 살펴보면, 자신들의 '수단'을 강탈한 같은 여성들에 대한 증오이다. 여성해방론자들이 적으로 상정한 남성은 그저 수단일 뿐이며, 전술에 불과하다. 그녀들은 자신들이야말로 진정한 여성이며, 말이 통하는 고급 창녀이며, 이상주의자라고 내세움으로써 동시대의 같은 여성들을 깎아내리는 것이다." 『인간적인 너무나 인간적인』에서는 이렇게 말한다. "서로 다른 탄식—몇몇 남성들은 자신의 아내들이 눈이 맞아 달아난 것을 탄식했고, 대부분의 남성들은 아무도 자신의 아내들을 빼앗아가려 하지 않았던 것을 탄식했다."

일설에 의하면, 친구였던 파울 레, 선망의 대상이었던 음악가 바그너에게 동성애적 끌림을 갖고 있었을 뿐만 아니라, 자신이 죽을 때까지 옆에서 병간호를 하며 돌봐주었던 여동생에게서 모성애 같은 사랑을 느꼈다고 한다.

섹스의 조건은 무엇일까? 니체는 자신의 저서에서 "인간이란 원숭이와 초인 사이에 놓인 밧줄이다."라고 말했다. 여기서 원숭이는 인간 내면에 가진 동물적이고 저열한 욕망을, 초인은 인간 정신이 가진 이상과 피안彼岸적 원숙함을 의미할 것이다. 니체는 인간이면서 인간의 한계를 극복한 초인도 어쩔 수 없이 원숭이가 가진 욕구에서 헤어 나올 수 없는 굴레를 가진다는 역설을 말하고 싶었던 게 아닐까? 살로메를 그토록 연모했으면서도 동시에 끊임없이 매음굴을 드나들었던 니체야말로 원숭이와 초인 사이에 놓인 밧줄 위를 위태롭게 걸어가는 인간이 아니었을까? 남녀가 생각하는 섹스의 조건을 살로메와 니체를 모델로 비교하면 다음과 같다.

여자(살로메)	남자(니체)
• 여성으로서의 성심리	• 남성으로서의 성심리
• 뇌는 성을 부정적으로 인식한다	• 뇌는 성을 긍정적으로 인식한다
• 말의 성이 중요하다고 말한다	• 몸의 성이 중요하다고 말한다
• 대신 몸의 성은 부차적이다	• 대신 말의 성은 부차적이다
• 관계의 지속을 위해 섹스를 한다	• 관계의 시작을 위해 섹스를 한다
• 섹스가 없어도 관계를 유지한다	• 섹스가 없으면 관계도 종결된다

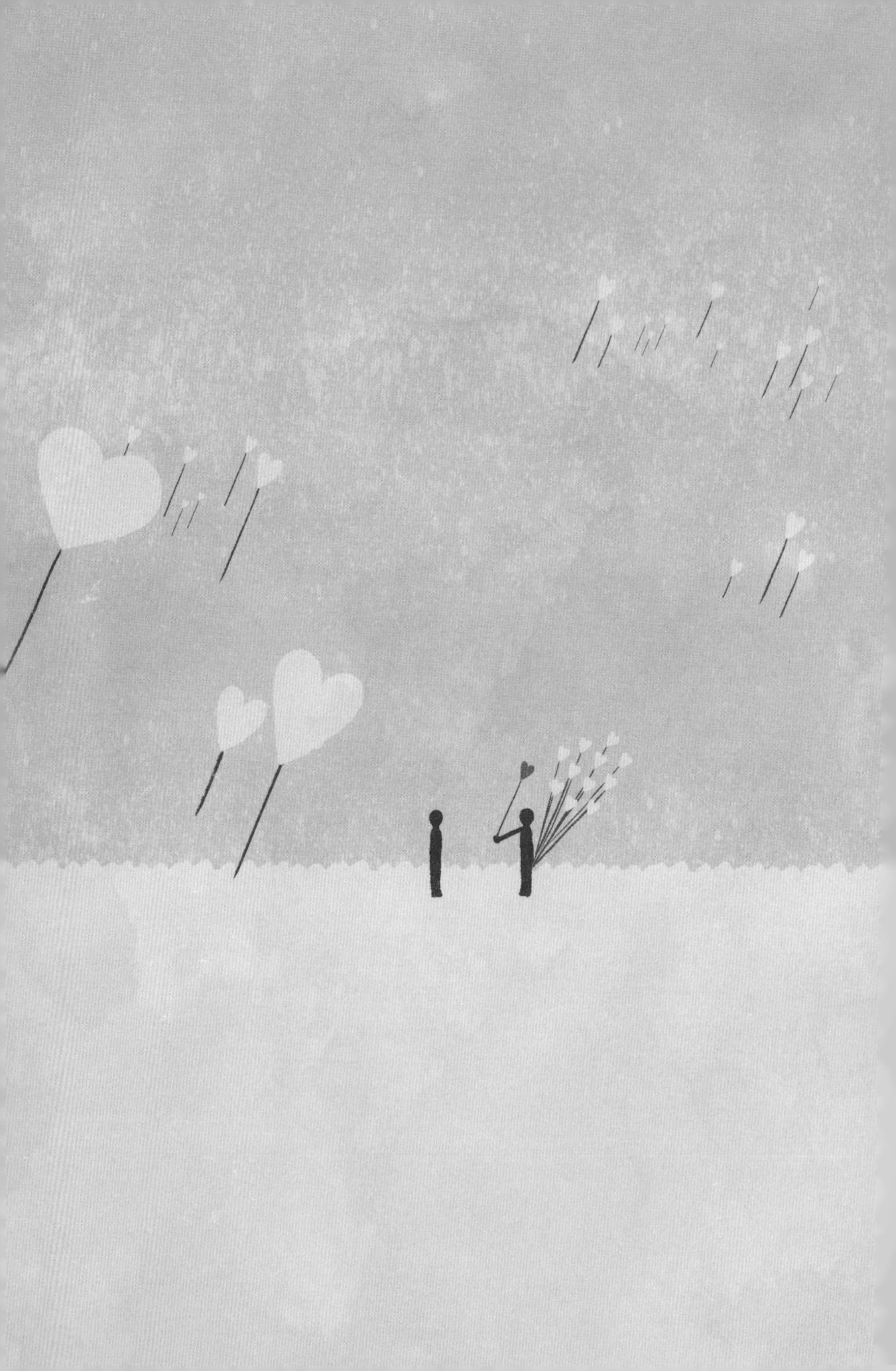

02 관계의 의무

평소 클래식을 듣는 분이라면 「로망스」와 「트로이메라이」로 유명한 독일의 낭만주의 작곡가 로베르트 슈만Robert Schumann을 잘 알고 있을 것이다. 아니 특별히 음악에 조예가 없는 분이라도 어디서건 그의 이름을 한 번쯤은 들어봤을 것이다. 클래식 음악으로 하루를 여는 필자 역시 그의 음악을 매우 사랑하지만, 특히 심리학을 전공한 전문가로서 슈만은 이상심리학 교재에서 종종 보게 되는 이름이기도 하다. 슈만은 출판업에 종사하는 친부를 둔 덕에 어려서부터 남다른 문학적 재능을 보였다고 한다. 모차르트가 5세 때 작곡을 했다고 알려진 것처럼, 슈만 역시 10대 중반에 이미 시를 썼고, 아버지는 그런 아들의 글을 손수 책으로 엮어 발표해주기도 했다고 하니 가히 '신동'이라 부를 만하다. 하지만 그는 문학적 재능 못지않게 상당한 수준의 음악적 재능도 발휘하기 시작했는데, 피아노를 치고 작곡도 척척 해냈다. 이런 걸 보면, 신은 공평하지 않은 것 같다. 이쯤 되면 슈만의 부모는 좀 헷갈렸을 것 같다. 어쨌든 '엄친아'였던 슈만의 십대는 문학과 음악을 놓고 갈팡질팡했던 시기였을 것이다. 둘 중 아무 것도 가지지 못한 범인凡人이 보기에는 행복에 겨운 고민인 셈이다.

하지만 그의 인생에 뜻밖의 시련이 닥친다. 그의 나이 17세, 뒤에서 자신을 묵묵히 지지해주던 아버지가 돌아가신 것이다. 졸지에 아버지를 잃은 슈만은 20세가 되던 해에 어머니의 간곡한 설득으로 문학도 음악도 아닌 생뚱맞게 법을 공부하러 라이프치히 법대에 진학한다. 그러나 내면에 감춘 끼를 속일 수는 없는 법. 슈만은 몇 주 만에 당대 최고의 피아노 교사였던 프리드리히 비크의 제자가 되어 피아노 연습에 몰두하게 된다. 운명적인 만남의 시작이었다. 비크에게는 당시 11세에 불과한 딸 클라라가 있었다. 클라라는 9세 때 라이프치히 게반트하우스에서 공식 연주회를 가질 만큼 뛰어난 음악적 재능을 지니고 있었고, 국외 연주회만 38회에 이르는 등 리스트와 함께 당대 최고의 피아니스트로 이름을 떨칠 재목감이었다.

괴테나 멘델스존 등 수많은 유명인사들이 그녀의 연주를 극찬했고, 귀족들의 후원이 줄을 이었다.

그에 비해 슈만은 뒤늦게 피아노를 배운 무식한 촌놈이다, 음악계에서 이렇다할 자신의 재능도 검증해내지 못한 무명인에, 가문도 내세울 것 없는 무지렁이에 가까웠다. 게다가 이 시기에 슈만은 급한 마음에 손가락에 무거운 추를 달아 피아노 건반 연습을 하다가 손가락이 골절되는 비운을 맞게 된다. 졸지에 그는 피아니스트로서의 길을 포기하고 작곡가의 삶을 살 수밖에 없는 처지에 놓였다. 그런 슈만이 '감히' 스승의 딸에게 연모의 정을 느끼게 된다. 딸을 가진 아버지로서 비크는 슈만이 눈에 찰 리가 없다. 한국 막장드라마의 단골 대사 중 하나인 "내 눈에 흙이 들어가기 전에는 이 결혼 반대야!"가 그의 입에서 튀어나왔다. 예나 지금이나 금지된 사랑은 더 달콤한 법. 부모의 반대가 거셀수록 둘의 사랑은 더 깊어만 갔다. 장인의 축하를 받을 수 없다고 판단한 슈만은 가까운 교회에서 비밀리에 조촐한 결혼식을 갖는다. 분노한 비크는 이들의 결혼무효 소송을 제기했지만, 아무리 발버둥 쳐도 둘의 불타는 사랑을 막을 순 없었다.

　"둘은 그렇게 행복하게 살았더래요."이야기가 이렇게 끝났다면 얼마나 아름다운 러브스토리였을까? 하지만 그런 해피엔딩은 동화 속에서나 존재한다. 슈만은 결혼과 함께 음악사에 길이 남을, 주옥같은 서정적인 음악들을 남기며 당대 최고의 음악가로 우뚝 선다. 자신의 아내였던 클라라의 모든 음악적 에너지를 다 빨아들인 것처럼 신들린 듯한 창작력을 뿜냈다. 아버지 비크가 우려했던 미래가 현실로 다가온 것이었다. 결혼 후 여덟 명의 자녀를 낳으며 그들을 양육하고 뒷바라지 하느라 클라라의 섬섬옥수 같았던 손마디는 점차 굵어졌다. 우는 아이 젖 먹이느라 피아노 건반을 두들길 수 있는 날이 점점 줄어들었고, 아이들의 기저귀를 빨고 젖은 이불보를 짜내느라 피아노 건반을 종횡무진 넘나들던 손목은 뒤틀렸다. 엎친 데 덮친 격으로 남편 슈만은 원인모를 정신병에 시달리기 시작한다. 간병은 온전히 그녀의 몫이었다. 급기야 1854년, 미치광이 슈만은 라인강에 투신하여 자살을 기도한다. 익사 직전에 간신히 건져낸 그를 클라라는 정신병원에 보낼 수밖에 없었다. 그렇게 엔데니히 정신병원에 감금된 채 2년을 더 살다가 슈만은 46세의 나이로 병상에서 죽고 만다. 그의 사인은 매독에 의한 정신질환이었다.

남편이 세상을 떠나고, 클라라는 그의 모든 악보를 손수 정리하여 직접 출판하였고, 여생을 남편 슈만의 작품을 세상에 알리는 일로 보냈다. 그리고 그녀의 옆에서 그러한 그녀를 묵묵히 지켜주는 또 하나의 남자가 있었다. 바로 슈만의 제자였던 브람스였다. 브람스를 음악계에 진출할 수 있도록 도와줬던 사람이 바로 생전의 슈만이었다. 브람스는 정신이 오락가락하는 슈만을 스승으로 극진히 모셨고, 슈만의 사후에는 홀로 남겨진 미망인 클라라를 지근거리에서 도왔다. 브람스는 평소 클라라를 지독히 흠모했으며, 그녀에 대한 남모를 사랑을 가슴에 영원히 간직하려고 평생을 독신으로 살았다. 1896년, 멀리서 바라만 보았던 클라라가 죽자, 살아갈 희망을 찾지 못했던 브람스 역시 시름시름 앓다가 이듬해 유명을 달리한다. 그가 세상에 마지막으로 남긴 작품은 클라라를 위한 「11개의 코랄」이었다. 브람스는 자신을 음악계에 데뷔시켜준 로베르트 슈만과의 의리를 지키기 위해 마음 깊숙한 곳에 지니고 있었던 클라라에 대한 숭경의 애정을 한 번도 밖으로 드러내지 않았다. 그렇게 슈만 부부의 일부일처제는 서로의 사별로 막을 내렸다.

언제부터 일부일처제가 시작된 것일까?『성서』의 영향으로 19세기 중엽까지 사람들은 일부일처제가 인간사회에 가장 오래되고 기본적인 결혼과 가족의 형태라고 믿었다. 아담에게 하와가 있었을 뿐이며, 남성을 중심으로 한 부계사회가 고대부터 현재까지 이어져 온 것이라는 데에 아무도 의심하지 않았다. 1861년, 스위스의 인류학자 바코펜Johann Jakob Bachofen은 이러한 주장에 반기를 들었다. 그는 원시시대에는 자연법에 기반한 모계사회가 더 일반적이었으며, 이로부터 시민법에 기반한 부계사회로 진화했다고 주장했다. 게다가 1877년, 미국의 인류학자 루이스 모건Lewis Henry Morgan은 진화론적 도식에 따라 고대에 집단 난교로 출발해 집단혼을 거쳐 오늘날의 일부일처제가 정착되었다고 주장했다. 물론 진화심리학자들이 이견을 제시했다. "자식이 태어난 이후에 수컷이 후손을 전혀 보살피지 않는 경우 역시, 일부일처를 위한 바탕이 존재하지 않는다. 그런 만큼 포유류들 사이에서 일부일처는 드물다. 포유류의 3~5%만이—영장류의 10~15%—일부일처 사회를 이룬다. 예를 들면, 진원

류, 긴팔원숭이, 비버, 여러 물범들, 여우, 오소리, 사향고양이 등이다."* 일부일처제의 사례를 드는 것까지는 좋은데, 배우자에 대한 의무를 이야기하면서 인도네시아에서 루왁커피를 생산하는 사향고양이와 만물의 영장인 인간을 동급으로 놓는 건 정서상 왠지 좀 어색하다.

일부일처제와 일부다처제, 혹 일처다부제 중 무엇이 더 근원적인 가족의 형태인지 여기서는 논외로 하자. 필자는 "남자에게 과연 몇 명의 여자가 필요할까?"를 동물의 왕국에서 그 대답을 가져오는 접근방식도 불편하지만, 진화론적 도식으로 부계와 모계의 선후관계를 정하는 접근방식 역시 마음에 들지 않는다. 필자가 많은 부부를 상담하고 내린 결론은 일부일처제가 인간 내면의 성심리로 가장 뿌리 깊이 박힌 원리라는 사실이다. 처음부터 그렇게 프로그래밍된 것인지, 아니면 적응과 진화라는 자연선택의 결과로 그렇게 결론지어진 것인지는 필자의 전문 영역 밖의 문제다. 분명한 사실은 적어도 상담심리에 있어서 일부일처제, 즉 한 남자에게 한 여자가 존재하는 방식이 인간의 가장 자연스러운 성심리라는 것이다.

---

* 『모든 시작의 역사(김영사)』, 348~349.

남녀 사이에 섹스가 이뤄졌을 때 원만한 사랑이 만들어지고, 자신의 욕망과 삶의 에너지가 한 사람에게 몰입되어 발산할 때 진정 아름다운 사랑이 만들어진다. 욕망이라고 다 같은 욕망이 아니다. 저열한 동물적 욕망을 사랑으로 착각하여 무분별한 관계를 뒤쫓을 때 촛불에 뛰어드는 불나방처럼 자기 파멸로 다가가는 내담자들을 많이 보아왔다. 욕망이라는 이름의 전차를 세우지 못해 배우자가 아닌 다른 사람에게 성욕을 분출할 때에는 긍정적 인간관계마저 파괴되고 성인식의 왜곡이 일어나 결국 자신과 주변 모두가 불행해진다. 급기야는 정서적 문제나 이상성욕, 성범죄에 노출될 수도 있다.*

문제는 최근 상업적 용도로 만들어진 각종 영화나 드라마 같은 영상 매체들이 끊임없이 불륜이나 외도를 매력적이고 낭만적인 관계로 묘사하고 있다는 사실이다. 2015년, 미국 미시건대학의 줄리아 립먼Julia Lippman 교수는 로맨틱코미디 같은 영화가 그리는 비윤리적인 남녀관계에 노출된 시청자들이 그와 유사한 행위를 실제 생활에서 구현할 가능성이 높다는 연구 결과를 내놓았다. 한 여성을 집요하게 노리는 스토킹 같은 범죄 행위도 상업영화의 입맛에 맞게

---

* 박수경, 『그 남자 그 여자의 바람바람바람 (가연)』, 참고.

아름다운 코미디로 승화되기 십상이라는 것이다.* 자신의 남편이나 아내를 속이고 외도를 일삼는 드라마 속 주인공에 도리어 연민을 느끼거나 여자친구에게 함부로 대하는 소위 '나쁜 남자'에게 매료되는 경우, 자기도 모르게 그러한 대상과의 사랑을 꿈꾸게 된다는 것이다. 우리가 기억하는 90년대 방영된 TV드라마 「애인」 역시 불륜을 미화해서 여론의 뭇매를 맞았던 적도 있었다. 역설적으로 연속극은 여러 가지 논란 속에서도 공전의 히트를 기록했고, 드라마 OST 역시 인기를 끌며 불티나게 팔렸다.

앞선 장에서 언급한 섹스의 조건과 이번 장에서 다룬 관계의 의무는 서로 다른 각도에서 동일한 사물을 바라보는 방식을 취하고 있다. 흔히 섹스를 육체적인 관계로 규정하기 쉽지만, 사실 다른 모든 행동이 그런 것처럼 섹스 역시 일정한 조건과 의무가 수반된다. 이를 망각할 때, 우리는 왜곡된 성심리를 통한 여러 가지 사회적 문제들을 잉태하게 된다. 개중에는 성범죄로까지 이어져 하루아침에 패가망신할 수도 있고, 특히 살인과 같은 중대한 범죄를 낳아 다시는 돌이킬 수 없는 나락에 빠질 수도 있다. 니체는 차라투스트라의 입을 빌려 이렇게 말했다. "그대들은 많은 단계를 거쳐 인간이 되

---

* 「I Did It Because I Never Stopped Loving You: The Effects of Media Portrayals of Persistent Pursuit on Beliefs About Stalking」 참고.

기에 이르렀다. 그러나 아직도 그대들의 내부에는 벌레 같은 부분이 많이 남아 있다."

03 성범죄로 인한 자기파괴

영국 속담에 '두 사람이 있어야 탱고춤도 출 수 있다.'는 말이 있다. 영화 「여인의 향기(1992)」를 통해 우리들에게도 잘 알려진 탱고춤은 유명한 OST「포르 우나 카베자」와 함께 그 어떤 댄스보다 남녀의 호흡이 중요한 춤으로 기억된다. 현란한 바이올린에 맞춰 온몸으로 서로의 육체를 탐하듯 두 남녀의 상체가 아찔한 곡선을 그리며 서로의 경계를 넘나든다. 한 마리 뱀이 똬리를 틀 듯 여자 댄서가 상대와 뒤엉켜 요염한 곡선을 그리고, 이를 받아 남자 댄서는 점을 찍듯 위치를 선점하며 여자의 뇌쇄적인 춤을 연결한다. 남녀가 서로 밀착하는 자세는 보는 이로 하여금 마른 침을 삼키게 한다. 그런데 영화 속 남자 주인공 프랭크 대령(알 파치노)은 놀랍게 장님이다. 마치 상대를 보지 못하는 것이 큰 축복인 양 프랭크는 흔들림 없이 리듬에 자신의 몸을 맡긴다. 여인의 향기만으로 그녀가 미인인지 아닌지 알아맞힐 수 있다고 호언장담하는 프랭크는 능숙하게 상대 여자에게 탱고춤을 제안한다.

어디 춤뿐이겠는가? 사랑을 나누고 긴밀한 인간관계를 가지려면 반드시 상대가 있어야 한다. 실수해서 스텝이 꼬이더라도 탱고는 계속 되어야 한다. 서로 다른 입장, 다른 포즈를 취하고 있지만, 오히려 그렇기 때문에 음악에 몸을 맡기는 둘의 춤사위는 물 흐르듯 자연스럽다. 인간관계, 특히 성관계는 탱고와 같다. 다름을 인정하고 받아줄 때 멋진 한 편의 탱고가 완성된다. 남녀의 성심리가 서로 다른 방식으로 발현되기 때문에 그 결합이 그토록 아름다운 것이다. 탱고를 추는 남녀가 같은 스텝을 밟으면 춤을 추는 게 아니라 서로의 발을 계속 밟게 된다는 어느 춤꾼의 말이 생각난다. 하지만 서로의 차이를 인정하지 않거나 한편이 일방적으로 다른 편을 성적으로 강요하고 억압할 때, 그 행위는 사랑이 아니라 커다란 상처를 남기는 폭력이 된다.

인간관계는 한 편의 탱고와 같다

인간관계가 파괴되면서 일어나는 상처는 몸에 난 상처만큼 쉽게 아물지 않는다. 성범죄에 대한 분노는 자기 자신을 아끼고 사랑했던 것만큼 치솟는다. 적절하게 치료되지 않으면 상대에게 복수심과 환멸을 느끼게 되고, 자기 스스로를 파괴하는 자해행위를 하게 된다. 개중에는 스스로 목숨을 끊는 불상사도 일어난다. 미국 여성으로서 1호 전투기 조종사가 된 마사 맥샐리 역시 젊었을 때 상관에게 성폭행을 당했다고 28년이 지난 후 기자회견을 열어 사건을 폭로했다. 기자회견장에서 당시 끔찍했던 순간을 떠올리며 울먹이는 그녀를 보면서 깜짝 놀랐다. 필자는 그녀에게 눈물이란 건 없는 줄 알았다. 1988년부터 2010년까지 미 공군으로 복무하면서 중동지역과 아프가니스탄에 6번이나 파병되어 총 325시간 비행시간을 갖고 있는 베테랑 전투기 조종사에다 동성 무공훈장과 6번에 걸친 미 공군기장을 받고 미 공군 최초로 여성 편대장을 맡았던, 정말이지 어디 내놓아도 전혀 주눅들 것 같지 않던 '철의 여인'도 성심리에 있어서는 숨길 수 없는 나약한 한 명의 여성이었던 셈이다. 강제성을 띤 폭력 행위는 영혼의 살인이며, 존재의 말살이다. 가까스로 삶을 지탱한다 해도 이후 외상후스트레스장애PTSD와 같은 심각한 후유증을 평생 안고 살아가게 된다.

참고 억압하는 게 배려가 아니라 상대의 성심리를 아는 게 진정한 배려다. 배려야말로 남녀가 공존하며 살아갈 수 있는 토대가 된다. 성심리를 알지 못하면 아무리 높은 지위에 있어도 일순간에 추문에 휘말릴 수 있다. B씨(37세)의 경우가 그랬다. 2010년 그는 52회 사법시험에 합격하고, 같은 해 입법고시 법제직에 수석으로 합격했다. 연이어 54회 행정고시 법무행정직을 차석으로 합격하며 이른바 '고시3관왕'이라는 명예를 안았다. 우리나라에서 손에 꼽을 만한 고시 실력을 갖춘 그는 5급 행정사무관인 국회입법조사관으로 발령을 받아 첫 근무를 시작했다. 사실 인생의 목표를 이룬 바로 이 순간이 남자에게는 가장 위대한 순간이면서 동시에 가장 위험한 순간이기도 하다. 남자는 바로 다음의 목표를 설정하고 빠르게 돌진해야 한다. 인생의 작은(?) 승리감에 도취되어 그 곳에 잠시 머무는 순간 길을 잃고 무질서해지는 경우를 필자는 종종 보았다. 게다가 그 이탈이 성적인 비행이라면 시쳇말로 남자 인생 한 방에 훅~ 갈 수도 있다.

삶의 목표를 이룬 바로 그 순간이 남자에게는
가장 '위대한' 순간이면서 가장 '위험한' 순간이다

B 역시 그랬다. 순탄할 것 같기만 했던 그의 앞날은 한 순간의 실수로 돌이킬 수 없는 자멸의 길이 놓였다. 새로운 인생의 도전을 꿈꾸지 않고 현실에 안주했던 B는 사무직 공무원의 일상이 무료했

는지 2013년, 국회에서 퇴근한 뒤 여의도에서 반주를 곁들여 혼술을 하고 있었다. 밤 9시 30분쯤, 술집을 나온 그는 귀가를 재촉했다. 그런데 B는 어떤 영문인지 바로 자택으로 들어가지 않고 발걸음으로 돌려 국회의사당에서 대략 500m 떨어진 한 오피스텔 1층 여자화장실로 들어갔다. 평소 국회를 오가며 눈여겨 봐두었던 곳이다. 이어 그의 돌발 행동은 황당함 그 자체였다. 화장실 한 칸에서 소변을 보고 있던 한 여학생(19세)을 휴대폰으로 무단 촬영하기 시작한 것. 순간 알코올은 그에게 범죄의 선을 가뿐히 넘는 대담함을 주었다. 칸막이 위로 손을 뻗어 동영상을 찍는 것을 그림자로 알아챈 여학생은 소스라치게 놀라며 비명을 질렀다. 그 소리를 듣고 달려온 건물 경비원은 현장에서 그를 붙잡았고, 10분 후 연락을 받고 출동한 영등포경찰서 여의도지구대 경찰관 두 명에게 그를 인계했다. 이 과정에서 B는 완강하게 반항하며 경찰관의 어깨와 종아리를 물고 버팅기며 사투를 벌였다. 하지만 필사적으로 달아나려는 그를 주변 상인까지 가세해 붙잡았고, 당일 그는 경찰서로 이송되어 밤샘 조사를 받기에 이르렀다.

조사 과정에서 자신의 직업과 이름도 허위로 둘러대던 B는 결국 국회 행정사무관이라는 사실이 들통 났고, 이후 재판에 넘겨져 징역 8개월에 집행유예 2년, 성폭력범죄예방교육 40시간 이수를 받았다. 사건을 인지한 국회사무처는 1심에서 유죄가 나오자 그를 곧바로 직위해제했고, 부당함을 주장한 B는 대법원에 상고까지 했지만, 2015년 대법원은 원심의 형량을 확정했다. 이렇게 단 한 번의 몰카로 '고시계의 살아있는 전설'로 불렸던 그는 낯부끄러운 전과자 신세로 전락하고 말았다. 눈앞의 성공에 우쭐하며 세상을 다 정복한 것 같은 성취감에 도취되어 있던 그는 그렇게 직장과 명예 모두를 잃어버렸다. 그러나 이게 끝이 아니었다. B는 정신을 차리지 못하고 서울 관악구 봉천동의 한 빌딩 여자화장실에 다시 들어가 동일한 짓을 벌이다 다시 현장에서 검거되고 말았다. 집행유예 기간에 동일한 범죄를 했기 때문에 그는 즉시 구속되고 말았다. 머리는 똑똑할지 모르지만 자신의 성심리를 제대로 견인하지 못했던 B는 그렇게 허울 좋은 성공신화를 뒤로 하고 철창에 갇히는 범죄자 신세가 되었다. 그가 비록 시험문제는 잘 풀었을지 모르지만, 정작 자신의 성심리와 성욕은 잘 풀지 못했던 것이다.

04 왜곡된 성심리가 낳은 범죄

　일부일처제는 사회에서 인간관계의 가장 근본적인 토대를 이룬다. 사회학에서 '가정'은 사회를 구성하는 1차적인 단위로 언급된다. 가정이라는 울타리를 지켜야 모든 대인관계와 사회생활이 가능하기 때문이다. 클라라는 슈만과의 결혼생활을 끝까지 지켰다. 클라라는 사별한 이후에도 남편의 업적을 정리하고 관리하는 일에 평생을 바쳤다. 브람스는 스승의 미망인에 대해 깊은 연모의 정을 가지고 있었지만, 그러한 클라라의 결심을 끝까지 존중했다. 혼자가 된 이후에도 죽을 때까지 남편의 그늘에 남아있었던 클라라는 과연 행복한 여자였을까? 만약 브람스와 클라라가 조현병에 시달리는 슈만을 따돌리고 서로 눈이 맞아 일탈을 감행했다면 어떠했을까?

"내가 사람을 죽였어." 술에 잔뜩 취한 B씨(28세)는 한숨을 내쉬며 말했다. 그녀의 입에서 무심코 새어나온 말은 술김에 늘어놓은 넋두리라 하기에는 깜짝 놀랄만한 내용이었다. 2019년 3월, 부산의 한 먹자골목 술집에서 B와 함께 소주 두 병을 나눠 마시던 남자친구 D씨는 그녀가 혀 꼬부라진 말투로 자신에게 털어놓는 이야기를 듣고 자신의 귀를 의심했다. "내가 아끼는 여동생 하나를 살해하고 시신을 물통에 넣어 보관하고 있어." B는 그렇게 닭똥 같은 회한의 눈물을 뚝뚝 떨어트리더니 이내 술에 취해 고꾸라졌다. B의 그날 이야기를 허투루 넘기지 않았던 D는 며칠 뒤 직접 112에 전화를 걸어 "부산 남구의 한 집에 수년 전 숨진 사체가 유기됐다."고 신고했다. 경찰은 즉시 현장에 도착하여 B의 집 베란다에 놓여있는 커다란 김장용 고무통을 발견하여 시멘트와 흙으로 뒤덮여 있는 20대 초반 여성의 시신을 수습했다. 이윽고 국과수의 부검 결과 해당 시신은 2015년 12월경 실종 신고가 되어있던 21세 A씨인 것으로 확인됐다. 20대 성인이라고는 믿기지 않을 정도로 자그마한 체격의 유골은 경찰조차 어린아이의 것이라 착각하게 할 정도였다. 영화에서나 있을 법한 엽기적인 행각이 어떻게 일어나게 되었을까? 경찰의 수사 과정에서 그 피치 못할 사건의 전모가 드러났다.

A가 살해되기 7개월 전쯤, 경북지역의 한 휴대전화 제조공장에서 일하며 둘은 만났다. A는 자신보다 두 살 많은 B를 친언니처럼 믿고 따랐다. A는 아버지를 일찍 여의고 어머니, 오빠와 함께 살았는데, 가정 형편이 어려워 진학 대신 공장에 취직할 수밖에 없었다. 자신이 번 돈의 대부분을 고향에 부칠 정도로 효심이 깊었다. B는 다른 애들과 달리 착실했던 A가 마음에 들었고, A는 주변에 의지할 곳 없는 자신에게 관심을 보여준 B가 고마웠다. 당시 B는 부산에서 남편 C씨(28세)와 결혼해 돌이 갓 지난 아기를 친정어머니에게 맡긴 채 공장에 취업하러 올라와 있었다. B는 부산에 두고 온 아기 생각에 일에 집중할 수 없었다. 한 달 뒤 B가 공장을 그만 두면서 A에게 "나와 같이 부산에 가서 살자."고 제안했고, 평소 그녀를 많이 따르고 의지했던 A는 고민하지 않고 B를 따라나섰다. 고향 집에는 "친한 언니를 따라 부산으로 간다."고 짧막하게 전한 게 전부였다. 하지만 B를 따라 부산으로 간 A는 살인사건의 피해자로 그렇게 불귀의 객이 되고 말았다.

조사 결과, A는 부산에 있는 B의 집에 들어가 3주 정도 함께 지냈다고 한다. 그 집에는 B의 친정어머니와 자신의 동갑내기 남편 C,

그리고 아기가 같이 살고 있었다. 아마 이 과정에서 사달이 났던 것 같은데, 여러 가지 문제들로 A는 B와 갈등관계에 놓였다. 같이 살기에 너무 북적거린다고 판단한 A는 채 한 달도 되지 않아 도망치듯 원룸으로 독립했고, 이후 몇 개월도 안 돼 살해당했다. B는 야리야리하고 예쁘장하게 생긴 A가 자신의 남편에게 꼬리를 쳤다고 판단했다. 결정적으로 A의 원룸에서 남편 C와 정을 통한다고 생각한 B는 관계를 추궁했고, 이에 C는 도리어 B가 자신을 꼬셨다고 둘러댔다. 분노한 B는 남편과 함께 살인을 모의하고, 그렇게 졸지에 A는 2014년 12월 자신의 원룸에서 한 때 '친한 언니'라 부르며 따랐던 B와 남편 C에 의해 무참히 살해됐다. 알고 보니 이미 둘은 이 사건 이전에 폭행 전과로 여러 번 처벌을 받은 전력이 있던 무시무시한 부부였다. 둘은 인정사정없이 A를 두들겨 팼고, 죽은 걸 확인하고 시체를 유기하기로 결심했다. 부부는 매우 치밀했다. 그들은 숨진 A를 원룸 안에 있던 여행용 가방에 담고 부패될 것을 두려워해서 그 안에 시멘트를 부었다. 그리고 B는 시멘트로 가득 찬 가방을 남동생 E씨(26세)를 불러 원룸에서 자신의 집까지 옮기도록 부탁했다. 이후 그들은 대형 김장용 고무통을 사와 거기에 A의 시체를 넣고 시멘트와 흙으로 덮어 2층 베란다에 숨겨 두었다. 나중에 밝혀진 사실이지만, 부부는 A에게 강압적으로 성매매를 시키고 화대를 중간에서 가로채기도 했으며, 부부가 섹스를 하면서 A를 끌어들이

기도 했다. 왜곡된 성심리의 종착지는 이렇게 엽기적인 범죄행각으로 낙착되고 말았다.

❧❧❧❧❧❧❧

성적 환상이란 어떤 것일까? 미시간대학의 브루스 엘리스Bruce Ellis와 캘리포니아대학의 도널드 시먼스Donald Symons의 연구에 따르면, 남성은 여성보다 더 자주, 더 오래 상대에 대한 성적 환상을 품는다고 한다.* 여학생 182명과 남학생 125명, 총 307명의 학생들을 대상으로 실시한 이들의 조사는 남학생은 포르노에서, 여학생은 로맨스소설에서 성적 환상을 얻는다는 사실을 밝혀냈다. 기본적으로 남성은 모르는 상대에게도 성적 환상을 품는다. 그 대상은 같은 직장 내 동료나 동네 슈퍼 아줌마, 자신과 아무런 관계가 없는 길 가는 여성이 될 수 있다. 그래서 성과 관련된 남성의 꿈에는 모르는 여성이 자주 등장한다. 이름도 모르거나 심지어 얼굴도 불분명한 경우가 대부분이다. 오로지 몸이나 가슴, 신체 특정 부위만 선명하게 드러난다. 꿈의 내용도 성관계 중심으로 전개되는 경우가 많다. 거기에는 연애나 대화, 로맨스, 극적인 이야기나 내러티브가 없다.

---

* 「Sex Differences in Sexual Fantasy: An Evolutionary Psychological Approach」 참고.

있어도 엉성하거나 파편적으로 제시될 뿐이다. 이는 마치 별다른 줄거리 없이 바로 성행위에 들어가는 하드코어 포르노와 비슷하다. 관계의 설정 역시 성관계로 이어지기 위한 최소한의 수준에서 짜일 뿐이다. 뜬금없이 한 여자가 등장하고, 바로 그녀는 남자에게 도발적으로 섹스를 요구한다. 도입부가 지극히 단편적인 것과는 반대로 섹스의 과정은 매우 자세하고 정밀하게 그려진다. 반면 여성은 직접적인 포르노보다는 은유적인 로맨스소설에서 성적 환상을 얻는다. 꿈도 직접적인 섹스보다는 관계에서 오는 상황과 감정, 여러 디테일한 부분에 집중된다. 관계 역시 흔들리는 촛불이나 활처럼 휘는 허리 등 간접적이고 은유적으로 표현된다.

포르노는 로맨스소설보다 섹스에 대한 더 직접적이고 노골적인 욕동을 일으킨다. 이 때문에 성욕이 큰 남성은 상대방이 자신에게 성적으로 관심이 있다고 착각하는 경향도 여성에 비해 훨씬 강하다. 이것을 성적 과지각성sexual overperception bias이라고 하는데, 뇌의 성이 몸의 성에 다양하고 과밀한 성정보를 넣어주기 때문이다. 앞선 사례에서 C 역시 A에게서 이런 성적 정보를 잘못 얻었을 확률이 높다. A는 아무런 영문도 모른 채 속절없이 성폭력의 대상이 되고 말았다. 해부학적으로 뇌에서 섹스를 담당하는 부위는 남성이 여성에 비해 두 배나 크며, 남성호르몬인 테스토스테론은 섹스에 대한 관심을 높이는 뇌 영역을 강화하기 때문에 성적 충동과 오해도 남성이 빈번할 수밖에 없다. 이 부분은 다음 장에서 더 자세하게 살펴보자.

기본적으로 남자는 마음에 상처가 생기면 의식의 합리화가 즉각적으로 일어나 상황에 대한 이해를 추구한다. 의식을 통제할 수 있을 때에는 정신을 차리고 있지만, 스트레스를 받거나 정서적으로 느슨해질 때에는 자기도 모르게 정신줄을 놓으면서 이러한 성적 과지각성을 표출하게 된다. 그래서 성범죄를 저지른 남성들이 피해자와 대질조사를 받으면서 "니가 먼저 꼬리쳤잖아?"라는 말을 종종하는 것이다. 반면 성심리의 왜곡을 겪는 여자는 남편의 의도를 오해하여 문제를 일으킨다. 한때 대한민국을 떠들썩하게 만들었던 고유정(36세) 역시 이런 맥락에서 이해할 수 있다. 2019년 5월 25일, 제주 조천읍 펜션에서 그녀는 아들을 만나러 온 전 남편 강씨를 졸피뎀을 먹인 후 칼로 살해하고 펜션 내에서 시신을 훼손하여 완도 해상, 김포, 해안가 등에 쓰레기 종량제 봉투에 담아 유기하는 엽기적인 살인을 저질렀다. 경찰은 고씨가 전 남편 강씨의 면접교섭권 요구에 앙심을 품게 되었다고 말했다. 둘은 제주대학교를 다니면서 서로 알게 된 커플로 5년간 연애를 이어가다 결혼한 것으로 알려졌다. 필자가 그녀를 직접 프로파일링하진 않았지만 지금까지 수집된 자료를 통해 살펴보면, 고씨는 남자에 대해 전형적인 왜곡 심리를 가지고 있다고 여겨진다.

심리가 안정적인 상태에서 노력을 통해 만들어지는 사랑은 긍정적인 열정이 만들어진다. 여자는 사랑과 희생, 헌신을 통해 모성애가 만들어지고, 남자는 열정의 에너지를 통해 사랑과 헌신이 만들어진다. 그런데 고씨는 이런 과정을 뛰어 넘거나 아예 생략했던 것으로 보인다. 고씨와 재혼한 현 남편에게 보낸 카톡 문자에서 그 단서들을 찾을 수 있다. 고씨와 2017년 11월 재혼한 현 남편은 부부 싸움을 하고 집을 나간 고씨에게서 5일 만에 카톡이 왔다고 한다. 장문의 문자는 비난으로 도배되어 있었다. 그가 카톡에 올린 프로필 사진 때문이었다. 당시 사진에는 친아들의 모습이 담겨 있었던 게 화근이었다. "카톡 프로필 바꾸는 건 착착 손에 잡히디? 다른 새끼들은 당신한테 뭐가 되냐? … 보란 듯이 내 새끼는 이애다. … 같이 사는 아내 있다면서 애가 둘이라는데 왜 자꾸 저 애기 사진만 올리지? 대놓고 홍보를 하세요. 얼마나 내가, 우리가 너에게 쪽팔린 존재였으면… 나와 내 아들을 능멸했다."

인간은 뇌가 발달하면서 생각과 의식이 발달하게 되고 자신만의 윤리와 도덕 기준이 만들어진다. 이 기준은 마치 컸다 꼈다 할 수 있는 스위치와 같다. 내 기준에 맞으면 긍정, 안 맞으면 부정, 익숙하면 긍정, 익숙하지 않으면 부정으로 맞춰진다. 문제는 이 스위치가 일련의 유사한 경험들을 거치면서 한쪽으로 고착된다는 데에 있다. 고씨는 이혼한 뒤 자신의 과거에서 잘못된 성심리가 만들어졌고, 이것이 남자의 행동에 대한 이해에 왜곡과 변형을 갖게 만들었다고 보인다. 전 남편 강씨를 자신의 새로운 출발을 방해하는 암적 존재로 여겼고, 그 프리즘을 통해 현 남편도 이해하고 있었던 게 아닐까 싶다. 사소한 SNS 사진을 가지고 내가 상대방으로부터 능멸을 당했다고 느끼는 감정의 인지가 과연 제정신인가? 인간은 평생 무엇을 이해하고 살았는가의 결정체다. 일이든 직장이든 인간관계든 무엇을 하든지 머릿속에 체계화를 통해 전체를 보는 그림을 갖게 된다. 결혼 후 2년이 남자와 여자의 관계 속에서 무의식이 다시 만들어지는 중요한 시기다. 이 시기를 놓치면 과거 고착된 성심리가 향후 관계에도 지속적으로 악영향을 주게 된다. 트라우마가 있는 여자는 남자를 대하는 습관에서 허물어지기 때문에 자아가 붕괴되고 급기야 범죄를 저지르게 된다.

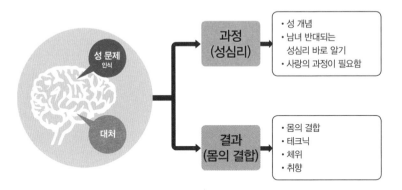

- 과정
  (성심리)
  - 성 개념
  - 남녀 반대되는 성심리 바로 알기
  - 사랑의 과정이 필요함

- 결과
  (몸의 결합)
  - 몸의 결합
  - 테크닉
  - 체위
  - 취향

성 문제
인식

대처

성문제 해결을 위해서는 무엇보다 남녀의 몸과 마음에 대한 성심리와 성의 인식이 명확하게 생겨야 합니다. 인간의 인생은 완벽한 너와 내가 만나서 완벽한 삶을 살아가는 것이 아니라 불완전한 남녀가 만나 서로의 육체와 정신을 부축하고 보충하며 성장해가는 일련의 과정입니다. 그러나 많은 남성과 여성들은 서로 완벽한 배우자를 만났다고 착각하고 서로 몸과 마음을 주고받으면서 기대와 요구만을 키워오고 있습니다. 그래서 서로에게 금세 실망하고 싫증을 느끼며 결혼을 후회하게 되는 것입니다. 성심리에 있어서도 상대방이 나에게 어떤 성적 자극을 줄 수 있는가, 나의 성적 판타지를 채워줄 수 있는가, 만족스러운 섹스를 선사해줄 수 있는가만을 생각하기 때문에 남녀 무론하고 상대에게 왜곡된 인식을 갖게 됩니다. 그 결과 불륜과 외도, 음란물, 자위, 성적 자극의 도구만을 찾으며 서로 좋은 인간관계보다는 자신의 성적 욕구와 욕망을 채워줄 성관계에 집착하게 됩니다. 성은 사람과 사람의 몸과 마음의 결합으로 온전한 합일을 이루는 과정입니다. 따라서 과정과 결과가 함께 공존해야 바람직한 성심리를 만들 수 있습니다. 과정이 없는 섹스는 성적 학대, 섹스중독, 폭력으로 이어질 수밖에 없습니다.

❖ 피에르 오귀스트 코트(Pierre Auguste Cot)의 「그네(swing, 1873)」

chapter 4

그 남자 그 여자의 상반된 성심리

성적 생각과 호르몬의 상관관계, 성심리의 부정성과 긍정성

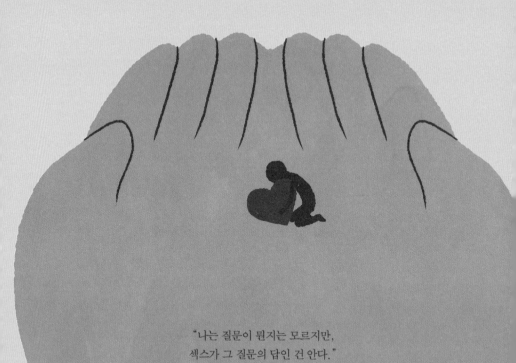

"나는 질문이 뭔지는 모르지만,
섹스가 그 질문의 답인 건 안다."
—우디 앨런Woody Allen—

그 남자 그 여자의 상반된 성심리

고대 그리스의 위대한 철학자 아리스토텔레스는 여자를 남자보다 열등한 존재로 보았다. 그는 여자가 페니스가 없는 '절단된 남자'이라고 폄하했으며, 능동적이고 이성적인 남자에 비해 수동적이고 감정적인 존재로 묘사했다. 아이를 생산하는 과정에서도 여자는 철저하게 배제되었다. 그는 남자의 정액이 '생명의 씨앗'이며, 여자는 단지 그 씨앗을 받아 몸에서 발아하는 역할만 담당할 뿐 스스로 생명은 만들어내지 못한다고 주장했다. 여자는 애초에 생명력이 결여된 불완전한 인간일 뿐이었다. 여자와 남자의 관계에 있어서 불평등은 영원한 것이며, 남자의 용기는 명령하는 것에서, 여자의 용기는 순종하는 것에서 나타난다는 그의 주장은 당시 남존여비의 인간관으로 볼 때 당연한 논리의 귀결이었다.* 그래서 오래 전부터 호문쿨루스Homunculus의 신화가 만들어졌고, 근대에 이르러서까지 과학의 옷을 입고 확대 재생산되었던 것이다.* 19세기를 살았던 괴테마저 호문쿨루스를 지지했으니 남자에 대한 존엄과 숭상의 찬사는 역사적으로 뿌리 깊었다고 할 수 있다.

> "남성과 여성 간의 자연적 성차에 대한 인식은 여성을 불완전한 남성으로 생각했던 고대 그리스 철학자들로부터 시작됐다. 이들은 이 세상이 불, 물, 공기, 흙이라는 네 가지 기본 원소에 의해서 만들어지고, 남성을 이루는 주요 원소는 불 또는 열이라고 보았다. 반면에 여성은 불이나 열이 결핍된 존재였다. 예를 들어, 열이 남성의 생식기를 몸 밖으로 몰아낸 반면, 여성의 생식기는 열이 부족해서 거꾸로 몸 안으로 들어간 것이었다. 이런 근거 하에 그들은 생식기가 튀어나올 정도의 강한 외부적 자극에 의해서 여성이 남자로 즉시 변환되는 것도 가능하다고 생각했고, 실제로 이런 사례가 목격되었다고도 믿었다. 이런 이론에 근거해서 여성은 불완전하고 수동적이며 잠재적인 존재로 여겨진 반면, 남성은 완전하고 능동적이며 실제적인 존재였다."
>
> 『크로스 사이언스(21세기북스)』, 85~86.

---

* 호문쿨루스: 남자의 정자 속에 들어있다고 믿었던 작은 인간 씨앗으로 중세 연금술사들은 남자에게서 정액을 채취하여 증류기 속에서 부화시켜 인간을 만들 수 있다고 믿었다.

남자에 대한 찬사는 여자에 대한 비하로 이어졌다. 여자에 대한 노골적인 비하는 역사적으로 뿌리 깊은 오해와 몰상식을 낳았고, 이는 고스란히 문화와 사회, 인간의 무의식 속에 스며들었다. 오랫동안 여러 영역에서 여자들은 부당한 대우를 받아야 했으며, 아무리 뛰어난 재능을 가지고 있다 하더라도 남자들에 비해 부차적이고 종속적인 역할에 머물러야 했다. 하지만 이런 부정적 고정관념의 피해는 여성만큼이나 그대로 남성에게도 가해졌다. 여성을 이해하는 관점이 남성 스스로에게 족쇄가 되어 성역할에 대한 부자연스러운 상황을 연출했기 때문이다. 결국 그 부자연스러운 상황 때문에 전장에서 무수한 남자들이 죽어야 했고, 수많은 공사 현장에서, 위험한 산업 현장에서 절대적인 수의 남자들이 사지가 절단되고 그로 인한 각종 후유장애로 고생해야 했다. 남성들이 여성들에게 덧씌운 부당한 규정과 불합리한 편견 때문에 그간 남성 스스로 가장이란 멍에를 배타적으로 저야 했고, 극단적으로 불안정한 정서 상태에서 스스로 목숨을 끊거나 삶을 포기하는 상황에 자신들을 던져 넣어야 했다. 이는 선진국과 후진국을 무론하고 전 세계적으로 산업재해와 자살률, 남녀 평균 수명에 대한 압도적일만큼 공통된 통계에서 입증된다.

필자는 여성에 대한 남성의 편견에 단호히 반대 입장을 견지하지만, 동시에 그 편견의 희생양이 오로지 여성뿐이라는 일부 극단적 페미니스트들의 주장에도 반대한다. 15년 넘게 상담소를 지키면서 상담 테이블을 거쳐 간 수많은 남녀 내담자들을 떠올리며 필자가 내린 결론은 남자는 여자에게, 여자는 남자에게 가지고 있는 상반된 성심리를 인정하고 건전하게 수용할 때 비로소 서로 행복해질 수 있다는 담박한 진리였다. 요즘처럼 남자가 일방적으로 여성성을, 여자가 일방적으로 남성성을 혐오의 대상으로 올려놓고 저주의 굿판을 벌이는 상황은 그간 짓눌려온 역사에 대한 보상도, 원한에 대한 복수도 아니다. 아무리 고상한 지식과 세련된 이론으로 합리화하든 미움에 증식하는 기생충은 결코 인류의 보편적 구호가 될 수 없다. 어느 한 쪽이 무너지면 다른 한 쪽도 결코 바로 설 수 없다는 생태계의 냉엄한 진리를 인간이라고 비켜갈 수 없다. 남자에게는 여자가 필요하며 여자에게는 남자가 필요하다. "난 굳이 남자가 필요하지 않아요. 남자 없이도 살 수 있다니까요."라고 말하는 비혼주의자의 말을 필자는 믿지 않는다. 그 말은 조건과 이상에 맞는 남자를 아직 만나지 못했다는 말에 다름 아니기 때문이다. 철저히 자신을 비혼주의자로 내세웠던 올드미스들이 조건에 맞는 짝이 나타나자마자 언제 그랬냐는 듯 홀라당 결혼에 골인하는 것을 필자는 상담소에서 여러 번 씁쓸한 마음으로 지켜보아왔다.

역사적으로 남녀는 애증의 관계였다. 미워하는 만큼 사랑하고 사랑하는 만큼 미워한다. 그래서 남성의 여성 비하는 동전의 양면 처럼 여성 숭배와 역사적으로 나란히 갔다. 창녀와 성녀는 사실 동 일한 대상을 지칭하는 다른 말이다. 너무 미워하면 도리어 신격화 하게 되는 역의 합일이 여기서도 일어난다. 어렸을 때 그토록 미웠 던 아버지를 장성한 뒤 어느덧 자기도 모르게 닮게 되는 이치라고 할까? 여성에 대해 폭력에 가까운 억압을 교리로 정당화했던 종교 들이나 사회적 가치관으로 내면화시켰던 인물들이 하나같이 성녀 를 그들의 이상적인 여성상으로 삼았던 사례는 역사적으로 흔히 찾 아볼 수 있다. 그리스도교는 마리아를, 이슬람교는 하디자를, 단테 는 베아트리체를, 괴테는 샤롯데를 드높였다. 모성신화 역시 여성 비하에서 자양분을 받고 자라난 독초와 같다.

남녀의 다름을 인정하면 이성에 대한 부당한 왜곡과 증오, 필 요 이상의 환상과 미화는 사라진다. 남자는 '생각'의 마음을 가지 고 살고, 여자는 '감정'의 마음을 가지고 살아간다. 남자는 생각의 끝을 잡고 살며, 여자는 감정의 끝을 잡고 산다. 남자의 이성 아래 에는 성이 들어차 있고, 여자의 감정 아래에는 희로애락이 똬리를 틀고 있다. 남자는 성욕을 해결하기 위해 일을 하며, 여자는 일상의 문제들을 해결하기 위해 관계를 찾아 나선다. 남자는 성에 대해 상상하고, 여자는 안정을 궁리한다. 이처럼 서로의 관점이 다르기 때문에 그만큼 착각하며 산다. 여자는 마음을 나누기 위해 대화를 시도한다면, 남자는 문제를 해결하려고 대화를 시도한다. 이렇게 다른 남녀의 심리를 '김치녀'다 '한남'이다 규정짓고 미워하는 것보다 적극적으로 이해하고 수용하는 게 더 바람직하지 않을까? 이번 장에서는 이러한 상반된 남녀의 성심리를 구체적으로 살펴보도록 하자.

뇌는
성기다

남자는 하루에 얼마나 자주 섹스를 떠올릴까? 어떤 연구에 따르면, 놀랍게도 남자는 매 7초마다 섹스를 생각한다고 한다. 유명한 「킨제이보고서」에 따르면, 40세 남자의 경우는 4분에 한 번, 18세 청년은 11초에 한 번씩 섹스에 관해 상상한다. 해부학적으로 남자가 성충동을 일으키는 남성호르몬(테스토스테론)이 여자보다 10배 이상 분비되기 때문이라는 것. 당연히 성욕이 여자보다 10배 이상 높다고 할 수 있다. 하지만 이런 추측이 과학적 근거가 없다는 최근 연구 결과도 있다. 미국 오하이오주립대의 심리학과 교수인 테리 피셔Terri D. Fisher는 18세에서 25세에 이르는 남녀 대학생 283명을 대상으로 일주일간 음식과 수면, 섹스에 대한 생각들을 추적 조사했다. 골프 시합에서 타점을 계산하는 기계를 도입하여 머릿속에 '섹스'가 떠오를 때마다 간단히 버튼을 누르는 방식을 채택했는데, 여기서 연구자들은 놀라운 결과를 얻게 되었다. 남학생의 경우, 하루에 대략 19회 섹스를 떠올렸던 반면, 여학생은 평균 10회 섹스를 생각했다는 것. 처음에 연구팀은 여성의 수치가 사회적 통념보다 높게 나온 것을 보고 적잖이 놀랐다고 한다. 그래서 실험의 어떤 부분에 잘못이 있는지 여러 번 검토했지만, 실험 과정에는 아무런 문제가 없다는 사실이 밝혀졌다. 더 놀라운 사실은 남학생들이 여학생들보다 섹스에 대해 더 많이 생각하긴 했지만, 음식과 수면에 대한 수치 역시 상대적으로 더 많았다는 점이다.*

이는 남자가 필요에 기반한 인지에 더 민감하다는 것을 의미한다. 남자는 필요하다고 여기는 것을 생각하고 이를 직접적으로 얻기 위한 방법에 몰두한다. 반면 여자는 다르다. 필요하다고 여기는 것이 있어도 이를 간접적으로 얻을 방법을 궁리한다. 이를 감안하면, 여자가 떠올린 섹스에 대한 생각 역시 드러난 수치보다 훨씬 높은 빈도수를 나타낼 수 있다는 해석이 가능하다. 사실 남자든 여자든

---

* 「Sex on the Brain?: An Examination of Frequency of Sexual Cognitions as a Function of Gender, Erotophilia, and Social Desirability」 참고.

모두 넓은 의미의 섹스라는 관계에 굶주려있다. 성욕은 성차를 뛰어 넘는 인간의 보편적이고 근본적인 욕구 중 하나다. 『맹자』에는 "식욕과 성욕은 본성이다."라는 말이 있고,『예기』에도 "음식과 남녀(성욕)에 인간의 가장 큰 욕구가 존재한다."고 했다.˙ 식사와 섹스에 관심이 없다는 건 육체든 정신이든, 아니면 둘 다든 심각한 문제가 있다는 뜻이다. 문화적 편견과 사회적 분위기 때문에 그간 여성에게 가해져 온 정절이 여성이 성에 대해 말하는 것을 억압해왔을 뿐이다. 테리 피셔의 연구는 이런 점에서 시사하는 바가 크다.

킨제이보고서

하버드대학의 앨프레드 킨제이 박사가 1953년 『여성의 성행동』이라는 책을 시작으로 출판한 일련의 작업들을 통틀어 「킨제이보고서」라고 부릅니다. 세월이 많이 흘렀지만 현재까지도 인간의 섹스에 대한 가장 정확한 보고서로 그 권위를 인정받고 있습니다. 출간 당시 금기시되었던 혼외정사와 동성애, 자위 같은 주제를 정면에서 다루면서 사회적으로 비판과 찬사를 동시에 받았습니다. 동성애를 한 차례 이상 경험한 남자가 37%에 이른다거나, 기혼 남성의 절반, 기혼 여성의 25%가 혼외정사를, 여자의 절반은 혼전에 성관계를 갖는다는 적나라한 연구 결과는 당시 많은 논란을 불러일으켰지만, 여성의 인권 신장과 성적결정권, 동성애에 대한 관심을 촉발시킨 긍정적인 측면은 인정받고 있습니다. 그러나 후속 연구들을 통해 「킨제이보고서」의 통계와 해석에 문제가 있다는 지적과 비판도 꾸준히 제기되고 있습니다.

---

* 식색, 성야(食色, 性也). 음식남녀, 인지대욕존언(飮食男女, 人之大欲存焉).

미국에서 출간된 「킨제이보고서」나 「마스터스앤존슨보고서」가 공통적으로 제시하는 통계는 남녀 모두 겉으로 드러내는 입장과 관계없이 성에 지대한 관심을 보인다는 사실을 보여준다. 물론 남자와 여자 사이에 유의미한 차이는 엄연히 존재하지만, 「킨제이보고서」의 경우 당시 여성이 성에 대해 터놓고 말하던 분위기가 아니었다는 점을 감안하면, 그 수치의 차이는 미미하다고 봐야할지 모른다. 앞서 2장에서 말했던 것처럼, 리비도가 성욕을 기반한 삶의 기본 욕구라는 점을 인정한다면, 남자든 여자든 성욕을 배제한 삶을 상상하기란 쉽지 않다. 그 성욕을 어떠한 형식과 방향으로 풀어내느냐의 차이가 존재할 뿐이다. 그리고 그 방향성을 성심리라는 틀로 도식화한 것이 본 책의 골자라고 할 수 있다.

물론 1장에서 말한 것처럼, 여기서 말하는 성욕이란 동물의 성욕을 아우르는 개념이다. 수컷이 느끼는 종족보존의 욕구와 암컷이 느끼는 욕구는 상이한 외피를 두른 동일한 알맹이들로 채워져 있다. 문제는 인간의 성욕이 동물의 행동과 비교하여 이해하기에는 매우 복잡한 구조로 되어 있다는 사실이다. 인간은 동물의 기계적인 욕구만 가지고는 만족할 수 없는 최상위의 고등동물이다. 1장에서 언급했지만, 인간의 성적 욕구에는 파충류의 뇌가 연결된 지점뿐 아니라 포유류의 뇌가 작동하는 지점, 나아가 인간의 뇌가 조종하는 지점이 동시에 존재한다. 이러한 인간의 성욕은 동물에게 발달되지 못한 특별한 감정이자 정서다. 남녀 사이에 성심리가 작용하면 말로는 표현되지 않는 '끌림 현상'이 일어난다. 이성이라고 그 정서가 무턱대고 준동하는 것은 아니다. 남편과 아내, 부모와 자식은 이성이어도 성심리가 작용하지 않는다. 어미개는 새끼를 낳고 상황에 따라 그 새끼와 다시 교미할 수도 있지만, 인간이 그러면 분명 해외 토픽감일 것이다. 그건 동물의 욕구일 뿐 인간의 뇌가 명령하는 인간의 욕구는 아니기 때문이다. 인간의 성욕은 이처럼 동물의 성욕을 포함한 상위의 개념이다. 결국 인간의 뇌가 성심리를 움직이는 열쇠가 된다는 뜻이다.

인간의 뇌가 성심리를 움직이는 열쇠다

캐나다 웨스터 온타리오대학에서 30년 동안 남녀 성심리의 차이 연구한 심리학자 도린 기무라Doreen Kimura는 "뇌도 하나의 성기다."라고 말했다. 필자는 그녀의 발언을 조금 뒤틀어서 이렇게 말하고 싶다. "뇌야말로 가장 중요한 성기다." 남녀의 성기는 바로 이 거대한 중추, 뇌에 의해 움직이는 말초신경과 같다. 기존의 성교육이 성기의 기능에 집중할 때 필자는 뇌라는 성기에 더 집중해야 한다고 말해왔다. 안타깝게도 뇌라는 성기는 그간 페니스와 클리토리스의 해부학적 설명에 가려져 그 중요성이 간과되어왔다. 미국에서 성행하고 있는 동물행동학이나 진화심리학을 토대로 인간의 성행위를 설명하는 과정에서 불가피하게 인간의 뇌는 동물의 뇌와 동일한 선상에 놓여졌다. 학자들은 인간의 뇌가 유인원의 그것에 대한 업그레이드 버전에 불과한 것처럼 말했고, 언론과 매체는 이를 받아 적기에 바빴다. 인간이 유인원과 공통조상에서 진화한 건 맞지만, 인간의 뇌가 가진 다양한 측면은 불가역적인 것이며, 진화의 과정을 더듬는 것만으로 해석이 불가능한 것이 너무도 많다. 많은 것들이 진화심리학에 의해 설명될 수 있지만, 또 많은 설명이 상담심리학에 의해 보충되거나 반증될 수 있다.

인간만이 관계 속에서 뇌가 발달하고, 관계를 통해 언어가 발달하며, 언어를 통해 감정이 발달해왔다. 동물에게 감각은 발달하지만 관계의 감정은 극히 미미하다. 동물과 달리, 사피엔스는 관계를 통해 협력을 배웠고 언어를 통해 결속을 다졌다. 관계와 언어의 이해가 부족했던 네안데르탈인은 협력과 상생에 미온적이었고, 사피엔스보다 힘도 세고 몸집은 컸지만 생존확률은 현저히 떨어질 수밖에 없었다. 인간관계는 생존이다. 세상에 독불장군으로 살 수 있는 지대는 없다. 재물과 지위를 떠나서 누구나 전적으로 상대를 의지하고 살아야 하는 게 인간이다. 그래서 인간관계가 틀어질 때 오는 스트레스는 자살로 이어질 만큼 대단하다. 관계가 꼬이는 건 인생이 꼬이는 것이기 때문이다. 부부관계와 성관계, 업무관계, 친구관계 등등 다양한 사회적 관계에서 발생하는 정서적 스트레스는 당사자의 존재이유를 규정하기도 하고 때로는 뒤흔들기도 한다.

문제는 관계를 풀어나가는 방식이 남녀가 다르다는 데에 있다. 여자는 자신의 감정을, 남자는 자신의 생각을 먼저 표출한다. 전혀 다른 층위에서 서로 다른 이야기를 하고 있는 것이다. 이와 관련해서 최근 뇌과학에서는 남녀가 전혀 다른 뇌를 가지고 있다는 연구 결과를 속속 내놓고 있다. 미국 필라델피아대학교 의과대 라지니 버마Ragini Verma 교수는 949명의 뇌 내 연결망 구조를 분석했는데, 남녀 간 뇌의 구조에 있어 뚜렷한 차이를 발견했다. 여자의 뇌는 좌반구와 우반구를 오가는 연결망 구조가 발달했지만, 남자의 뇌는 좌반구와 우반구의 연결보다는 각 반구의 내부 연결이 더 발달했다는 것. 이 때문에 남자는 감각 인지와 통합 행동에 적합한 반면, 여자는 기억과 직관, 사회성에 더 적합했다. 물론 이런 연구 결과가 남녀의 생물학적 차이를 심리적 차이의 근거로 설명하는 데에 이용되는 건 반대지만, 남녀의 뇌가 다르다는 사실이 남녀의 성심리를 풀어가는 과정에 필요한 이해인 것만은 불가피한 것 같다. 정말 성심리는 뇌의 '작란'인지도 모른다.

02 호르몬과 성심리

　성심리가 뇌의 작란인 대표적인 근거를 하나 소개하면, 바로 뇌의 시상하부에서 각종 신호를 보내 만들어지는 호르몬이 그것이다. 호르몬의 역사는 오래되지 않았다. 1902년, 영국의 생리학자 어니스트 스탈링Ernest Henry Starling이 최초로 몸에서 분비되는 화학물질을 '호르몬'이라 부르면서 개념이 소개되었다. 그간 눈부신 의학의 발달로 최근에 이르러서야 인간의 신체에서 생성되는 다양한 호르몬들의 정체를 알게 되었다. 혈액을 타고 특정 기능의 기관으로 이동하여 대사작용을 일으키는 호르몬은 지금까지 밝혀진 것만 100여 종이 넘는다. 그중에서 다양한 성호르몬sex hormone이 분비되는데, 보통은 남녀의 생식기에서 왕성하게 만들어진다. 성호르몬은 보통 청소년이 2차성징기를 거치면서 활발하게 생성되는데, 남성호르몬은 남성의 고환에서, 여성호르몬은 여성의 난소에서 분비된다. 남성호르몬은 남성의 생식기가 굵어지고 커지는 데 관여하고, 여성호르몬은 유방이 부풀어 오르고 골반이 넓어지며 생리를 시작하는 데 관여한다.

남성호르몬 androgen	여성호르몬 estrogen
• 테스토스테론 • 바소프레신 • 경쟁심, 성욕, 공격성 강화 • 근육과 골격, 골밀도 발달	• 에스트로겐 • 프로게스테론 • 사교성, 친밀성 강화 • 유방과 골반, 생리 유발

여기서 하나 꼭 짚고 넘어갈 사실은 성호르몬은 남녀 모두가 정도의 차이만 있을 뿐 동일한 종류가 분비된다는 사실이다. 대표적인 남성호르몬으로 알려진 **테스토스테론**testosterone 역시 남자뿐 아니라 양이 적을 뿐 여자의 몸에서도 분비된다. 많은 학자들은 남성들 사이에서 공격적이고 목표 지향적인 특성이 발현되는 근거로 바

로 이 테스토스테론이라는 호르몬을 들고 있다. 특히 성욕을 강하게 증진시키는 물질로 알려져 있다. 또 다른 남성호르몬 중에 **바소프레신**vasopressin은 '일부일처제의 호르몬'이라는 별명처럼 가정을 이루고 한 여성에 대한 헌신을 자극하는 물질로 꼽힌다. 테스토스테론과 더불어 남자의 뇌 회로를 움직이고 남성성을 증대시킨다. 반면 여성호르몬 중에는 **에스트로겐**estrogen이 있는데, 이것 역시 여자뿐 아니라 남자의 몸에서도 소량 분비된다. 에스트로겐은 가슴이 발달하고 월경이 일어나는 데에 결정적인 역할을 하며, 자궁 발달과 지방의 축적, 근육량 감소 등에 일정 기능을 담당하는 것으로 알려져 있다. 또 다른 여성호르몬인 **프로게스테론**progesterone은 수정과 임신에 직접 관여하며, 임신 기간 동안 자궁을 유지시키는 매우 중요한 물질로 소위 '모성애의 호르몬'으로 불린다.

최근 성호르몬은 여러 가지 용도로 사용되고 있다. 트랜스젠더는 자신의 성정체성에 따라 남성호르몬과 여성호르몬을 정기적으로 투여 받는다. 예를 들어, 성전환수술을 받은 하리수의 경우, 신체적으로 성기를 제거하고 유방 성형술을 받았다 하더라도 지금과 같은 여성성을 유지하려면 평생 여성호르몬 주사를 맞아야 한다. 더불어 신체 내 신진대사의 교란을 막기 위해 남성호르몬을 억제하는 약물도 함께 맞아야 한다. 여성호르몬 주사를 맞으면, 정액이 투명해지며 체모가 빠지고 외모가 여성처럼 변한다. 호르몬 주사를 중단하게 되면, 자연스럽게 남성호르몬이 분비되어 멈춘 수염이 다시 나고 남성성이 살아나게 된다.

프로 스포츠선수의 경우, 근력 강화와 경기력 향상을 위해 각종 남성호르몬 주사를 맞는다. 보통 스테로이드 계열의 호르몬 제제를 사용하는데, 근력이 상승하고 민첩성이 눈에 띌 정도로 향상된다고 한다. 그래서 도핑테스트에 의해 금지된 호르몬 약물을 적발당하면 일시적으로 출전이 정지되거나 아예 선수 자격을 박탈당하기도 한다. 서울올림픽 당시, 100m 스프린터로 세기의 라이벌 관계에 있었던 칼 루이스와 벤 존슨을 다들 기억할 것이다. 당시 캐나다의 육상대표였던 벤 존슨은 실제 9.79초의 놀라운 기록으로 결승선을 제일 먼저 통과하고도 경기 후 실시한 도핑테스트에서 금지 약물을 복용한 것이 들통 나 금메달이 박탈당하는 수모를 겪었다. 그가 섭취했던 약물은 남성화 스테로이드제제인 스타노졸롤 stanozolol이었다.

뿐만 아니라 성범죄자에게 행해지는 '화학적 거세' 역시 인위적으로 성호르몬을 조절하는 방법을 쓰고 있다. 성충동 약물치료에 사용하는 약제는 성호르몬의 생성을 억제하고 감소시키는 약물로 항남성호르몬제인 벤페리돌benperidol이 쓰인다. 말 그대로 성욕을 관장하는 남성호르몬이 체내에서 분비되는 걸 원천적으로 억제하는 약물이다. 3개월에 한 번씩 이러한 약물이 주사되었을 때, 성충동과 불필요한 성적 환상, 성적 자극력을 감퇴시킨다는 연구 결과가 있다. 우리나라의 경우, 2011년 7월, 16세 이하 청소년들에게 성범죄를 저지른 성범죄자들에게 전자발지와 함께 화학적 거세를 허용하는 법안을 제정하였다. 이처럼 호르몬은 신체의 성장과 발달, 대사 및 항상성을 유지하는 데 중요한 역할을 담당하고 있으며, 우리의 삶에 이미 깊숙이 들어와 있다.

호르몬이 남녀의 성심리에 작용하는 부인할 수 없는 영향력이 있다. 요즘 우리는 폐경기 여성이 에스트로겐이 함유된 호르몬 제제를 복용하고, 우울증을 비롯한 각종 정신질환에 호르몬을 조절하는 약물을 처방하는 일이 자연스럽게 받아들여지는 시대에 살고 있다. 2차성징이 시작되면서 본격적으로 성호르몬은 분비된다. 이성에 대한 인식이 시작되는 시점과 맞아떨어진다. 어쩌면 인간은 호르몬인지도 모른다. 연애는 호르몬의 장난질이다. 관계에서 비롯하지 않은 그릇된 성호르몬이 생성되면 엽기적인 사건도, 근친상간도 일어날 수 있다. 내가 관계를 어떻게 인지했느냐에 따라 호르몬도 완전히 달라진다.

연애는 호르몬의 장난질이다

브래들리대학의 심리학 교수인 데이비드 슈미트David Schmitt는 전 세계 48개국 사람들을 대상으로 성적 습관에 관한 자료들을 수집했다. 그 결과, 남자가 가장 많이 성관계에 집착하는 시기는 테스토스테론이 절정에 도달하는 20대 후반이었다. 반면 여자의 성생활은 테스토스테론 수치가 가장 높이 올라가는 30대에 활발히 이루어졌다. 테스토스테론이라는 호르몬은 섹스의 끝판왕인 셈이다. 슈미트는 많은 자녀들을 출산하는 전통적인 일부다처제 사회인 세네갈의 인구통계학적 표본을 이용하여 테스토스테론 수치의 변화가 주로 남녀의 생식 노력과 관련된 핵심 특징임을 밝혀냈다.* 물론 테스토스테론이 남녀의 성심리를 모두 설명해주지는 않지만, 일정한 단서를 얻을 수는 있을 것이다.

이제 다음 장에서 구체적으로 남녀의 성심리를 들여다보도록 하자.

---

* 「Personality and testosterone in men from a high-fertility population」 참고.

03 여자의 성심리

1980년대 미국의 심리학자 데이비드 버스David Buss는 배우자 선호도에 대해 매우 흥미로운 조사를 진행했다. 그는 사회진화론적 관점에서 보편적으로 남자가 여자에게 정절과 순결을 요구하는 경향과 여자가 남자에게 재산과 능력을 요구하는 경향에 대해 연구했다. 그의 노력과 집요함은 대단했다. 버스는 연구팀을 이끌고 전 세계에 33개국, 대략 1만여 명의 사람들을 상대로 이 문제에 관한 설문조사를 벌였다. 그의 가설은 간단했다. "만약 배우자를 고르는 남녀의 경향이 자연선택에 의해 진화해왔다면, 그것은 문화와 지역에 상관없이 보편적으로 유사할 것이다."

결과는 버스의 예상을 빗나가지 않았다. 정도의 차이, 형태의 상이가 있었을 뿐, 거의 대부분의 문화권에서 남자는 여자에게서 정절과 복종을, 여자는 남자에게서 돈과 지위를 요구했다. 한 실험에서 여자들은 대부분 신분이 자신보다 낮아 보이는 허름한 복장의 남자하고는 데이트나 섹스, 나아가서 결혼을 하고 싶지 않다고 답했다. 반면 신분이 높아 보이는 복장의 세련된 남자하고는 이 모든 관계를 진지하게 고려해 보겠다고 대답했다. 사실 사진 속의 두 남자는 다른 복장의 똑같은 사람이었는데도 말이다. 비슷한 실험을 남자에게도 진행했지만, 버스는 유의미한 결과를 얻어내지 못했다. 결국 그는 모든 나라에서 여자들이 남자들보다 배우자를 선택할 때 상대의 재정과 능력을 높게 평가한다는 결론을 내렸다.

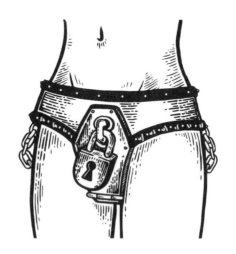

반면 남자의 경우는 달랐다. 표본 남자의 93%는 여자에게 정절을 요구했다. 남자들은 거의 절대적으로 여자에게서 자신 이외의 다른 남자와 섹스를 하는 상황을 받아들이지 않는 것으로 조사되었다. 이에 대해 버스는 남자의 부정이 여자의 생식적 성공에 가하는 위협보다 여자의 부정이 남자의 생식적 성공에 가하는 위협이 훨씬 크기 때문이라는 결론을 내렸다. 역사적으로 남자에게 내 여자의 외도는 남성으로서 모든 것이 거부되는 존재의 위협으로 다가왔다. 막장드라마에 자주 등장하는 남자의 대사, "얘, 내 아이 맞아?"가 남자 입장에서는 꽤 근거 있는 물음이라는 점이다. 그래서 그토록 오랫동안 정조대가 사라지지 않고 역사의 언저리를 떠돌았던 것이다.

남자는 여자에게 정절을
여자는 남자에게 능력을 요구한다

위 실험은 여러 유사한 성격의 후속 연구들로 뒷받침되었다. 2008년 뉴캐슬대학의 심리학자인 토머스 폴렛Thomas V. Pollet과 공동 연구자 다니엘 네틀Daniel Nettle은 여성들이 배우자가 재산이 많을수

록 그와의 섹스에서 더 많은 쾌락을 느낀다는 사실을 밝혀냈다. 그
들은 중국 여성들을 대상으로 설문지를 돌려 성생활 만족도와 남편
의 경제력과의 상관관계를 조사했는데, 배우자의 소득이 증가함에
따라 여자가 잠자리에서 느끼는 오르가슴의 빈도도 덩달아 증가한
다는 사실을 통계로 발표했다. 한 마디로 남편의 섹스 테크닉이 아
니라 그가 가진 돈다발이 만족을 준다는 얘기다. 언뜻 보면 섹스라
는 신체적인 관계와 돈이라는 경제적인 관계가 전혀 함수관계가 없
을 것 같은 느낌이 들지만, 어쨌든 배우자가 부유할수록 여자는 더
많은 오르가슴을 더 빈번하게 체험했다.* 대체 왜 그럴까?

연구자들은 여성의 오르가슴이 인간관계 상에서 상대방의 경
제적 안정성을 추구하는 쪽으로 진화한 결과라고 결론 내렸지만,
필자는 조금 생각이 다르다. 여기에는 여성의 성심리가 똬리를 틀
고 있기 때문이다. 여자는 남자의 관심을 받기 위해 자신을 단장한
다. 『사기』에도 "남자는 자기를 알아주는 사람을 위해 목숨을 바치
고, 여자는 자기를 즐겁게 해주는 사람을 위해 얼굴을 꾸민다."고
했다.** 중국 고사에서만 등장하는 이야기가 아니다. 여자는 자신

---

* 「Partner wealth predicts self-reported orgasm frequency in a sample of Chinese women」
  참고.
** '사위지기자사, 여위열기자용(士爲知己者死, 女爲悅己者容).'

에게 일상의 즐거움과 희로애락을 주는 남자에게 본능적으로 끌리는 심리를 가졌다. 남자가 틈만 나면 여자에게 씨를 뿌리려는 욕구가 있듯, 여자는 남자에게 선택되어 그 씨를 자신의 자궁에 받으려는 욕구가 있다. 이 부분을 진화생물학에 근거해서 설명할 수도 있다. 하지만 중요한 것은 이런 여자의 심리가 매우 뿌리 깊은 원초적인 무의식에서 비롯한 것이라는 점이다. 남자가 소소한 것에 관심을 가져줄 때 여자에게 사랑이 생겨난다. 사랑의 감정은 성심리를 불러온다. 사랑을 확인하고 유지하기 위해 섹스를 베푼다. 따뜻하고 자상한 남자를 만나면 여자는 마음이 열리고 자궁이 열리며 몸이 열린다. 여자는 신기하게도 남편하고 조금만 틀어지고 부정감정이 생기면 곧장 섹스를 차단한다. '어이쿠, 이거 큰일 났네!' 남자는 토라진 여자에게 잘 보이기 위해 다시금 열정을 살린다. 못이기는 척 상대의 노력을 받아주면 다시 관계는 회복된다. 그럼에도 불구하고 여자가 남자의 마음을 계속 안 받아주면 어느 순간 남자는 열정이 사그라지고 부정감정이 생긴다.

성심리가 정상적인 여성의 경우, 남자와의 관계에 일정한 단계를 밟는다. 마치 자동차의 기어를 넣듯이 천천히 1단에서 2단, 3단으로 변속한다. 관계에서의 속도 조절은 여자가 상대 남자의 진심과 사랑을 확인하는 필수 절차와 같다. 반면 비정상적인 여자의 성심리는 남자가 조금만 관심을 가져주면 1단과 2단이 없고 곧바로 5단 기어를 넣는다. 처음 만나는 남자와 바로 섹스로 진입한다. 남자는 여자를 얻기 위해 노력하는 기간, 열정의 과정에서 오르가슴을 느끼는데, 상처가 많은 여자는 남자가 조금만 잘 해줘도 바로 옷을 벗고 드러눕기 때문에 남자는 이 행복의 과정이 생략되면서 즐거움과 행복을 느낄 수 있는 단계가 없어진다. 물론 당장에 남자는 그런 여자의 호의를 넙죽 받겠지만, 남자조차 그런 관계에서 절정의 행복감을 기대할 수 없다. 책임감, 사랑의 감정과 열정을 가지고 섹스를 하는 게 남자의 가장 큰 행복이다.

그런데 여자가 남자를 통해 희로애락의 즐거움을 얻을 수 있는 가장 확실한 보증은 그의 경제력에 있다. 남자의 관점에서 보이는 건 여자의 외모 밖에 없지만, 여자의 관점에서 남자의 경제적 능력은 관계의 커다란 동기부여가 된다. 그래서 남자는 다른 남자에 대한 질투가 없지만, 여자는 다른 여자에 대한 질투가 많다. 자신의 남자를 지키려는 무의식의 욕망이 작동하는 것이다. 남자가 질투를 할 때는 자신의 여자가 다른 남자와 잤을 때지만, 여자가 질투를 할 때는 남자가 다른 여자를 좋아하는 감정을 느낄 때다. 연인이 함께 TV를 보다가 예쁜 여자 탤런트라도 등장하면, 시키기도 않았는데 여자는 "어쩜 쟤는 머리에서 발끝까지 어떻게 안 고친 데가 없니?"

"코도 하고 앞트임 뒤트임 다 했네."하면서 여배우의 얼굴 품평을 늘어놓기 시작한다. 이때 남자친구가 부드럽게 맞장구를 쳐줘야지 만에 하나 여배우의 미모를 칭찬하는 내색이라도 하면 그건 화약을 짊어지고 불구덩이에 뛰어드는 짓이나 다름없다. 남녀가 이성과 동성에 대해 갖는 성심리는 다음의 도표로 정리할 수 있다.

	남자	여자
동성	배척	질투
이성	열정	사랑

N극과 S극이 있는 두 개의 자석을 서로 마주 보도록 두었다고 가정해 보자. N극은 다른 N극을 밀어낼 것이다. 아무리 둘을 같이 놓으려 해도 둘은 서로를 밀어낼 뿐 도무지 붙으려고 하지 않는다. S극도 마찬가지다. 어떠한 상황에서건 동일한 극끼리는 척력을, 상이한 극끼리는 인력을 만들어낸다. 남녀의 관계도 마찬가지다. 하

지만 자석과 달리 서로를 밀어내는 양상은 조금 다르다. 남자는 근본적으로 상대 남성이 자신의 섹스파트너에 대한 잠재적인 경쟁자다. 역사적으로 한 여자를 사이에 두고 남자들끼리 벌이는 결투duel를 떠올리면 쉽다.* 따라서 남자는 동성을 배척하고 여자에게 정절을 요구하게 되었다. 반면 여자는 동성에 대해 남자처럼 배척을 느끼지 않는다. 동성이 자신에게 경쟁자인 것은 맞지만, 대부분 여자들은 남녀관계에 수동적이기 때문에 질투를 느낄 뿐이다. 대신 이성으로부터 관심을 받으려는 욕구를 스스로 배가시키며 그 앞에서 온갖 교태를 부리며 꼬리친다. 일부 페미니스트들은 필자의 이런 표현이 불편할 수도 있을 것이다. 하지만 필자가 보기에 일부 극단주의 진영에서 외치는 탈코르셋이나 남성혐오적 발언은 이런 본능적 욕구가 사회적 발언으로 굴절되거나 치환된 것에 불과하다. 머리를 짧게 자르고 화장기 없는 맨얼굴에 남자 옷을 입는다고 해결될 문제가 아니다. 아름다움은 문화 이전에 여자의 본능에 속한다. 그들이 표출하는 가장 큰 문제는 생물학적 본능과 문화적 잣대, 무의식과 의식을 서로 구분하지 못하는 데에 있다. 진정 중요한 것은 '여성으로서 성에 대한 부정성을 어떻게 극복하는가.'이기 때문이다.

---

* "5차 이상의 방정식은 일반해를 구할 수 없다."는 명제로 유명한 노르웨이의 수학자 아벨(Niels Henrik Abel)이 한 여자를 두고 결투를 벌이다 그만 26세라는 젊은 나이에 유명을 달리한 사실은 잘 알려져 있다. 베를린대학에서 그를 교수로 초빙하기 위해 보낸 초대장을 받기 이틀 전이었다.

04 남자의 성심리

기원전 2만 년에 만들어진 것으로 추정되는 빌렌도르프의 비너스상을 여기서 굳이 언급하지 않더라도, 여자의 가슴이 다산과 풍요를 상징한다는 사실은 누구나 인정할 것이다. 풍만하다 못해 과도할 정도로 가슴을 강조한 인형이나 조각상은 문명과 지역을 가리지 않고 다수 출토되었으며, 세계 여러 문화권은 이를 계승하여 회화와 문학, 예술의 장르를 가리지 않고 여자의 가슴을 숭배해왔다. 역사가 남자들의 기록이라는 점과 함께 남자들 대부분이 가슴에 집착한다는 심리를 전제한다면, 여자의 가슴에 대한 남자들의 특이한 성심리가 있진 않을까?

여자의 가슴과 관련해서 흥미로운 심리실험을 했다. 대략 1,200명의 프랑스 남녀 운전자들을 대상으로 한 실험에서 평균치 이상의 큰 가슴을 가진 여성 히치하이커에 남자와 여자가 각기 어떻게 반응하는가를 조사했다. 참 별스런 것도 조사한다 싶지만, 이 실험은 남자가 평소 얼마나 여자의 가슴에 집중하는지 보여주는 대표적인 실험 사례로 꼽힌다. 프랑스의 한 국도변에 A컵과 B컵, C컵의 여성을 시차를 두고 세워서 얼마나 많은 운전자들이 대상을 태워주는가 알아보는 게 실험의 목적이었다. 결과는 놀라웠다. 남자 운전자들은 여성의 가슴 크기가 커지는 것에 비례해서 그녀에게 더 많은 호의를 베풀었다. A컵과 C컵 사이에는 거의 9%가 넘는 차이를 보였다. 아마 실험에서 D컵이 있었다면 15% 이상 차이가 났을지도 모른다. 반면 여자 운전자들은 당연히 대상 여성의 가슴 크기에 별 반응을 보이지 않았다.*

운전자의 성	실험대상	컵 사이즈		
		A컵	B컵	C컵
남성	774명	14.92%	17.79%	24.00%
여성	426명	9.09%	7.64%	9.33%

평균치보다 더 큰 가슴을 가진 여자들이 남자들에게 더 매력적으로 인식된다는 사실을 유사 실험을 통해서 밝혀낸 학자는 니콜라스 게겐Nocholas Gueguen이었다. 그는 이전 연구에서 도로상의 불특정한 대상을 두고 성적 관심과 아량이라는 상이한 조건을 따지는 실험 구조에 불완전한 부분이 있다고 판단했다. 그는 확실한 실험을 위해 이렇게 저렇게 에두르지 않고 정공법을 택했다. 스무 살의 여대생 제인(가명)을 실험에 투입시켰다. 키 167cm에 몸무게 56kg를 가진 평범한 외모의 제인은 프랑스 여성의 평균치인 B컵보다 작

---

* 「Bust Size and Hitchhiking: A Field Study」와 「Women's bust size and men's courtship solicitation」 참고.

은 A컵의 가슴을 소유하고 있었다. 게겐은 하루에 한 시간씩 총 12일 동안 제인에게 같은 티셔츠에 같은 청바지를 입히고 프랑스의 한 나이트클럽에 앉아있게 했다. 다만 차이가 있다면, 하루는 원래 입던 A컵 브라를, 하루는 B컵처럼 보이는 뽕브라를, 다른 하루는 C컵 뽕브라를 착용하게 했다. 이후 게겐은 클럽에서 몇 명의 남자가 제인에게 치근대는지 숨어서 통계를 냈다.

결과는 흥미로웠다. 제인이 A컵 브라를 입었을 때는 고작 13명의 남자가 접근했지만, B컵일 때는 19명, C컵일 때는 그보다 무려 3배가 넘는 44명의 남자가 제인에게 달려들었다. 제인은 매일 똑같은 티셔츠에 똑같은 청바지를 입고 있었는데, 가슴 사이즈에 따라 전혀 다른 결과를 얻었던 것이다. 남자들이 즐겨보는 포르노에 등장하는 여배우들이 수박만한 크기의 실리콘 가슴을 달고 나오는 데에는 다 그만한 이유가 있다. 미국의 싱어송라이터이자 배우로 활약했던 돌리 파튼Dolly Parton 역시 여러 차례의 유방 확대술을 통해 어린애 머리통만한 가슴 두 개를 갖게 되었다. "남자치고 내 가슴을 보지 않는다면 그는 게이가 분명하다."고 으름장을 놓을 만큼 자신만만한 가슴을 달게 된 그녀는 덕분에 평생 만성 허리통증에 시달려야 했다. 어쨌든 아픔을 감수하고서라도 가슴 키우기에 여념 없는 요즘 세태를 보면, 남자들이 본능적으로 가슴이 빈약한 여자들보다는 풍만한 여자들에게 더 성적인 매력을 느낀다는 가설은 분명해 보인다.

가슴이 세 개면 어떨까? 다다익선이라고 많으면 많을수록 좋은 건 아닐까? 영화 「토탈리콜(1990)」에는 이를 반영하듯 가슴이 세 개 달린 매춘부가 등장한다. 생각하기 좀 징그러운 상상이지만, 이를 실제 행동으로 옮긴 여성이 있다. 미국 플로리다 주, 재스민 트리데블Jasmine Tridevil이라는 21세 여성은 성형수술로 원래 가슴 사이에 가슴 하나를 이식해 총 세 개의 가슴을 갖게 되었다. 그녀는 "대부분의 의사들이 수술을 거부했기 때문에, 수십 통의 전화를 돌려 적당한 의사를 찾는 데 많은 시간을 허비했다.""남자들과 더 이상 데이트를 하지 않기 위해 세 개의 가슴을 갖게 되었다."고 말했다. 사실 여부는 밝혀지지 않았지만, "수술비용으로 대략 2,000만 원이 들었다."고 한 지역 라디오 방송에서 밝혔다. 필자가 보기에, 그녀의 주장은 거짓말에 가깝다. 그녀는 지금도 자신의 트위터와 SNS를 활용해 새로 단 가슴을 홍보하는 일에 열을 올리고 있기 때문이다. 분명 세간의 이목을, 더 나아가서는 남자들로부터 전에 없던 관심을 끌고 싶었을 것이다.

우리는 배고프면 먹고 졸리면 잔다. 식사와 수면에 따라 복잡한 교육을 필요로 하지 않는다. 우리가 자라면서 배우고 익히는 식사 예절이나 수면 습관은 사회적 에티켓이나 신체적 건강을 위한 것이며, 실제로 이런 것들조차 교육이라는 거창한 단계를 정식으로 밟지 않아도 사회화 과정에서 자연스럽게 습득되고 몸에 배게 된다. 하지만 성욕은 그렇지 않다. 1차원적 개인의 욕구에 머무는 식욕이나 수면욕과 달리, 성욕은 남녀의 관계 속에서 충족되다 보니 내 몸을 어떻게 써야할지, 상대방을 어떻게 배려해야할지 체계적으로 공부하고 학습해야 한다. 이러한 학습 없이 그릇된 성정보에 의해 고착된 성심리는 언제 폭발할지 모르는 인간관계의 뇌관과 같다. 특별히 인간이 공통적으로 가지고 있는 3대 욕구 중에서 유독 성욕만 남녀가 정반대라는 사실은 성교육이 필요한 이유를 간접적으로 적시해준다.

여자는 남자의 능력에, 남자는 여자의 가슴에 집착한다. 여자가 몸을 허락하지 않을 때, 남자는 성심리에 심각한 타격을 입고, 남자가 경제적으로 무능해질 때, 여자는 성심리에 심대한 상처를 입는다. 남자의 성심리가 왜곡되면 발기부전이나 성도착증으로 나타나며, 여자의 성심리가 왜곡되면 우울증이나 성교통으로 발현된다. 남자의 발기부전과 여자의 우울증은 같은 심리구조를 갖고 있다. 어느 날부터 몰라보게 성기의 강직도가 떨어지고 아내와의 관계가 시들해지는 현상을 단순히 나이 탓이나 권태기의 문제로 돌리는 건 상황을 더 악화시킬 뿐이다. 여성의 우울증이 심각해지면 자살과 자해 같은 위험한 행동을 초래할 수 있는 것처럼, 남자의 발기부전 역시 씻을 수 없는 남성성의 타격을 입혀서 외도나 이혼으로 발전할 수 있다. 젊은 시절, 늠름하게 팽창한 성기를 들고 보무당당하게 입장했던 자신이 어느새 발기 반응도 늦고 성기도 흐물흐물해서 삽입조차 쉽지 않은 지경에 이르면, 남자는 심각한 존재의 위기를 겪는다. 남자에게 발기부전은 창피함을 넘어서 극도의 모멸감을 준다. 한두 번 침실에서 낭패를 당하면 자기 스스로 문제를 해결하기 위해 갖가지 방법들을 알아보는데, 이 과정에서 무분별한 성기확대술이나 검증되지 않은 민간요법들을 시도하다가 돌이킬 수 없는 결과를 초래한다.

남자의 발기부전은 여자의 우울증과 같다

남자들이 종종 복용하는 비아그라나 시알리스 같은 치료제는 우울증으로 정신과를 찾은 여자들이 종종 처방받는 항우울제와 동일하다고 보면 된다. 시중에 유통되고 있는 발기부전치료제는 전문적인 의사의 정확한 진단과 처방이 있을 때에만 제한적으로 사용해야지 스스로 치료해보겠노라고 남용했다가는 자칫 심장마비로 복상사할 수 있는 위험한 약물이다. 게다가 유명 제약사들의 제품을 카피한 유사품이나 출처가 불분명하고 조악한 중국산 복제약(제네릭)들이 요즘 인터넷을 중심으로 불법적으로 유통되고 있기 때문에 더욱 주의를 기울이지 않으면 안 된다.

남자들이 발기부전에 걸리는 이유 역시 여자의 우울증과 유사하다. 남편을 통해 자신의 욕구를 충족시키지 못하는 아내에게 우울증이 찾아오듯, 남편 역시 아내에게 성적 욕구가 충족되지 못할 때 발기부전이 찾아온다. 여성의 경우, 산후우울증이나 육아우울증처럼 몸의 변화나 특수한 상황에 따라 일시적으로 오는 경우도 있지만, 우울증의 근본 원인은 배우자를 기다리는 심리에서부터 비롯한다. 아내는 남편과 함께 있고 싶고, 맛있는 것도 나눠 먹고 싶고, 보다 친밀하고 깊은 관계를 나누고 싶은데, 회사일로, 바깥일로 마냥 바쁜 남편은 밤늦게 집에 들어오자마자 그냥 곯아떨어지기 일쑤다. 오매불망 기다리던 남편은 퇴근하자마자 껌딱지처럼 바닥에 붙어 일어날 줄 모르고, 아이들은 밥 달라고 칭얼대고, 시어머니는 이번 주말에 와서 커튼을 빨라고 한다. 이런 상황이면 대번 여자에게 우울증이 온다. 남편과 분위기 있게 와인 한 병 따면서 살가운 대화를 나누던 때가 언제인가? 그런데 남편은 이런 아내의 속도 모르고 퇴근해서 한다는 소리가 이렇다. "나하고 놀아달라고 들볶아대지만 말고 너도 나가서 쇼핑도 하고 친구도 만나고 놀아!"

남자의 발기부전 역시 마찬가지다. 남자도 아내와의 섹스를 기다리며 발기부전에 걸린다. 남자 역시 아내에게서 열정을 느끼기 때문에, 그 열정이 노력으로 이어지고, 그 노력이 성취를 낳아 커다란 만족감으로 다가온다. 남자가 살아가는 삶의 동력은 이렇게 '내 여자'에게서 느끼는 열정이라는 연료를 연소시킬 때 얻어진다. 하지만 열정은 남자 혼자 만들 수 있는 게 아니다. 아내가 능동적으로 도움을 줘야 남자도 열정을 발휘할 수 있다. 한국 남자들은 이런 과정을 제대로 배우지 못했기 때문에 스스로도 어떻게 해소해야 할지 모르는 경우가 허다하다. 그럼에도 아내들은 부정감정 때문에 남편을 자꾸만 밀어낸다. "오늘 아파! 건들지 마!" "꺼져! 지금 할 기분 아냐!" 곁에만 가도 찬바람이 쌩쌩 분다. 귀찮고 짜증나서 손도 대지 말라고 으름장을 놓는다. 겹겹이 옷으로 몸을 똘똘 말고 남자에게 곁을 내주지 않는다. 심지어 "차라리 밖에 가서 돈 주고 하고 와!"라고 말하는 아내도 있다. 이런 경우, 발기부전은 여지없이 찾아온다.

상담하다 보면, 소 잃고 외양간 고치는 사례가 빈번하다. 뒤늦게 정신 차린 아내가 야시시한 속옷을 입고 교태를 부리지만, 이미 성심리가 왜곡된 남편의 성기는 꿈쩍하지도 않는다. "야, 넌 그년한테는 서고 나한테는 안 서냐?" 아쉬운 마음에 볼멘소리를 하지만 사실 발기부전은 남자의 SOS와 같다. 남자가 마지막으로 자신을 지키기 위해 오는 증상이 발기부전이기 때문이다. 여자에게 우울증이 마지막 순간 자기를 지키기 위해 오는 것처럼, 남자의 발기부전 역시 자신을 지키기 위한 방어기제의 일종이다.

과연 남녀의 성심리는 실제로 섹스에 어떤 영향을 미칠까? 다음 장에서 자세하게 살펴보자.

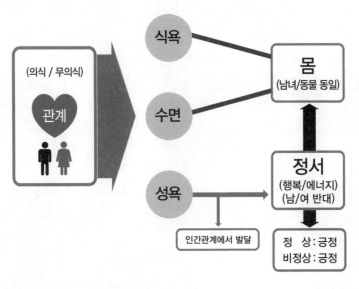

생각보다 많은 남성과 여성이 성문제로 고민하지만, 딱히 문제를 해결하지 못하고 불행하게 살아가는 경우가 많습니다. 대부분의 남녀가 섹스에 대한 명확한 의식 및 개념이 형성되지 않은 상태로 성인이 되어 연인이 되거나 결혼을 하기 때문에 그렇습니다. 성심리는 청소년뿐 아니라 성인에게도 이해되지 않은 무의식의 영역으로 감추어져 있습니다. 성심리는 성관계의 횟수가 많다고 알 수 있는 것이 아닙니다. 섹스 파트너가 많고 성 경험이 많으면 성적 환경에 적응을 한 것뿐이지 성에 대한 개념이 정확하게 정립되어 의식화된 상태에 올라왔다고 볼 수 없습니다. 어쩌면 경험이 많은 사람들이 도리어 왜곡된 성심리를 가지고 상대방을 성적으로 학대하는 경우도 많습니다. 중요한 것은 무의식의 영역에 있는 성심리의 실체를 여실하게 의식의 수준으로 끌어올려 스스로 정확하게 아는 일입니다. 남녀가 건강하고 행복한 삶을 살아가기 위해서는 성에 대한 정확한 개념과 의식을 갖고 서로 함께 만족할 수 있는 섹스에 도달할 수 있어야 합니다.

❖ 바르톨로메우스 반 데르 헬스트(Bartholomeus van der Helst)의 「귀족 커플(A Patrician Couple, 1661)」

chapter **5**

—

그 남자 그 여자의 섹스

섹스와 심리, 섹스와 대화, 섹스와 관계

"어떤 여성도 주방을 닦으면서 오르가슴을 느끼진 않는다."
—베티 프리단Betty Friedan—

그 남자 그 여자의 섹스

1993년 6월 어느 날, 미 전역을 떠들썩하게 만든 엽기적인 사건이 일어났다. 자정이 다 된 시각, 미국 버지니아주 어느 한적한 주택가에 단발마의 날카로운 비명소리가 울려 퍼졌다. "아악!" 찢어질 듯 비명을 내지른 주인공은 존 보비트 John Bobbitt라는 30대 남성이었다. 대체 그에게 어떤 일이 일어난 것일까? 피가 철철 흐르는 사타구니를 잡고 나뒹구는 보비트를 뒤로하고 그의 아내는 밤중에 차를 몰고 유유히 사건 현장을 빠져나갔다. 이렇게 보비트는 아내에 의해 성기가 절단된 최초의 남성으로 역사에 기록되었다.

　　아내 로레나의 증언에 따르면, 그는 술만 먹고 들어오면 상습적으로 자신을 강간했다고 한다. 사건이 발생한 그날도 자신을 겁박하고 짓누르며 자신의 의지와 상관없이 성관계를 시도했다는 것이다. 잠시 뒤 자신의 배에 사정을 한 다음 옆에서 세상모르게 쿨쿨 자고 있는 남편이 꼴불견이라 참을 수 없었다. 그녀는 부엌으로 가서 약 20cm 식칼을 들고 들어와 남편 존의 성기를 움켜쥐었다. 그리고 그녀는 미처 말릴 새도 없이 성기를 잡아당겨 확 끊어버렸다. "으아악!" 남성들이 다들 무의식중에 가지고 있다는 거세불안이 이렇게 현실로 닥친 것이다. 마른하늘에 날벼락으로 보비트는 데굴데굴 구르면서 선혈이 낭자한 자신의 사타구니를 두 손으로 쥐고 비명을 질렀다. 아내는 무슨 생각에선지 잘린 성기를 손에 쥐고 집밖으로 나와 서성거렸다. 그렇게 해도 화가 풀리지 않았던 아내는 응급처치도 없이 남편을 그렇게 집에 남겨두고 15분 이상 차를 몰고 이동했다. 한 손엔 피가 흐르는 성기를, 다른 한 손으로는 차 핸들을 잡고 그렇게 한참을 운전하다 도로 한편에 차를 세웠다. 그리고 문득 현실을 자각한다. "어머나, 내가 지금 뭘 들고 있지?" 그녀는 거기서 창문을 열고 얼마 전까지 남편의 아랫배에 붙어있던 성기를 창밖으로 홱 던져 버린다. 이내 정신을 차린 그녀는 911에 전화를 걸어 자신이 저지른 일의 전모를 그대로 고백한다. "저, 제가 남편의 거시기를 잘랐어요."

즉시 구급차가 출동했고, 남편은 바로 병원으로 이송된다. 길가에서 찾아낸 성기를 방부제로 썼고 얼음이 채워진 박스에 담아 의료진은 곧바로 수술실에 들어간다. 그렇게 장장 9시간 30분 동안의 접합수술을 받고 보비트의 성기는 재건된다. 곧바로 아내는 현장에서 체포되었다. "그는 항상 오르가슴에 도달했는데, 내가 오르가슴에 이를 때까지는 기다려주지 않았어요. 한마디로 이기적인 놈이었죠." 재판 중 부부는 누가 먼저다 할 것 없이 서로의 기이한 부부관계를 언론에 상세히 쏟아내기 시작했다. 보비트 부부의 엽기적인 침실 이야기는 관음증이 더해져 미국 내에서 커다란 이슈가 되었다. 로레나는 보비트가 결혼생활 내내 자신을 육체적으로, 성적으로, 정서적으로 학대했다고 주장했다. 더불어 자신이 남편의 성기를 자르기 전날 밤 여러 가지 사건들로 자신을 때렸고, 기절한 자신 위에 올라타 강간을 했다고 증언했다. 평소에도 그는 자신에게 갖은 말들로 협박했다고 폭로했다. "우리가 이혼하든 별거하든 난 언제나 널 찾아낼 거야. 내가 원하면 언제든지 널 찾아내 너와 섹스를 하겠어."

한편 보비트의 주장은 전혀 달랐다. "당시 우린 섹스를 하지 않았다. 로레나가 섹스를 하려고 나에게 달려들었지만, 그날 난 일 때문에 너무 피곤했다." 7시간의 심리를 마치고 법정은 로레나를 무죄로 선고했다. 그간 남편에게 받았던 학대를 정상 참작한 것. 결국 1995년 결혼한 지 6년 만에 보비트와 로레나 부부는 이혼 도장을 찍었다. 사건 후 보비트는 자신의 명성을 이용하여 '잘려나간 부분'이라는 밴드를 결성하여 돈을 벌어들였고, 1994년 9월에는 자신의 이름을 딴 포르노영화에 출연하기도 했다. 그 이후 대중들에게 보비트는 '프랑켄페니스Frankenpenis'라는 낯 뜨거운 닉네임으로 알려지게 되었다. 대중들은 그의 재건된 성기가 과연 침대 위에서 제 기능을 발휘하는지 궁금해 했고, 보비트는 이 호기심을 통해 돈을 벌었다. 이후 그는 갈지자 행보를 이어간다. 포르노배우였던 그는 1998년 네바다 주 라스베이거스의 한 교회에서 목회자로도 잠시 봉사하기도 한다. 이후 대중들의 시야에서 사라졌다가 얼마 뒤 두 명의 서로 다른 여성에게 폭력 혐의로 고소를 당했고, 별도의 절도 사건에 연루되면서 징역을 살게 되었다. 그렇게 보비트 사건은 사람들의 뇌리에서 잊혀졌다. 하지만 그가 남긴 질문은 여전히 오늘까지 남았다.

01 오르가슴의 신화

　보비트가 남긴 질문은 간단하다. 과연 오르가슴은 무엇일까? 과연 무엇이기에 남편의 거시기를 잘라낼 정도로 집착하는 것일까? 아마 연인이라면 함께 손잡고 한두 번씩은 시청했을 로맨틱코미디 영화 「해리가 샐리를 만났을 때(1989)」에는 여주인공 샐리(맥 라이언)가 식당에서 오르가슴을 흉내 내는 장면이 등장한다. 해리와 샐리가 마주 앉은 식탁 사이로 주변의 사람들은 그녀의 능청스런 연기를 놀랜 눈으로 바라본다. "오, 마이 갓! 바로 거기야, 거기! 오우, 예스." 눈을 지그시 감고 머리를 손으로 쥐며 절정의 순간을 온몸으로 표현하는 샐리 때문에 손님들로 북적이던 식당은 순간 정적으로 채워진다. 그녀를 부러운 눈빛(?)으로 바라보던 식당 옆 테이블 여자 손님은 웨이터에게 "그녀가 먹는 걸로 주세요."라고 주문할 정도. 앞에 앉아있던 해리(빌리 크리스탈)는 그런 주변의 시선이 못내 부담스러워 쓴웃음을 지으며 어서 그녀가 발연기를 끝내주기를 기다린다. 이후 영화의 촬영 장소였던 맨해튼의 식당은 관광객들이라면 꼭 한 번쯤 들르는 관광명소가 되었고, 영화 중 해리와 샐리가 앉았던 곳은 지금도 '샐리가 오르가슴을 느꼈던 자리'라는 팻말이 달려 있다고 한다.

최근에야 너도나도 자유롭게 대화를 나눌 수 있는 주제가 되었지만, 지금으로부터 한 세대 전만 거슬러 올라가더라도 오르가슴은 아무리 가까운 사이라도 공개적으로 이야기할 수 있는 내용이 아니었다. 오르가슴이 대중들의 농담 속에 하나의 담론으로 진입한 것은 채 50년이 되지 않았다. 게다가 여성들은 이런 담론에서 언제나 제외되었다. 여자가 공공연하게 오르가슴을 말하면 '밝히는 여자'라는 핀잔을 받기 십상이었다. 하지만 수면 아래에서 진행되는 대화 가운데 오르가슴은 단연 상위를 다투는 주제가 된지 오래다. 필자를 찾아오는 남성들 중에서 오르가슴을 말하는 내담자는 거의 본 적이 없는 것 같다. 오르가슴에 목을 매는 사람은 단연 여성들이었다. 왜 이렇게 여성들은 오르가슴에 집착하게 되었을까?

프로이트의 제자로 정신분석학과 2세대에 속하는 폴란드 출신의 심리학자 빌헬름 라이히Wilhelm Reich는 평생 이 여성의 오르가슴 문제에 매달렸다. 오늘날 우리가 사용하는 오르가슴Orgasm이라는 말도 그가 만들어낸 용어일 정도. 그는 프로이트의 범성론을 극단적으로 밀고 나가면 어떤 사상적 지점에 도달하는지 몸소 보여준 학자로 꼽힌다. 그가 제시한 오르가슴에 대한 이론은 스승인 프로이트조차 받아들일 수 없을 정도로 파격적이었다. 그는 성관계를 통해 환자가 오르가슴을 느껴야 자신의 신경증을 치료할 수 있다고 주장하므로 말년에 정신분석학회에서도 제명당했다. 그가 쓴 논쟁적인 저서, 『오르가슴의 기능』은 프로이트가 초기에 주장했던 리비도의 개념을 일상의 성생활로 치환한 작품이라 해도 무방할 정도였다. 그는 오르가슴의 중요성을 증명하기 위해 성생활에 만족하지 못하는 여성들이 각종 정신증에 시달린다는 자신의 임상 결과를 제시했다. 그에 따르면, 여성들은 동서고금을 막론하고 어려서부터 기성세대로부터 성에 대해 부정적인 지식을 전수받는다. 성을 둘러싼 인식의 왜곡과 섹스에 부과된 부정적인 이미지는 고스란히 여성들의 육체와 정신을 억압하는 기득권의 기제로 작용한다.

그의 급진적인 주장은 성혁명과 성해방을 통해 사회 문화 자체 를 개혁하는 성정치에 입문하며 절정에 이른다. 심지어 서구사회가 미개하다고 간주하는 원시사회에서 더욱 자연스러운 성생활과 오 르가슴을 만끽하며 사회적 병폐와 구태의연한 악습에서 벗어나 있 다고 단언한다. 그는 남태평양 파푸아뉴기니 인근 섬나라의 사례를 들면서, 성에 개방적이고 자유로운 사회일수록 정신병이 없다는 점 을 다음과 같이 강조하고 있다.

"트로브리안드 어린이들은 성억압과 성비밀을 모른다. 트로브리안 드 어린이의 성생활은 모든 생애의 단계를 통해 자연스럽고 자유 롭게, 그리고 충분한 성만족과 함께 방해받지 않고 발달한다. 어린 이는 자신의 나에게 맞추어 성활동에 참여한다. 그럼에도 불구하 고, 아니 정확히 말하자면, 오히려 이러한 이유로 트로브리안드 사회는 이 세기의 30년대에 어떤 성도착도, 어떤 기능성 정신병도, 어떤 정신신경증도, 어떤 치정살인도 몰랐다. 그들은 도둑질이란 말을 몰랐다. 그들 사회에서 동성애와 자위는 성만족의 불완전하고 부자연스러운 수단으로, 정상적인 만족을 경험할 수 있는 능력이 저해되었다는 증거로 여겨졌다. 백인종의 문명을 서서히 갉아먹고 있는 엄격하고 강박신경증적인 배변훈련을 트로브리안드 어린이들은 경험하지 않았다. 따라서 트로브리안드 사람은 자연발생적으로 깨끗하고 정연하며 사회적 강제에 얽매여있지 않고 지적이고 근면하다. 언제든 어려움 없이 해체될 수 있는 비강제적으로 자유의지에 의한 일부일처제적 결혼이 성생활의 사회적 형태로서 우세를 점한다."

「오르가즘의 기능(그린비)」

결국 라이히는 자신의 저서에서 오르가즘을 위한 자위의 적극적인 활용을 주문하고 있다. 그가 서구사회에 도발적으로 던진 물음에 답하기 앞서 최근 그와 관련된 연구 결과가 있어 여기 소개한다. 1976년, 미국의 성교육전문가 셰어 하이트Shere Hite는 소위 「하이트보고서」를 통해 여성의 경우 남성과의 성관계보다 오히려 자위행위를 통해 더 만족을 느낀다는 충격적인 자료를 내놓았다. 스스로 페미니스트임을 자처한 그녀는 기존의 「킨제이보고서」나 「마스터스앤존슨보고서」에 기존 여성에 대한 문화적 차별 기제가 포함되어 있다고 비판하고, 여성의 오르가즘에 대해 처음부터 다시 연구와 조사를 실시해야 한다고 주장했다. 보고서에 따르면, 그녀는 자신이 내담한 여성들의 70%가 남성의 성기가 여성의 성기에 삽입되는 피스톤 운동을 통한 섹스로는 오르가슴을 느끼지 못하고 그 대신 자위나 클리토리스 자극으로 더 깊은 만족감과 쾌감을 느낄 수 있다고 밝혔다. 여자 아이의 45%가 10세가 되기 전에 자위를 통해 오르가슴을 느꼈으며, 14세로 올라가면 그 수치가 60%까지 올라간다는 것이다. 대다수 여자아이들은 자위하는 걸 혼자서 몰래 배웠고, 자위를 통해 쾌감을 느끼는 건 자연스러운 일임에도 사회적으로 억압된 성적 관념에 의해 죄책감을 느끼며 숨어 자위했다고 말했다.

하이트의 주장은 다른 보고서와 달리 선명성이 짙지만, 그만큼 연구자가 편향적인 시각을 가지고 조사에 임했다는 이야기도 가능할 것이다. 어느 부분까지 그녀의 주장이 유의미한지 판단하는 것은 학자들의 몫이겠지만, 성상담을 오랫동안 진행해온 필자의 관점에서 여자가 직접적인 섹스를 통해 오르가슴을 느끼는 부분이 생각보다 낮다는 데에는 전적으로 동의할 수 있을 것 같다. 정확한 통계를 내본 것은 아니지만, 성문제를 가지고 상담소의 문을 두드리는 많은 여성들 중에서 오르가슴을 직접적으로 느끼지 못하는 불감증 환자가 의외로 많다. 그래서 여자들은 오르가슴에 대한 신화를 만들고 확대, 재생산하는 경향을 보인다. 오르가슴을 느끼지 못한 나만 왠지 바보가 된 것 같은 소외감과 박탈감을 느끼는 경우도 많다. 신체 구조상 남녀가 다르기 때문에 남자의 오르가슴과 여자의 오르가슴도 다를 수밖에 없다.

남자의 오르가슴	여자의 오르가슴
• 일회적 : 단번에 그침	• 반복적 : 여러 번 지속됨
• 단기적 : 3초에서 10초간 지속	• 지속적 : 20초에서 1분 정도 지속
• 절정 뒤 : 급격히 하강	• 절정 뒤 : 완만히 하강
• 회복기 : 15분에서 30분 정도	• 회복기 : 따로 없음
• 가짜 오르가슴 흉내 : 30.6%	• 가짜 오르가슴 흉내 : 66.3%
• 이성애/동성애 가리지 않고 85%	• 이성애 관계 : 62%
	• 동성애 관계 : 75%

　흥미로운 것은 여성의 경우, 이성애자보다 동성애자가 13% 이상 오르가슴을 더 느낀다는 통계다. 아무래도 남자보다 같은 여자가 서로의 민감한 부위와 성감대를 적절하게 자극시켜줄 수 있기 때문에 그렇지 않을까 싶다. 또 하나 유의미한 통계는 여성들 중에서 상대 남성을 배려하기 위해 열 명 중에 일곱 명은 거짓 오르가슴을 연기한다는 점이다. 영화 「원초적 본능(1992)」에서 관능적인 연

기로 많은 찬사를 받았던 배우 샤론 스톤은 "여자는 남자에게 고작 오르가슴을 속이지만, 남자는 여자에게 관계 전체를 속인다."고 꼬집어 말한 적이 있다. 따지고 보면, 여성들이 침대 위에서 수십 년간 다져진 오르가슴 연기 신공은 거의 할리우드나 충무로 급은 되는 거 같다. 남자들의 거의 두 배가 넘는 여자들이 왜 이처럼 오르가슴을 흉내 낼까? 필자가 알기에 동물의 왕국에서는 암컷이 수컷을 위해 교미 중에 오르가슴에 파르르 떠는 연기를 보이는 종은 없다. 유독 인간만이 습관처럼 배우자 앞에서 성적 만족감을 과도하게 보여주려 한다. 여자가 오르가슴을 연기하는 데에는 깊은 심리적 요인이 작용한다.

앞서 밝힌 것처럼, 여자는 성을 부정적으로 인식한다. 밑바닥부터 부정의 에너지로 시작하기 때문에 대부분의 여성들은 기본적으로 섹스에 대한 수치심과 창피함을 가지고 있다. 사회적으로도 오르가슴을 맹목적으로 추구할 때 '조신하지 못한 여자' '까진 년'이라는 손가락질을 받을지 모른다는 두려움이 전제되어 있다. 반면 남자들은 섹스에 대해 긍정감정이 훨씬 크다. 섹스는 남자가 누릴 수 있는 최고로 간편한 즐거움이자 존재이유를 줄 수 있는 가장 확실한 수단이다. 따라서 오르가슴에 대한 논의도 훨씬 개방적이며, 자발적이고, 적극적이다. 솔직히 남자는 친구들과 성적 농담을 주고받고 여자와의 성관계를 하나의 훈장처럼 떠벌이며 서로의 우정을 확인하는 문화가 있는 것 같다. "야, 어제 나 걔랑 했잖아?" "정말? 미친 새끼!" 최근 우리나라를 떠들썩하게 했던 소위 정준영의 '황금폰' 역시 이런 문화와 무관하지 않다. 아직도 외국에 서버를 두고 불법적으로 운영 중인 소라넷에 하루가 멀다 하고 올라오는 각종 '리벤지 포르노'도 이러한 빗나간 남성들의 성심리가 보여주는 왜곡된 현상이다.

반면 여자는 섹스에서 오는 쾌락이 중요하지 않다. 적어도 진정한 오르가슴을 느끼기 전까지는 말이다. 여자는 때로 자신이 사랑하는 남자와 함께 누워있는 것만으로 족하다. 그 남자를 내 곁에 계속 두기 위해서 여자는 섹스를 허락한다. 그래서 섹스는 그녀에게 의미 있는 것이다. 반면 남자는 즐겁고 재미있는 섹스가 의미 있다. 남자가 여자의 마음을 열어서 함께 올라가면 좋은데, 남자는 남자 중심의 성심리를, 여자는 여자 중심의 성심리를 가지고 만났기 때문에 남자의 태도가 여자에게 상처가 되고, 여자의 태도가 남자에게 상처가 되는 것이다. 여자는 조금 더 마음을 열어주기를 바라고, 남자는 조금 더 몸을 열어주기를 바란다. 이 상황에서 여자가 취할 수 있는 방법은 남자의 성적 능력을 추켜 세워주는 것밖에 없다. "자기 너무 잘 해! 나 너무 좋았어." "오빠 때문에 오늘 기절할

뻔 했어."이렇게 해서 위대한(?) 거짓말은 탄생하는 것이다. 이를 두고 버트런드 러셀은 "결혼은 여자들의 가장 흔한 생계수단이다. 원치 않는 섹스의 총량은 아마 성매매보다 결혼에서 더 많을 것이다."고 말했다.

여자는 남자에게 마음을 열어주기 바라고
남자는 여자에게 몸을 열어주기 바란다

여자의 불감증과 성교통

　18세기 영국의 청교도운동이 잉태한 셰이커의 창시자 앤 리 Ann Lee는 1736년 우리에게는 박지성 선수의 연고팀으로 잘 알려 진 영국 맨체스터에서 태어났다. 매우 가난한 성장기를 보내야 했 던 그녀는 어려서부터 동네 목화공장에서 일하거나 지역 보건소에 서 하급 요리사로 근무하며 돈을 벌었다. 궁핍은 자연스레 열렬한 종교심을 낳았고, 전직 퀘이커교도이자 유명 순회 부흥사였던 워들 리 부부를 만나면서 그녀는 인생의 전환점을 마련한다. 그녀는 그 들의 집회를 따라다니다가 1758년 그들의 종교집단에 정식으로 가 입했는데, 당시 앤 리뿐만 아니라 그녀의 가족 모두 교인이 되었다.

이후 그들로부터 독립하여 자체적인 종교적 깨달음을 설파하기 시작한 앤 리는 언제부턴가 남녀의 섹스를 정죄하는 교리를 꾸며내기 시작했다. 그녀는 이 세상에 소위 아담과 하와의 '원초적 섹스'를 통해 원죄가 들어왔고, 그래서 남녀 간의 성교를 전적으로 금해야만 완전한 성화에 도달할 수 있다고 가르쳤다. 낯선 가르침을 그냥 두고 볼 영국인들이 아니었다. 앤 리는 여러 차례 감옥에 투옥되기에 이르렀다.

1774년 8월 6일, 앤 리와 그녀의 추종자들은 종교적 박해를 피해 대서양을 건너 무사히 미국 뉴욕에 도착한다. 이후 약속의 땅,

미국에서 그녀가 이끄는 셰이커운동은 엄청난 성장을 거듭하게 된다. 그녀는 집단생활 중에도 금욕과 절제를 통해 남녀를 따로 구분하여 수용했고, 서로 간 성적 충동으로 신에게 불미스러운 죄악을 저지르지 않기 위해 예배도 각기 따로 드리도록 공간을 분리시켰다. 미국판 남녀칠세부동석인 셈이다! 금욕적 경건을 통해 개신교의 주류에서 벗어난 이들을 대거 개종시키는데 성공을 거두었지만, 주류 개신교회의 입장에서 그녀의 이런 행보는 지나치게 혁명적으로 보였다. 개혁적인 성향의 셰이커교도들은 평화주의, 여성인권운동, 토지 재분배, 식단 조절, 의복 개혁과 같은 다양한 사회운동을 실천하며 뜻있는 인사들을 교인으로 영입했으나, 남북전쟁을 전후로 쇠락의 길로 들어갔다. 이후 미국 내 셰이커는 종교적 생명력이 다하여 그들이 만들어 놓은 공예품과 빅토리아풍의 건축물, 남녀를 구분한 독특한 생활 방식만이 골동품처럼 남았을 뿐이다.

셰이커교도가 뿌리를 내리지 못하고 사라진 이유는 무엇일까? 여러 가지 요인이 있을 수 있겠으나, 우선 독신과 금욕을 기반으로 한 이들의 경건한 삶이 불가피하게 세대 간의 자연적 교인 증가를 가로막았다고 볼 수 있다. 앤 리는 남편과의 사이에서 네 번이나 임신을 했지만 개인적으로 자녀 모두를 유아기 때 잃는 비극을 경험했다. 이런 경험은 그녀에게 하나의 정신적인 트라우마를 주었을

게 분명하다. 하지만 그녀가 금욕과 독신에 관해 가졌던 극단적인 견해가 결혼을 반대하지 않았던 퀘이커들과 결별을 낳게 만들었고 결국 셰이커들 자체도 명멸을 거듭하다 역사의 뒤안길로 사라져버린 결정적인 원인이 되었다.

비록 정확한 통계자료를 근거로 일반화시킬 수는 없지만, 십수 년간 상담을 통해 필자가 얻은 경험 중 하나는 종교적으로 엄격한 금욕이 의외로 여성들의 성트러블과 불감증을 낳는 동인이 된다는 점이다. 그러고 보니 선명하게 떠오르는 내담자가 하나 있다. 수년 전 필자의 상담소를 찾았던 Y씨(40대)는 우아하고 지적이며 예쁜 여성이었다. 처음 Y를 만났던 그해 겨울, 그녀가 입었던 기품 있는 회색 트렌치코트가 선명하게 필자의 기억 속에 남아있다. 빨간색 앙고라 털장갑을 천천히 벗으면서 그녀는 한숨부터 쉬었다. "소장님, 제가 왜 사는지 도통 모르겠어요." 남편이 돈도 잘 벌어오고 누구보다 자기를 아끼고 깍듯하게 대해주는데, 정작 자신은 삶의 만족을 모르겠다고 앉자마자 하소연부터 늘어놓았다. 잘못 들으면 배부른 걱정거리로 여겨질 만큼 그녀 주변의 모든 것이 완벽에 가까웠다. 남들보다 좋은 대학을 나왔고, 집안 배경도 빠지지 않았다. 매 주일마다 교회에서 봉사도 열심히 했고, 자녀 역시 학교에서 제법 우등생으로 소문나 있었다. 문제는 남편과 잠자리였다. "소장님, 전 왜 남자랑 같이 자야하는지 그 이유를 아직도 모르겠어요."

　　Y는 남편이 자신을 더듬고 만지는 것도 더럽고 싫었다. 애초에 성기란 걸 왜 달고 나왔는지 모르겠다고 필자에게 되물을 정도였다. 남편이 자신의 귓불을 애무하며 입김을 불어넣는데 불쾌감을 참을 수 없어 자지러지듯 비명을 지른 적이 한두 번이 아니라고 털어놓았다. 남편 딴에는 아내를 만족시키려고 부단히 노력을 기울였겠지만, Y는 통 마음을 열고 남편을 받아들이려 하지 않았다. 결혼 초기에 그녀는 그나마 결혼하면 의례적으로 하는 것이라 생각해서 이를 악물고 억지로 관계도 가졌다고 한다. 너무 아파서 매일 밤마다 지옥 같았다고 당시를 회상했다. "남편이 무지막지하게 들어오는데 민감한 그 부분도 쓸리고 허리도 끊어질 듯 아파서 정말 죽을 것 같았어요."

　　필자가 상담을 통해 다층적으로 겹겹이 둘러싼 그녀의 성심리를 파헤치자, 문제의 요인들이 하나둘씩 그 뿌리를 드러내기 시작했다. 엄격한 가정교육을 받고 자라난 Y는 그리스도교 신앙으로 단단히 무장한 학창시절을 보내면서 성은 더럽고 추한 것이라는 부정적인 인식을 가지게 되었다. 마치 앤 리의 셰이커교도와 같은 삶을 21세기 한국에서 살고 있던 것이다. 보통 Y와 같이 어려서부터 종교적 윤리관으로 자라난 여성들은 혼전순결의 원칙을 포기할 수 없는 삶의 기준으로 삼고 살아가는 경향이 있다. 문제는 이런 삶의 기준이 당사자의 무의식에 자칫 왜곡된 성심리를 심어줄 수 있다는 점이다. 자연스레 그녀의 마음에서 성은 불필요하고 귀찮은 것, 속되고 나쁜 것으로 전락했고, 인식 속에 들어오는 성에 대한 정보는 머리에 촘촘한 도덕적 방충망을 친 것처럼 모두 걸러내기에 이르렀다.

이렇게 성심리에 대한 아무런 정보가 없는 상태에서 덜컥 결혼에 골인한 Y는 우려가 현실이 되고 말았다. 신혼 초야에 남편이 관계를 요구하자 수면 아래에 놓여있던 문제가 터진 것이다. 남편이 침대에 누운 자신의 가랑이를 벌리고 그 부분을 입으로 애무하려고 다가올 때 Y는 두려운 상황에 너무 압도되어 그만 울음을 터트리고 말았다. 깜짝 놀란 남편이 "당신, 왜 그러느냐?"며 안아주려 하자, 그녀는 오히려 남편을 밀치며 "다가오지 말라!"고 소리를 버럭 질렀다고 한다. 그렇게 신혼여행 내내 한 번도 관계를 갖지 못했던 부부는 급기야 사소한 것에도 다투는 일이 늘어났고, 그에 비례해서 서로에 대한 원망과 미움도 쌓여갔다. 양가 어르신들의 성화에 못이겨 어찌어찌 아이는 하나 낳았지만, 이후 Y는 육아를 핑계 대며 남편과의 잠자리를 다시 거부하는 일이 반복되었다.

그러던 어느 날 Y는 언제부턴가 남편이 더 이상 자신에게 다가오지 않는다는 사실을 발견했다. 다가오기는커녕 자신에게 손끝 하나 대려고 하지 않았다. 자업자득이었다. 둘은 시차를 두고 밥도 따로 먹었고, 거실에 함께 있을 때조차 한 마디도 나누지 않았다. 슬슬 Y는 불안해지기 시작했다. 남편이 자신을 소 닭 보듯 하자 '내가 여자로서 매력이 없나?'하는 낭패감에 휩싸였다. 사실 그녀가 원했던 건 이런 관계가 아니었다. 자신을 만지는 건 싫었지만 그렇다고 남편이 자신에게 관심까지 끄는 건 참을 수가 없었다. 급기야 남편이 자기 몰래 딴 여자를 만나는 두려운 상상이 꼬리에 꼬리를 물고 자신을 괴롭히자, 그녀는 자신은 없었지만 그래도 한 달에 두어 번은 남편과 성관계를 해야겠다고 생각했다. 하루는 마음을 크게 먹고 남편에게 조용히 다가가 "오늘 나 씻었어." 속삭이자, 남편이 그녀를 물끄러미 바라보며 "왜 그래? 지금 나 놀려?"라며 퉁명스럽게 받아쳤다. 결국 마음의 상처만 안은 채 인터넷으로 여기저기 검색하다 필자와 연락이 닿게 되었고 부랴부랴 상담소의 문을 노크하기에 이르렀다.

나를 만지는 건 싫지만 그렇다고
관심까지 끄는 건 견딜 수 없어

섹스는 남녀의 물리적 결합을 넘어서 화학적 결합이다. 우리가 흔히 일상적으로 "케미가 맞는다."고 하는데, 성관계는 물리적 운동에서 머물지 않고 신체의 각종 화학물질을 활성화시키는 화학 반응을 일으킨다. 단순히 배우자의 성기를 받아들이는 행위를 넘어 섹스를 통해 호르몬을 촉진시키는 가장 농밀하고 사적인 관계를 갖게 된다. 신체는 섹스에 급격히 반응한다. 미국의「포브스」지에 따르면, 한 연구팀은 2주 동안 215명의 신혼부부를 조사했는데, 그들에게 그 기간 중에 성관계를 나누었는지 여부와 함께 결혼생활 전반에 관한 만족도를 물었다. 그리고 4개월에서 6개월 뒤에 다시 동일한 부부들을 만나 추적 조사를 실시했다. 그 결과 연구팀은 남녀 간 뜨거운 섹스를 마치고 나면 그 잔여 영향이 수일간 지속된다는 사실을 알아냈다. 이를 흔히 '애프터글로우sexual afterglow'라고 하는데, 말 그대로 섹스 뒤에도[after] 애정의 불꽃이 꺼지지 않고 한동안 계속 타오른다[glow]는 것이다. 부부 사이의 친밀감은 섹스의 빈도수에 비례했다. 깊은 섹스는 부부를 강하게 연대시키는 화학적 힘이 되었다. 게다가 연구팀은 한 번의 섹스 경험이 최소한 이틀은 지속된다는 사실을 알아냈다. 애프터글로우가 강할수록 부부의 연대감은 더 깊었고 부부관계와 결혼생활의 만족감은 더 높았다.

연구팀의 주 저자 안드레아 멜쳐Andrea Meltzer는 "성적 만족이 섹스 이후 48시간 동안 지속된다는 사실을 밝혀냈다. 강렬한 성적인 애프터글로우를 가진 커플은 수개월 뒤에 만났을 때에도 그 만족감을 유지하고 있었다. 이 연구는 섹스가 부부의 유대감을 유지하는 기능을 한다는 다른 유사 연구들을 학문적으로 뒷받침하기 때문에 매우 중요하다."고 밝혔다.* Y는 필자를 만나고 상담치료를 하면서 어디에서부터 잘못되었는지 무척 혼란스러워했다. 그녀에게 종교는 존재의 이유이자 삶의 기반이었다. 그런 신앙이 그녀에게 성교통과 함께 불감증을 가져온 원인이라고 말하는 필자의 진단을 받아들일 수가 없었던 것이다. 여러 세션을 거치며 결국 Y는 무너지고 말았다. "선생님, 너무 가혹해요. 제가 이렇게 살 수밖에 없었던 이유가 교회 때문이었다니." 주체할 수 없이 눈물을 흘리며 남편에게 너무 미안하다고 고백했다.

예수는 일찍이 "진리를 알지니 진리가 너희를 자유케 하리라."고 했다.** 아무리 훌륭한 신앙이라도 그것이 인간의 몸을 얽어매는 포승이고 인간의 사고를 마비시키는 독약이라면, 당장에라도 그만두어야 한다. 나중에 설명하겠지만, 우리나라 여성들이 가지고

---

* https://www.forbes.com/sites/alicegwalton/2017/03/23/the-science-of-sexs-afterglow/#6a641ad42102 참고.
** 「요한복음」, 8장 32절.

있는 쓸데없는 성 강박증은 그릇된 남성관과 성에 대한 왜곡된 이미지, 순결과 정절에 대한 과도한 집착이 낳은 퇴행현상의 하나다.

불감증과 성교통은 동전의 양면과 같다. 남자와 여자의 성심리를 제대로 인식해야 여성의 불감증과 성교통을 고칠 수 있다. 성에 늘 부정적인 이미지를 가지다 보니 관계 중에 질이 수시로 마를 수밖에 없고, 충분한 애액이 질 입구에 고이기 전에 남자가 무리하게 삽입을 시도하니 여자는 아플 수밖에 없다. 구리스를 제대로 바르지 않은 차축에 바퀴를 나란히 걸고 100km로 달린다고 생각해 보라. 남자는 여자와 인간관계를 맺을 때 미래의 목표와 책임감, 사랑이 섹스와 함께 가는데, 이때 성행동이나 열정을 반복하며 사랑의 감정이 맺어진다. 남자의 인간관계가 지속적으로 연결되는 건 섹스를 빼곤 설명할 수 없다. 반면 여자는 미래의 목표를 가지고 살지 않는다. 여자는 사랑의 결과를 가지고 섹스를 한다. 여자는 섹스가 없어도 살 수 있다. 하지만 남자 입장에서 섹스 없는 결혼생활은 이혼 사유가 된다. 이 모든 사단이 남자는 감정을 공유하는 법, 여자는 성을 공유하는 법을 모르기 때문에 빚어진다. 여자의 문제는 그대로 남자의 문제로 직결된다.

성불감증

성불감증은 섹스에 대한 성욕장애나 혐오장애로 인해 발생하며 심하면 일체의 성적인 접촉을 피하게 됩니다. 성불감증의 원인은 호르몬 이상에 의한 신체적 문제와 성장 배경 및 생활환경에 의한 정신적 문제에서 기인하는 것으로 보고 합니다. 보통 남성보다는 여성에게 훨씬 빈번하게 일어나며, 미국의 조사에 따르면, 대략 20%의 여성이 이런 성적 장애를 안고 있다고 합니다. 증상은 좀처럼 섹스에 대한 욕구가 생기지 않거나 종종 성관계 중에 질이 마르고 오르가슴에 도달하는 횟수가 현저하게 줄어들게 됩니다. 치료로는 상담을 통해 의사소통이나 행동양식을 교정하므로 많은 성과를 얻을 수 있으며, 정도에 따라 애무나 체위와 같은 직접적인 행동 교정이 따라가기도 합니다.

03 남자의 발기부전과 조루증

여러 가지 주제에 대해 촌철살인의 글들을 발표하는 세계적인 작가 알랭 드 보통은 발기부전에 대해 다음과 같이 쓰고 있다.

"대다수의 남자들은 발기불능으로 고통 받느니 제 발로 감옥에 들어가는 편이 더 낫다고 여기는 것 같다. 남자에게 그보다 더 치욕스러운 일은 없고, 또 그 파트너에게 그보다 더 심한 거부감을 안겨주는 일도 드물기 때문이다. … 발기불능이라는 말은 단순히 신체적인 불능만을 의미하는 것이 아니며, 도덕적인 의미도 함축되어 있다. 즉, 체면과 남성성을 조롱하고, 파트너의 인격과 외모를 모욕하는 비극적인 단어다. 인류의 비극은 수없이 많지만, 커플이 섹스를 시도하고 또 시도해보는데도 남자가 발기가 안 되어 침대에서 맞이하는 그런 비극보다 더 지독한 비극도 찾기 힘들다. 그 순간엔 심지어 자살 충동이 들 수도 있다."

『인생학교: 섹스에 대해 더 깊이 생각해보는 법(쌤앤파커스)』, 146~147.

고대 그리스의 철인哲人이자 의학의 아버지 히포크라테스는 **발기부전**에 대해 역사적으로 기록을 남긴 최초의 의사로 거론된다. 그는 고대 우크라이나 남부지역 유목민이었던 스키티아 부족 남성들 사이에서 다수가 발기부전으로 고생한다고 기록했다. 부족 내에서 예로부터 여자 앞에서 발기가 되지 않는 자들이 시행하는 자가 치유법이 전해지고 있을 정도다. 당사자 남성은 예리한 칼을 가지고 양쪽 귀 뒤를 흐르는 정맥을 끊으면 머리로 흐르는 혈액이 일시 중단되면서 잠시 기절하게 된다. 그 자리에 쓰러져 한숨 푹 자고 나서 일어나면 신기하게도 그 중에 일부는 완치가 되었다고 한다. 하지만 이런 절차를 따르고도 계속 발기가 되지 않는 남성들은 하늘이 자신에게서 남성성을 가져갔다고 믿고 그날부터 여성의 옷으로 갈아입고 여자처럼 집안일을 하는 사람으로 평생 살아간다는 것이다.

히포크라테스는 스키티아 부족 남성들이 유독 발기부전이 많은 이유로 주로 말을 타고 다니는 그들의 생활습관을 꼽았는데, 이런 진단은 최신 의학적 지식을 바탕으로 보아도 그리 틀린 건 아니다. 전문적인 승마 선수나 사이클 선수들 중에서 다른 종목의 선수들보다 발기부전을 비롯한 여러 생식기 질병이 훨씬 빈번하다는 연구 결과도 나와 있다. 저 유명한 투르 드 프랑스에서 7번이나 우승을 거머쥔 사이클의 황제 랜스 암스트롱Lance Armstrong 역시 고환암으로 고생했던 전력을 감안하면, 충분히 가능성 있는 이야기라고 생각한다.

필자는 간혹 발기부전으로 상담소를 찾는 많은 남성들을 상담하면서 그들이 한 가지 공통점을 가지고 있다는 사실을 발견했다. 그것은 바로 자기중심의 성심리를 가지고 여성의 반응을 이해했기 때문이라는 점이다. 남자는 남자의 프리즘으로 여자를 바라볼 수밖에 없고, 여자는 여자의 프리즘으로 남자를 이해할 수밖에 없다. 그래서 불필요한 오해와 무의식의 충돌이 누적되어 정신적으로 이상심리나 신체적으로 기능장애가 일어난다. 오랫동안 만성 조루나 발기불능으로 고생하는 남성들이라면 생물학적인 원인을 가지고 있을 수 있으나, 필자는 그보다 앞서 남성들의 왜곡된 성심리가 대부분 그런 질환의 단초들을 제공했을 거라고 확신한다. 그들이 성관계를 나누는 상대 여성이 보이는 성적 반응에 대한 심리만 정확하게 이해해도 자신의 발기부전을 완화시키거나 치료할 수 있다.

그 대표적인 사례가 바로 P씨(40대)였다. 하루는 중년 남성인 P가 조용히 상담소의 문을 두들겼다. 말쑥한 차림에 다부진 체격을 가진 미남형으로 겉으로 봐서는 일상에 아무런 문제가 없을 것 같았던 분이었다. 나름 사업적 수완도 뛰어나 국내 제조업에서 꽤 건실한 중소기업을 운영하고 있었다. 하지만 그의 얼굴에는 수심이 가득했다. 상담소를 찾은 이유를 묻자 머뭇머뭇하더니 이내 마음속 고민을 털어놓았다. "40대에 접어드니 몰라보게 성욕이 없어져서 고민입니다." 부인하고 잠자리를 가진 지 이미 오래되어 기억이 가물가물할 정도라고 했다. 아내와의 관계가 무덤덤해진 권태기 때문인가 싶어 술자리에서 만난 직업여성과도 시도해봤는데, 페니스가 전혀 말을 듣지 않아 낭패를 당했다고 푸념했다. 그러다보니 P에게 자연스레 발기부전이 왔다. 성기를 세울 자신이 없어지자 덩달아 성욕도 시들시들해졌다.

P는 처음부터 필자에게 단단히 으름장을 놨다. "저 못 고치실 게예요. 이젠 여자고 뭐고 다 싫어요. 그냥 섹스 자체에 흥미를 잃었다니까요." 천천히 대화를 통해 그의 마음을 들여다보니, 아니나 다를까 하나씩 왜곡된 무의식이 튀어나왔다. 사실 성적으로 문제가 있는 남성 내담자를 여성 상담가가 상대하는 것은 그리 간단한 작업이 아니다. 보통은 나름 남자랍시고 방어기제를 쓰며 여성 상담

가 앞에서도 자신의 나약한 속마음을 들키지 않으려고 애쓰기 때문이다. 어느 정도 시간이 흘러 내담자와 라포가 형성되어야 성문제에 솔직해지게 된다. P도 점점 시간을 두고 필자를 믿고 마음 문을 하나씩 열기 시작했다. 왜 그런가 봤더니 이유가 간단했다. 자신부터 섹스를 즐겨야 하는데 관계에서 전혀 재미를 느끼지 못하고 있었던 것이다. 남자 입장에서 지나치게 상대에게 잘 해주려고 하다가 어느 순간부터 섹스가 의무로 인식되기 시작했다. 자기도 모르게 섹스가 즐거운 오락이 아니라 부담스런 노동이 되어버렸다. 자신부터 느껴야 성기도 서있는 거지 상대 여성만을 즐겁게 해주려고 애쓰다 보니 금세 흥미를 잃어버리고 말았다. "애무할 때는 빳빳하게 서 있다가도 정작 넣으려고 할라치면 그게 엿가락처럼 흐느적거려서 얼굴이 화끈거린 게 한두 번이 아니에요, 어휴."

오늘날 세상의 많은 남자들에게
섹스가 오락이 아닌 노동이 되어버렸다

섹스는 신이 주신 선물이다. 인간이 동물과 다른 결정적인 차이점은 인간에게는 특정한 발정기가 정해져있지 않다는 점이다. 오로지 번식과 생산만을 위해 교미를 하는 동물들은 발달단계에 따라 짝짓기의 계절이 오면 어김없이 암컷과 수컷 모두 발정기에 들어간다. 그 기간은 매우 짧다. 길면 한 달, 짧으면 보름이면 끝난다. 심지어 암컷 판다의 경우, 발정기가 1년에 이틀 밖에 안 된다고 한다. 이렇게 발정기가 눈 깜짝할 사이 지나고 나면, 영장류나 일부 고등동물을 제외한 대부분의 들짐승들은 거의 교미를 하지 않는다. 하지만 인간은 자신의 유전자를 퍼트리는 목적으로만 자신의 성기를 배타적으로 사용하지 않는다. 인간이 시도하는 섹스의 99%는 신체적 재미와 오락, 정서적 교감과 유대를 위해 이뤄진다. 어쩌면 '섹스는 스포츠와 같다.'는 어느 작가의 발언은 그리 지나친 표현이 아닐지 모른다. 아니, 더 노골적으로 말해서, 섹스는 인간이 하는 그 모든 행위 중에서 가장 원초적이고 근본적인 존재와 관계의 이유를 가르쳐주는 행동일지 모른다.

P는 섹스를 너무 우습게 봤다. 섹스는 있어도 그만 없어도 그만인 우리 몸의 흔적기관과 같은 취급을 받을 주제가 아니다. P는 무엇보다 자신의 성에 대한 경험과 이해가 없었다. 남녀의 관계 속에서 느껴지는 것, 터치와 숨결, 몸의 물리적 압박과 깊은 심리적 충족감은 단순히 여성의 질 속에 남성의 성기를 집어넣고 피스톤 운동이나 반복하는 허리놀림 그 이상의 의미를 가지고 있다. 그는 자기를 보고 드러누워 있는 파트너를 무조건 재미있게 해주어야 한다는 강박에 사로잡혀 있었다. 연신 섹스를 진행하는 동안에도 상대에게 짜증날 정도로 "어때?" "좋아?"를 연발했다.

필자는 P가 기분이 상하지 않게 조심스럽게 대화를 이어나 갔다. "그동안 여자를 몇 명이나 사귀어 보셨어요?" P는 머리를 긁적거리며 천천히 대답했다. "거쳐 간 여자들은 많았죠." "왜 헤어 졌어요?" 그는 어깨를 으쓱하며 스스로도 잘 모르겠다는 표정을 지었다. "글쎄요. 저도 잘 모르겠어요. 지나고 보면 여자들의 문제가 아니라 자신의 문제였던 거 같네요." 그의 엉망이 되어버린 성심리를 원상복구 시키는데 10회에 걸친 집중적인 상담이 필요했다. 보통 이런 상담은 위성 수신이 되는 최첨단 GPS 내비게이션을 두고 찢어진 지도 쪼가리를 들고 길을 묻고 물어 목적지에 도달하는 과정과 같다. 도중에 만나는 갖가지 장애물과 우회로는 덤이다. 그렇게 어렵게 지도를 복원하고 P의 성심리는 드라마틱하게 정립되었다. "소장님, 전 테크닉이나 의료적인 수술로 문제를 해결하려 했어요. 근데 알고 보니 제 마음속에 모든 답이 있었네요." 그는 아내와의 관계가 회복되면서 일상의 활력을 되찾았다. 발기가 해결되니 자신감도 살아났고 덩달아 일도 잘 풀렸다. 감사하다며 오랜만에 상담소를 찾았을 때 몰라보게 달라진 그를 필자가 자칫 못 알아볼 정도였다.

남성의 발기불능과 **임포텐스**impotence는 어떻게 극복할 수 있을까? 약물이나 외과적 처방보다 부부 간 대화와 이해가 선행해야 한다. 왜곡된 성인지性認知를 교정하고 무의식에 누적된 부정의 에너지를 긍정의 에너지로 바꾸어야 한다. 이에 대해 알랭 드 보통은 다음과 같이 말했다.

> "발기불능은 황금률(남에게 대접받고자 하는 대로 남을 대접하라)의 장려에 따라 공감의 추종자들이 늘어나는 와중에 비롯되었다. 말하자면 다른 사람이 어떻게 느낄지 사려 깊게 헤아려주고, 또 그 사람이 자신의 요구를 공격적인 것으로 여기거나 달가워하지 않을 수도 있다는 사실을 이해하려는 새로운 성향이 나타나면서, 기묘하게도 그 성향의 결실로 나타난 골칫거리가 바로 발기불능이었다."
>
> 전게서, 149.

P의 경우가 딱 이랬다. 몸에 오르가슴이 있다면, 마음에도 오르가슴이 있다. 그는 몸의 오르가슴과 마음의 오르가슴을 제대로 구분하지 못했던 것이다. 몸의 오르가슴을 뛰어 넘는 마음의 오르가슴에 대해 버트런드 러셀은 이렇게 말했다. "사랑은 섹스에 대한 욕망 그 이상의 무엇이다. 그것은 대부분의 남녀를 일생 동안 괴롭히는 고독에서 탈출하는 주요한 수단이다. 대부분의 사람들에게 냉혹한 세상과 군상들의 잔인성에 대한 깊이 자리 잡은 두려움이 있다. 애정에 대한 열망이 남자에게서는 거칠거나 야유하거나 남을 괴롭히는 태도로, 여자에게서는 바가지를 긁거나 핏대를 올려 꾸짖는 태도로 종종 감추어진다. 서로 간 열정적인 사랑은 열정이 지속

하는 한 이런 감정을 종식시킨다. 사랑은 자아라는 단단한 벽을 허물고, 둘이 하나가 되는 새로운 존재를 만들어낸다."

발기부전

발기부전(erectile dysfunction)은 만족스러운 성생활을 누리는데 충분할 만큼 성기가 발기되지 않거나 일정 시간을 유지할 수 없는 질환을 말합니다. 보통 60대 이후 노화와 함께 일어나지만, 호르몬 이상이나 심리적인 요인으로도 일시적인 발기부전이 일어날 수 있습니다. 젊은 남성들의 발기부전은 당뇨나 고혈압, 비만, 흡연 등과 같은 생활적 요인을 무시할 수 없으며, 운동이나 약물을 통해 심혈관계질환이나 대사질환을 해결하면 금세 치료가 되기도 합니다. 최근 비아그라나 시알리스 같은 발기부전치료제가 개발되면서 많은 발기부전 환자들에게 애용되고 있지만, 처방전 없이 복용하면 심장마비 같은 치명적인 문제를 일으킬 수도 있습니다. 발기부전은 남성성에 큰 타격을 주며 자신감 상실, 배우자와의 갈등, 심리적 좌절 등으로 이어져 여러 가지 사회 문제를 일으킬 수 있습니다.

04 몸의 오르가슴과 마음의 오르가슴

　프랑스인들은 오르가슴을 '르 쁘띠 모르le petit mort', 즉 '작은 죽음'이라 부른다고 한다. 이는 단 몇 초의 오르가슴을 위해 죽어도 좋다는 뜻이자, 실지로 그 순간만큼은 죽음과 가까운 임사체험을 하는 것과 같다는 말일 것이다. 생리학에서 말하는 오르가슴은 크게 흥분기와 정체기, 절정기, 그리고 해소기로 이루어진 네 단계의 성행위 중에서 세 번째에 해당한다. 지속적인 마찰로 골반이나 외음부, 음핵에 사슬처럼 연결된 혈관에 피가 쏠리면서 점차 상대의 성기를 받아들인 준비가 이루어진다. 질 입구에는 바르톨린선 Bartholin's gland이라는 분비선이 두 개 있는데, 성교 중에 원활한 피스톤 운동을 위해 점액질을 분비하는 기관이다. 덴마크의 해부학자 카스파르 바르톨린 2세가 발견해서 그의 이름을 따서 그렇게 부르게 되었고, 우리나라말로는 '큰질어귀샘'이라고 한다. 바르톨린선에서 분비되는 액을 질액 또는 보통 애액愛液이라고 하는데, 여자의 질에 애액이 흥건히 고이면 이제 몸이 섹스를 해도 좋다는 신호를 보내는 것과 같다. 섹스에 임하는 남자는 준비도 안 된 상대에게 무턱대고 들이미는 게 아니라 질에 애액이 충분히 고여 있는지 확인하는 수고를 아끼지 않아야 한다. 앞서 말한 성교통과 불감증은 심인성으로 바르톨린선이 제대로 작동하지 않아서 발생하는 문제라고 할 수 있다.

반면 남자의 성기에서도 애액이 흘러나오는데, 성적으로 흥분하면 전립선 바로 아래 음경이 시작되는 곳에 달린 완두콩처럼 생긴 두 개의 쿠퍼선Cowper's gland에서 쿠퍼액이라는 투명한 액체가 흘러나온다. 이 역시 바르톨린선에서 흐르는 애액처럼 상대와의 삽입 시 부드러운 진입을 위해 윤활유 역할을 하는데, 흥미로운 것은 여자와 달리 직접적인 신체 자극을 주지 않아도 시각적으로 정서적으로 흥분하면 반사적으로 흘러나오게 되어 있다는 점이다. 영국의 해부학자인 윌리엄 쿠퍼의 이름을 따서 지어졌으며, 우리나라말로는 '요도망울샘'이라고 한다. 쿠퍼액은 정액을 배출할 때처럼 날카로운 절정감은 주지 않으며 남자가 의도적으로 방출을 지연시키거나 노력으로 자제할 수도 없다. 남자 역시 발기부전과 조루증을 앓고 있는 경우 쿠퍼액이 제대로 나오지 않는 경우가 있으며, 일부 나오더라도 원활한 섹스를 하기에는 턱없이 부족한 양에 머물기 쉽다.

드디어 삽입이 시작되고 남자는 열심히 왕복 허리운동을 통해 여자의 질을 비빈다. 성기는 부풀어 오르고 팽창한다. 질은 활짝 열리며 남근은 돌덩이처럼 딱딱해진다. 몸 전체의 긴장이 이완되면서 숨이 가빠지고 허리가 조이는 느낌을 받는다. 여자는 가슴이 부풀어 오르며 젖꼭지가 딱딱해진다. 절정기에 가까워지면 질 내부가 좁아지면서 자궁은 위로 올라간다. 음핵에 가해지는 압력과 마찰력은 질을 수축시키고 애액이 넘친다. 남자는 아랫도리가 터질 것 같은 느낌에서 긴장이 축적되다가 절정의 순간 '탁' 하고 사정을 한다. 정액의 양은 개인과 상황에 따라, 더 긴밀하게는 컨디션에 따라 편차가 있다. 포르노나 야동을 통해 섹스를 학습한 일부 남자들이 무조건 많은 양의 정액을 사출하고 싶어 하는 건 지나친 욕심이다. 오르가슴과 정액양은 비례하지 않는다는 연구 결과가 있다. 여자도 남자와 같이 절정기에 사정을 한다는 얘기가 있는데, 거의 남자가 만들어낸 신화에 가깝다. 여자의 오르가슴은 남자의 오르가슴과 구조적으로 다르기 때문이다.

남자는 사정과 함께 절정을 맞이한다. 남자의 오르가슴은 뜨거운 용암이 솟구치는 짜릿함에 비견할 만하다. 남자는 날카로운 쾌감을 맛보고 급격한 하강곡선을 그린다. 바람 빠진 풍선처럼 성기는 일시에 쪼그라들며 온 몸에 에너지가 다 빠져나간 것 같다. 남자의 오르가슴을 가파른 산줄기를 타다가 깎아지른 듯한 절벽으로 추락하는 암벽 등반에 비유한다면, 여자의 오르가슴은 상대적으로 완만한 능선을 타고 오르는 트래킹에 빗댈 수 있다. 여자는 남자처럼 짜릿한 사정은 없지만 둘레길을 천천히 돌며 전경을 만끽하는 즐거움이 있다. 오르가슴을 표현하는 여성들의 묘사는 제각각이다. 어떤 이는 하늘을 나는 것 같다고 하고 또 어떤 이는 땅으로 꺼지는 것 같다고 말한다. "온몸의 근육이 수축하면서 허리가 제멋대로 튕겨 올라가고 고개가 뒤로 꺾이면서 저도 모르게 목에서 끄어억~ 괴상한 소리가 나더군요." "다리를 벌려 그의 물건을 받아들이면서 전신이 클리토리스가 된 것 같은 무시무시한 느낌이 들었어요." "쾌감이 너무 강해 괴로워 도망치고 싶어도 약에 취한 중독자처럼 멈출 수 없어 나중에는 그만 울음이 터졌어요. 그런 저를 보고 남친이 놀리더라고요." "너무나 괴로운데 너무나 즐거운 느낌이랄까? 오르가슴과 통증은 한 끗 차이란 걸 그때 알았어요."

우리는 오르가슴을 몸으로만 느끼려고 한다. 그러나 몸의 오르가슴보다 더 중요한 게 마음의 오르가슴이다. 마음의 오르가슴은 어떤 양상으로 전개될까? 남자는 부정감정이든 긍정감정이든 오래 기억하지 않기 때문에 매번 새로운 오르가슴이 필요하다. 남자는 성적 행복을 통해 사랑의 감정을 느낄 수 있으며, 성적으로 몰입할 때 남자는 자기 자신이 살아있음을 느낀다. 남자에게 섹스야말로 자신의 감정을 오롯이 만나는 최고의 경험이다. 좋은 것이든 나쁜 것이든 3일 안에 까먹기 때문에 남자는 섹스를 지속적으로 반복하려는 특징을 갖는 반면, 여자에게 섹스를 통해 얻는 사랑의 감정은 한 번만 느껴도 평생을 갈 수 있기 때문에 섹스를 반복적으로 유지하려는 동력이 따로 필요하지 않다. 물론 여자 역시 일상의 섹스에서 반복적으로 성적 만족을 느끼고 싶어 한다. 하지만 몸의 오르가슴과 달리 마음의 오르가슴은 여자에게 영구적으로 각인된다.

남자에게 성욕은 일상의 좌절감에서 해방시켜주고 자신감을 찾아줄 수 있는 중요한 심리적 기제다. 전장에 나가서 열심히 싸우다 돌아온 남자에게는 그가 패잔병이든 개선장군이든 상관없이 섹스가 필요하다. 죽어 있던 열정과 책임감을 되살릴 수 있고, 승리의 쾌감과 성취감을 배가시킬 수 있다. 섹스는 실패의 쉼표가 되면서 성공의 마침표가 된다. 반면 여자는 희로애락의 감정에서 사랑의 감정을 온전히 받아낼 때 좌절감이나 상처에서 회복되어 모성애나 사랑이 샘솟는다. 여자는 남자가 주는 사랑의 물을 받아서 성장하는 화초와 같다. 그렇다고 남자가 물만 주어서는 안 된다. 때에 맞춰 거름과 비료도 주고 낮에는 차양을 쳐서 따가운 햇볕도 가려주어야 한다. 그것이 끝이 아니다. 철마다 녹지걸이도 해 주어야 하고, 늦봄이면 분갈이도 해 주어야 한다. 한 마디로 화초에 온갖 정성을 쏟아야 한다는 말이다. 이 정성을 받고 여자는 남자에게 섹스를 허락한다.

남자에게 섹스는 실패의 '쉼표'면서 성공의 '마침표'가 된다

　남자는 여자와 만족스러운 섹스를 이뤄낸 것에서 마음의 오르가슴을 얻는다. 남자는 섹스를 할 때 여자가 보여주는 따뜻한 반응에 남성성이 자극되기 때문에, 남자에게 있어 최악의 여자는 아무 반응이 없는 목석같은 여자다. 급한 마음에 한두 번은 할 수 있지만, 무턱대고 '알아서 끓여 잡수세요.' 엎드려 있는 마네킹 같은 여자는 남자 입장에서 다시 만나고 싶지 않은 대상이다. 반면 여자는 남자의 따뜻하고 느리며 섬세한 손길에서 배려를 느끼고 그 안에서 사랑이 일어난다. 여자에게 남자가 보여주는 소소한 친절이나 관심에서 마음의 오르가슴을 느낀다. 여자의 경우, 마음의 오르가슴은 몸의 오르가슴처럼 불이 붙는 데에도 오래 걸리고 꺼지는 데에도 완만한 곡선을 그린다. 이에 비해 남자의 성욕은 컵라면이 익는 속도에 가깝다. 끓는 물에 3분이면 즉석에서 바로 완성된다. 여자가 마음을 여는 데까지 '쿠킹 타임'이 걸린다는 사실을 잘 모르고 남자가 덤벼들면, 여자는 대번 "나를 성적 대상으로만 보는 구나.""나를 너무 쉽게 생각하는 거 아냐?"라고 느끼기 쉽다. 여자는 남자에게서 공감의 대화를 원하지만, 남자는 여자에게서 공감적 섹스를 원한다. "오빠 나랑 맨날 이거 하려고 만나?"

여자는 사정이 기본적으로 없기 때문에 정서가 매우 중요하다. 몸의 오르가슴보다 마음의 오르가슴이 선행한다. 박자만 잘 맞으면 여자가 남자들 못지않게 더 황홀한 오르가슴을 맛볼 수 있다. 게다가 그 기분은 며칠간 지속될 수도 있다. 마음의 오르가슴을 느낀 여자는 살아 있음을 느끼면서 스스로 왠지 더 우아하고 예뻐진 것 같은 착각이 든다. 세상이 더 없이 아름답고 하늘의 새들이 자신을 위해 지저귀는 것 같다. 주변에 한 없이 너그러워지고 모든 것을 사랑할 수 있을 것 같다. 반면 남자는 몸의 오르가슴이 마음의 오르가슴에 선행한다. 몸이 먼저 반응하고 자극에 반사적으로 쾌감을 느껴버린다. 훌륭한 섹스로 하루를 마감한 남자는 만족감과 성취감에 싸여 단잠을 잘 수 있다.

남자는 몸의 오르가슴에서 마음의 오르가슴으로
여자는 마음의 오르가슴에서 몸의 오르가슴으로

오르가슴을 이야기할 때면 늘 T씨(50대)의 사례가 떠오른다. 결혼한 지 20년째가 다 되었지만 중년의 T는 남편에게서 한 번도 오르가슴을 느껴본 적이 없다고 털어놓았다. 매번 잠자리는 어쩔 수 없이 치르는 의무방어전에 가까웠다. "도대체 왜 이런 걸 계속 해야 하는지 도무지 이해할 수 없었어요." 섹스를 하면서 정말 아무런 느낌도 없었기 때문에 T는 어느 순간 오르가슴에 대해 아예 포기해버리고 말았다고 한다. "그냥 애 하나 낳은 것으로 만족해요." 그나마 남편이 한눈팔지 않고 가장으로서 성실히 살아주었기 때문에 그녀는 오로지 그거 하나 보고 살았다. 당연히 T는 동창회나 친구들 모임에 나가서 이런저런 이야기를 하다 우연히 오르가슴 이야기가 나올 때면 그 뜻을 도통 이해할 수 없어 당혹스러웠다. 왠지 세상 사람들이 모두 알고 있는 사실을 자신만 모르고 있다는 불안감이 엄습했고, 오르가슴이 그렇게 재미있고 좋은 거라면 한 번도 느껴보지 못하고 죽는 게 너무 억울할 거 같다는 느낌이 들어 필자의 상담소를 찾았다고 했다.

"제가 살면서 느꼈을 수도 있는데 몰라서 그냥 지나간 건지, 아니면 정말 모르는 건지 그게 아리송해요." 사실 T가 그런 질문을 한 것 자체가 스스로 오르가슴을 잘 모른다는 사실을 인정한 것이다. 좋은 것은 누가 말해주거나 가르쳐주지 않아도 다 안다. T는 자신이 모른다는 사실조차 모르는, 한 마디로 무지에 대한 무지를 드러냈다. 상담을 통해 그녀의 성장기를 재구성해보니, 굉장히 가정교육을 잘 받은 모범적인 여성이었다. 위 아래로 언니와 여동생이 있었는데, 모두 엄격하고 보수적인 아버지의 교육 탓에 세 자매 모두 성인이 되어서까지 통근시간이 있는 삶을 살았다. T는 자연스럽게 남자들은 모두 늑대들이며 성은 수치스럽고 더러운 것이라는 생각을 주입했고, 성에 대해 호기심이 생길 때마다 그런 자신을 천박하게 여기고 참았다고 고백했다. 이렇게 성에 대한 부정성은 과년한 나이가 되도록 더욱 깊어만 갔고, 가정교육에 반비례해서 성에 대한 무지는 더욱 철옹성 같이 높아만 갔다.

이야기를 들으면서 그런 그녀가 어떻게 결혼에 골인했을까 의심스러울 정도였다. T는 남편과의 관계가 어색할 정도로 잠자리에서 낯을 가렸고, TV를 볼 때 야릇한 장면이 나오기라도 하면 바로 일어나 자리를 피했다. 그 자체가 부도덕하고 더럽다고 여겼기 때문에 남편이 성에 대해 보이는 적극적인 행동도 불쾌하게 느껴졌다. 자녀를 낳고 서로 중년에 접어들어 섹스에 대해서도 서로 시들해지다 보니 자연스레 이 문제를 갖고 신혼 때보다 싸울 일도 없어졌다. 아내가 호응해주지 않자, 지친 남편도 이미 40대에 접어들면서 관계를 포기하기에 이르렀다. 필자는 T와 10회에 걸쳐 성상담을 진행했다. 한 번 세션으로 모든 것을 정립하기 위해 장시간 고강도의 치료를 실시했다. 상담 중에 남자의 오르가슴 구조와 남녀의 성 심리를 이해하고 나서 그녀는 눈물을 뚝뚝 흘리면서 고백했다. "저 때문에 남편이 행복하지 않았겠다 싶어서 너무 미안해요." 그런 T가 결국 어떻게 되었을까? 올바른 성에 대한 지식을 가지고 나자 마른 고목나무에 새싹이 돋듯, 자연스러운 성적 감정에 눈을 뜨게 되었다. 어느 날 상담소로 전화가 와서 받으니 마치 소풍가서 보물찾기에서 숨겨진 쪽지를 발견한 초등학생마냥 상기된 채 외쳤던 그 한 마디가 아직도 필자의 귀에 생생하게 울린다. "소장님, 저 느꼈어요! 흐흑!"

여성의 오르가슴을 광범위하게 연구한 세이무어 피셔Seymour Fisher 박사는 이렇게 말했다. "여성이 오르가슴에 도달하는 데 어려움이 클수록, 그녀는 사랑 대상의 신뢰성이 떨어지는 것에 대해 염려할 가능성이 높다. 그녀는 관계라는 게 얼마나 일시적인 것인지, 얼마나 쉽게 사랑하는 사람을 잃어버릴 수 있는지에 대해 걱정한다." 미국의 페미니스트 작가 나오미 울프Naomi Wolf는 자신의 책 『버자이너』에서 여성들이 스트레스나 불안증, 우울증과 같은 정서적인 문제가 오르가슴으로 가는 길을 막고 있다고 주장했다. 몸의 오르가슴을 넘어가는 마음의 오르가슴이 지니는 중요성을 말한 것으로 이해된다.

우리는 지금까지 오르가슴의 9부 능선을 넘었다. 이제 남녀의 성심리에 연령이라는 함수를 대입하면 어떤 이야기들이 가능할지 논의해야 한다. 바로 다음 장에서는 연령대별로 알아야 할 남녀의 성심리에 대해서 집중적으로 살펴보고자 한다.

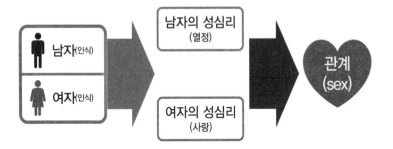

사랑하는 사람과 행복하고 만족스러운 섹스를 하기 위해서 노력해 보지 않은 남녀가 얼마나 될까요? 모든 성인 남성과 여성은 사랑하는 사람과 행복한 섹스를 원하기 마련입니다. 그러나 그들에게 섹스가 행복하냐고 물어보면 딱히 행복하고 즐겁다고 자신 있게 말하는 이들이 많지 않은 것이 현실입니다. 게다가 인터넷과 도서, 영상 매체를 통하여 정보를 습득하고 따라서 실행하지만 딱히 상대가 좋아하지 않는 것 같아 좌절에 빠지곤 합니다. '나는 이렇게 노력을 하는데 당신은 왜 좋아하지 않느냐?'며 상대방 탓을 하기도 합니다. 어떻게 해야 할까요? 무엇보다 남자와 여자의 서로 다른 성심리에 대한 확실한 인식을 통해서 서로에게 성적 감정을 만드는 것이 우선입니다. 불감증. 오르가슴장애, 섹스에 대한 부정감정이 많은 여성뿐만 아니라 발기부전, 조루, 지루 등으로 어려움을 겪는 남성들은 몸의 문제에 앞서 정서적인 문제를 먼저 고민해야 합니다. 섹스의 만족이 떨어지는 부부, 권태기에 이른 부부, 섹스리스 부부, 섹스에 지나치게 관심이 많은 배우자, 성트러블과 성기능 장애로 고민이 많은 남녀는 비뇨기과나 산부인과를 찾기에 앞서 상담소의 문을 먼저 두드려야 합니다. 대부분의 문제는 성심리의 왜곡에서 비롯하기 때문입니다.

❖ 클라렌스 언더우드(Clarence F. Underwood)의 「야생화를 아는 법(How to Know the Wild Flowers, 1910)」 *chapter* **6**

—

그 남자 그 여자의 시기별 성심리

연령대별로 알아야 할 남녀의 성과 심리

"순결, 어쩌면 그것은 가장 부자연스러운 성도착적 발상이다."
—올더스 헉슬리Aldous Huxley—

그 남자 그 여자의 시기별 성심리

한 남자가 여자들만 살고 있는 무인도에 가게 된다면 어떤 일이 벌어지게 될까? 영국의 「텔레그래프」지에 따르면, 브라질 리우데자네이루에서 북쪽으로 대략 300마일 떨어진 벨로 발레Belo Vale라는 지역에는 600여 명의 여자들이 모여 사는 금남禁男의 동산이 있다고 한다. 노이바 도 코데이루Noiva do cordeiro, 우리말로 '어린양의 신부'라는 마을인데, 120년 동안 바나나 농사를 지으며 그들의 방식대로 공동체를 유지하고 있다. 아마 조네스 신화에나 나올 법한 이야기가 재현된 셈이다. 1891년, 마리아Maria Senhorinha de Lima라는 한 여성이 간통 문제로 교회와 고향에서 추방당한 뒤 이곳에 정착하면서 작은 마을이 시작됐다. 이후 사회로부터 버림받거나 상처받은 여성들이 하나둘 모여들면서 마을 공동체가 형성되었고, 소문을 듣고 해외에서도 이주하는 숫자가 늘면서 오늘날과 같은 규모를 갖추게 되었다고 한다. 이들은 오래 전부터 마을에 남자를 들이지 않는 독특한 규정을 세워 두었는데, 자녀를 낳기 위해 결혼을 하는 특수한 경우를 제외하고는 남자와의 만남이 엄격히 금지되어 있다. 물론 결혼에도 엄격한 규칙이 따른다. 남편은 절대 아내와 함께 살 수 없다는 것. 일주일에 한 번 주말에나 아내와의 접견(?)이 허용된다. 해괴망측한 규칙이지만 아직까지는 잘 지켜지고 있다고 한다. 그렇게 해서 얻은 딸들은 자연스럽게 마을에 편입되지만, 만에 하나 아들이라면 만 18세가 되는 해에 반드시 마을을 떠나야 한다.*

아이러니한 것은 이곳에 사는 많은 결혼적령기의 여성들이 너나 할 것 없이 결혼할 배우자를 갈망한다는 사실이다. 「텔레그래프」지와 인터뷰한 23세의 한 여성은 "전 오랫동안 남자와 키스도 해보지 못했어요. 우린 모두 사랑에 빠져서 결혼하는 꿈을 꾼답니

---

* https://www.telegraph.co.uk/news/worldnews/southamerica/brazil/11060282/Brazils-valley-of-beauties-appeals-for-single-men.html 참고.

다. 하지만 우린 여기서 이렇게 사는 게 좋기 때문에 남편감을 찾아 마을을 떠나고 싶진 않아요. 그저 우리만의 규칙에 따라 결혼생활을 기꺼이 이어갈 남자를 만나고 싶을 뿐입니다.”라고 말한다. 이들을 보면서 필자는 「매혹당한 사람들(2017)」이란 영화를 떠올렸다. 미국의 소설가이자 극작가인 컬리넌Thomas P. Cullinan의 동명소설을 영화화한 이 작품은 노이바 도 코데이루처럼 여자들만 사는 공간에 한 남자가 꼬이면서 벌어지는 암투와 해프닝을 그리고 있다.

영화 내용은 이렇다. 1864년, 남북전쟁이 한창이던 미국 남부 버지니아의 어느 지역, 숲에서 버섯을 따던 십대 소녀 에이미가 다리에 심한 상처를 입고 쓰러져 있는 북군 병사 존 맥버니(콜린 파렐)를 발견한다. 포탄 파편이 박힌 왼쪽 다리를 끌고 필사적으로 전장을 벗어나 위태롭게 남군 지역을 떠돌던 그는 탈진하여 그렇게 쓰러져 있었다. 에이미는 아직 의식이 남아있는 그를 부축하여 자신이 살고 있는 대저택으로 데려 간다. 사실 숲 속에 생뚱맞게 서 있는 저택은 판스워스 여자신학교 건물이었고, 에이미는 그 학교 학생이었던 것. 본 학교의 설립자이자 교장이었던 ‘미스 마사(니콜 키드먼)’는 신앙심의 발로였는지 동정심의 발현이었는지 부상병을 오랫동안 남자의 출입이 전무했던 금남의 공간에 들인다. 이때부터 학생과 하인들 모두 떠나고 을씨년스럽기만 하던 여자신학교에

한 명의 적국 남자와 일곱 명의 여자들의 불편한 동거가 시작된다. 문지방을 지나며 잠깐 정신을 차린 병사가 "저는 뉴욕 66연대 소속 병사입니다. 포로로 받아주십시오."라며 짤막한 인사를 건넨다.

말이 씨가 된다는 옛말이 있다. 그렇게 그는 일곱 명의 여자들의 포로, 아니 성적 노리개가 되어 위태로운 동거에 들어간다. 언제 남군에게 자신이 인계될지 모른다는 불안감과 가까스로 봉합한 다리의 상처가 언제 다시 썩을지 모른다는 두려움이 존을 움츠러들게 만든다. 어쩌면 그런 상황이 그로 하여금 더욱 본능적으로 남성성을 드러내도록 했는지도 모를 일이다. 그는 아픈 다리를 이끌고 신학교 주변에 오랫동안 방치된 장미 화단을 가꾸고, 남자의 손을 타지 않았던 버려진 정원을 정리하며 끊임없이 자신이 이곳 신학교에 필요한 존재임을 어필한다. 오랜만에 남자의 존재를 몸이 알아버린 걸까? 낯선 남자와 원치 않는 동거를 시작하게 된 일곱 명의 여자들 역시 처음에 가졌던 경계심을 풀고 저마다의 성적 매력을 어필하려고 발버둥 친다. 사실 모두 전쟁에 신물이 났고 남자가 그리웠다.

존은 이런 묘한 기류를 동물적으로 감지하고 발 빠르게 움직인다. '원수를 사랑하라.'는 그리스도교의 계명을 실천하는, 여사감이자 교사였던 에드위나(커스틴 던스트)에게 의도적으로 접근하여 추파를 던진다. "제가 여러 곳을 다녀봤지만 당신 같이 예쁜 여자는 난생 처음 봅니다." 작전은 주효했다. 생전 처음 남자에게 받은 아찔한 고백으로 에드위나는 감정이 북받쳐 숨도 제대로 쉴 수 없는 지경에 이른다. 다리가 다 나을 때까지만 있기로 했던 처음 약속은 이제 아무도 기억하지 못한다. 위로는 교장 마사로부터 아래로는 어린 여학생에 이르기까지 너나 할 것 없이 전에 하지 않던 목걸이를 하고 옷매무새를 고치며 자신을 치장하고 꾸미기에 바쁘다. 어느새 식탁을 점령한 존은 자연스레 여자들의 대부 역할을 하게 되고, 여자들도 이런 상황이 내심 나쁘지만은 않다. "남자와 오랜만에 같은 식탁에 앉아 밥을 다 먹네요." 웃음기 사라졌던 저녁식사 시간이 화기애애한 만찬으로 바뀌고, 전쟁이 앗아간 질서와 조화가 한 남자의 등장으로 다시금 정립된다.

이윽고 빗장이 풀린 존은 과감해졌고, 기숙사에 들어가 평소 자신에게 집요하게 추파를 던지던 여학생 엘리시아(엘리 패닝)와 몸을 섞는다. 같은 시각, 목욕재개하고 오랫동안 옷장 속에 꽁꽁 감춰두었던 란제리를 입으며 내심 존의 도둑 방문을 기다리던 여사감 에드위나는 옆방에서 나는 두 남녀의 거친 신음소리를 듣고 현장을 보게 된다. 기겁하는 에드위나. 그녀를 달래려고 다가가는 존. "에드위나, 기다려요. 내 말 들어봐요." 그러한 존을 그녀는 강하게 뿌리친다. "손대지 마. 꺼져." 사랑의 깊이만큼 미움의 깊이도 배가 되는 법. 에드위나에게 떠밀린 존은 그만 발을 헛디뎌 2층 계단에서 굴러 떨어진다. 영화에 등장하는 저택의 계단들은 왜 하나같이 그렇게 높은지… 한참을 데굴데굴 구르던 존은 1층 바닥에 머리를 세게 부딪치게 되고 이전에 다친 다리가 골절되는 심한 부상을 입은 채 기절하고 만다. 다리가 괴사되어 죽을 것을 염려한 교장 마사는 옆에서 사시나무 떨 듯 서있던 에드위나에게 존의 다리를 자르자고 제안한다. 이미 존을 사랑하게 된 에드위나는 차마 동의하지 못하지만, 이미 돌이킬 수 없이 많은 출혈을 일으킨 그를 보고 마사는 어쩔 수 없는 결단을 내린다. "지하실에서 해부학 책과 톱을 가져 와요!"

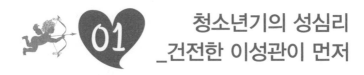

01 청소년기의 성심리
_건전한 이성관이 먼저

줄거리를 따라 가다가 잠깐 맥락을 놓친 독자들을 위해 영화의 배경을 다시 한 번 상기시켜드리자면, 남북전쟁이 한창이던 시기 숲속 여자신학교에서 일어난 일이다. 어떻게 보면, 가장 성스럽고 순결해야할 장소에서 지극히 추잡한 본능이 서로 맞부딪힌다는 설정은 작가의 의도된 문학적 장치로 보인다. 교장 마사는 앞치마에 피를 한 바가지 묻히면서 기어코 존의 부러진 다리를 톱으로 잘라 낸다. 어쩌면 여자에게 남자는 다리를 잃어도 그냥 남자일지 모른다. 반면 남자에게 다리를 절단하는 것은 거세와 맞먹는다. 남성성에 돌이킬 수 없는 타격을 입은 존은 이제 여자들의 노예로 빌붙어 살아야 하는 처지에 놓인다. 수일을 혼수상태에서 헤매다가 깨어난 존은 그세 한쪽 다리가 사라졌다는 사실을 알고 경악한다. "으악, 나에게 무슨 짓을 한 거야? 이 지랄 맞은 발정난 암캐년들아!" 두 명의 여자 사이에서 '양다리'를 걸치다가 졸지에 '외다리'가 된 존은 이성을 잃고 폭력적으로 돌변한다. 예의와 체면은 정상적인 상황에서나 필요한 것. 생명에 위협을 느낀 여자들은 자신들의 평온한 일상을 되찾기 위해 그를 어떻게 살해할지 모의한다. 영화 도입부에 숲속에서 버섯을 따던 에이미가 주도면밀하게 독버섯을 구해 왔고, 여자들은 이를 가지고 태연자약하게 버터와 와인으로 꾸덕꾸덕하게 졸여서 존에게 내놓는다. 남자의 환심을 사기 위해 서로 피 튀기게 경쟁하던 노소의 여자들이 이때만큼은 공공의 적을 처단하기 위해 휴전을 맺고 무언의 공모자가 된 것이다. 최후의 만찬은 이렇게 존 앞에 놓여졌다. 과연 그는 독버섯을 먹을 것인가?

영화는 여러 여자들의 굴절된 성심리를 여러 각도에서 찬찬히 묘사한다. 비록 영화의 한 장면이지만, 그가 파멸로 들어가는 과정을 보면서 필자는 특히 엘리시아의 행동에 흥미를 느꼈다. 영화에서 십대 소녀 엘리시아는 모두가 저녁 예배를 드리는 순간에도 몰래 존의 방에 들어가 키스를 하는 대담함을 보이고, 다른 사람들 앞에서는 아무 관심도 없는 척 하다가 존과 단 둘이 남게 되면 야릇한 미소를 지으며 꼬리를 치는 여우로 돌변한다. 하늘거리는 원피스에 머리를 뒤로 묶은 청순한 금발 소녀 엘리시아는 질투와 애교를 무기로 결국 존을 손아귀에 넣는다. 존도 섹스파트너로 에드위나보다는 풋풋한 십대의 엘리시아가 더 낫다고 판단했나 보다. 영화는 십대 여학생들에게 언뜻 비치는 미묘한 성심리를 정확하게 그리고 있다. 이성에 대한 호기심은 강렬하면서도 성의 무지로 인해 선뜻 다가서지도 못하는, 몸은 이미 성인의 그것이면서도 정신은 미숙한 소녀의 그것인 경계에 서 있는 존재가 엘리시아다.

청소년기의 성심리는 화약고와 같다. 이성에 대한 심리가 아직 완성되지 못한 상태에서 무분별하게 주입되는 거친 성교육과 음란물을 비롯한 여러 영상 매체들에서 성에 대한 왜곡된 이미지를 이식받기 때문이다. 특히 이 시기에 남자들은 포르노그래피에 의한 성심리의 왜곡이 가장 큰 문제로 대두된다. 이와 관련된 국내 연구들이 적지 않은데, 한 연구에 따르면, 우리나라 조사 대상 대부분의 중학생들(78.8%)이 이미 음란물에 익숙해 있으며, 보통은 초등학교 고학년 때(4~6학년) 친구나 온라인 매체를 통해 처음 접하는 것으로 나타났다. 음란물을 보게 되는 가장 큰 이유로 남학생의 경우는 즐거움을 위해, 여학생의 경우는 호기심 때문인 것으로 조사되었다. 대개 남학생들은 음란물과 함께 자위를 시작하며 심한 경우,

거의 매일 야동과 자위에 임하는 것으로 나타났다. 이들은 자연스럽게 일어나는 성충동에 대해서 억제할 필요까지 없다고 느끼지만, 음란물에 많이 접촉한다고 해서 성지식이 생긴다고 생각하지는 않는 것으로 조사되었다.* 하지만 가랑비에 옷 젖듯 영상 매체를 통해 습득하는 성정보가 남학생들에게 심신으로 부정적인 영향을 미치는 것으로 조사되어 이에 합리적인 관심과 주의, 지도가 필요하다. 최근 한 연구에 따르면, 부모가 청소년기의 자녀들의 성에 적극 관심을 보이고 지도하는 집단이 그렇지 않은 집단보다 자녀들의 성범죄 발생률이 적은 것으로 나타났다.**

청소년의 성심리는 화약고와 같다

포르노는 십대의 디지털 성범죄를 낳는 주범으로 간주되기도 한다. 동영상이나 몰카, 사진 전송 등 정확하게 성범죄에 대해 인지하지 못할 때 호기심으로 발생하는 범죄가 요즘 급증하는 것과 맥을 같이 한다. 십대 성범죄가 우후죽순 일어나는 이유는 청소년들이 성교육을 통해 성에 대한 전체적인 관점을 얻지 못하기 때문이

---

* 최정순(2009), 「인터넷 음란물 접촉과 청소년 성의식 간의 관계—대전광역시 중학생 중심으로」 참고.
** 채상미(2008), 「성범죄 청소년, 범죄 청소년 및 일반 청소년이 지각하는 부모 양육 태도, 대인관계 및 또래동조성」 참고.

다. 화두만 던질 뿐 정확하게 성에 대한 지식을 주지 않기 때문에 왜곡된 성지식에 의한 호기심만 키울 뿐이다. 성교육의 후유증으로 성범죄의 방법만 상세하게 가르쳐주는 역효과가 일어난다. 이를 대처하기 위해서 올바른 성교육, 전체를 볼 수 있는 체계적인 성교육, 최소한 한 학기 이상의 지속적인 성교육이 필요하다. 자신을 보호하고 사랑하는 사람과의 건강한 인간관계를 위한 성심리 교육을 기본으로 해야 한다. 성범죄에 노출된 피해자들이 인간의 양면성, 성심리의 상반성을 공부하지 않으면 또 다른 호기심을 증폭시키는 결과를 낳기 때문에 가해자로 돌변할 수 있다.

| 음란물을 시청하는 청소년의 비율 |

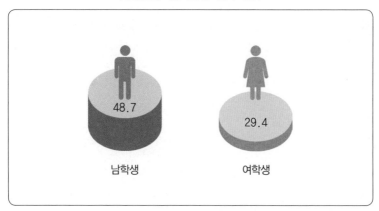

여성가족부, 「청소년 매체 이용 및 유해 환경 실태 조사(2018)」

포르노는 남학생만의 문제는 아니다. 여러 조사에 의하면, 이미 많은 수의 여학생들도 포르노를 정기적으로 시청하는 것으로 드러났다. 지난 25년 동안 350여 명이 넘는 포르노중독자들을 상담하고 치료한 유타대학교의 빅터 클라인Victor B. Cline 박사는 자신의 연구에서 **포르노중독**에 이르는 전형적인 네 단계가 있다고 밝혔다.*
1단계는 중독 단계Addiction로 보통의 청소년들은 우연한 계기로 음란물을 접하게 된 후 스스로 반복해서 음란물을 찾게 된다. 2단계는 상승 단계Escalation로 음란물을 시청하면서 더욱 강력하고 자극적인 영상을 찾게 된다. 3단계는 둔감 단계Desensitization로 음란물을 시청할수록 처음 느꼈던 자극이 사라지고, 충격과 스릴, 도덕적 죄의식이 지극히 일상적이고 당연한 것으로 받아들여진다. 마지막 4단계는 실천 단계Acting Out Sexually로 음란물에서 보았던 장면들을 현실에서 직접 해 보고 싶은 욕망에 이끌려 실제로 행동에 옮기게 된다. 공공장소에서 성기를 드러내는 노출증이나 무분별한 그룹 섹스, 관음증, 빈번한 안마방 출입, 강간과 같은 성범죄들이 포르노와 직간접적 관련성이 있는 것으로 여러 연구들에 의해 밝혀지고 있다. 클라인 박사에 따르면, 자신이 잡히지 않는다는 확신이 든다면 UCLA 대학을 다니는 51%의 '정상'군의 남학생들이 포르노에서 봤던 가

---

* 「Pornography's Effects On Adults and Children」 참고.

학피학적 강간을 시도해보겠다고 고백했다. 포르노가 얼마나 남성들의 성심리를 왜곡시키고 있는지 단적으로 보여주는 통계라고 할 수 있다. 미국 미시간 주에서 발생한 38,000건의 성범죄 중에서 41%에 해당하는 사건이 범죄 직전 혹은 범죄 도중 포르노에 노출되었던 것으로 조사되었다. 미국 FBI는 36명의 연쇄살인범 중에 29명이 평소 포르노에 집착했던 것으로 발표했고, 31명의 젊은 여성들만을 골라 잔혹하게 살해한 테드 번디Ted Bundy 역시 대표적인 포르노중독자였다고 밝혔다.

포르노중독증

성적 일탈을 통해 자신의 존재를 확인하려는 정신병적 증상의 하나로 주로 인터넷이나 영상 매체를 통해 우연히 포르노에 접하게 되었다가 하루도 보지 않으면 금단현상이 일어나 일상생활 자체가 힘들어지는 상태를 말합니다. 포르노에 중독되면, 대부분 음란물을 자신의 저장소에 대량으로 보관하면서 주기적으로 시청하는 행태를 보입니다. 특히 스트레스를 받았거나 우울할 때 더욱 포르노에 탐닉하며 그 영상 안에서 삶의 위안을 찾게 되는 악순환이 이어집니다. 미국 유타대학교의 빅터 클라인 박사는 포르노중독에 관한 폭넓은 연구를 했는데, 우연히 음란물을 접했다 하더라도 일정 단계 익숙해지면 성적 자극을 위해 더 강력하고 자극적인 영상을 원하게 되는 상태가 중독의 명백한 증상이라고 말합니다. 심지어 이들 중에서 도덕적 죄의식이 사라지고 상대 이성에 대한 이미지가 고착되어 버리면, 음란물에서 보았던 장면들을 직접 현실에서 구현해보고 싶은 충동을 느끼기도 한다고 주장합니다.

이 시기는 섣불리 이성의 육체와 그 기능, 피임과 성관계에 대한 구체적인 정보를 습득하는 것보다 무엇보다 먼저 원만한 인간관계를 통한 건전한 이성관을 정립하는 것이 중요하다. 청소년기의 성심리가 중요한 이유는 좋던 나쁘던 이때 형성된 심리가 고스란히 성인기로 넘어가기 때문이다. 십대 시절 바른 성심리를 확보한 학생은 성인이 되어서도 사회에 잘 안착하고 건전한 인간관계를 형성하지만, 왜곡된 성심리를 가진 학생은 성인이 되어서도 사회에 적응하지 못하고 각종 범죄에 연루될 위험성을 안게 된다. 청소년기의 성심리를 다루면서 우리가 다음 장에서 성인기의 성심리를 같이 연결 지어서 살펴봐야 할 이유다.

02 성인기의 성심리
_냉정과 열정 사이

　　나중에 영화로도 제작되었던 일본의 소설가 쓰지 히토나리와 에쿠니 가오리의 로맨틱소설 『냉정과 열정 사이』는 이탈리아 피렌체를 배경으로 두 남녀 주인공의 만남과 헤어짐을 드라마틱하게 그린 수작으로 꼽힌다. 쥰세이의 열정과 아오이의 냉정 사이를 10년의 기다림과 재회라는 다소 식상한 주제가 관통하고 있지만, 어쩌면 '냉정'과 '열정'은 성인기의 성심리를 잘 말해주고 있는 표현이 아닐까 싶다. 이 시기는 인생에서 가장 뜨거운 열애의 기간이면서 동시에 가장 냉정해야 할 때이기도 하기 때문이다. 우리나라의 경우, 대학을 갓 입학한 시기부터 사회에 진입해서 왕성하게 사회 활동을 하는 40세까지의 기간을 보통 성인기로 분류한다. 사회적 역할을 담당하고 자아실현을 추구하기 위해 직업과 진로를 탐색하는 시기이자, 좁은 교우관계를 벗어나 다양한 인간관계와 남녀관계를 통해 원숙한 성인으로 거듭나는 기간이기도 하다. 최근 만혼의 세태를 반영하듯 초혼 시점이 계속 늦어지고 있지만, 보통 이 시기에 배우자를 만나 가정을 꾸린다.

성인기의 성심리는 성장기, 청소년기에 부모나 친구들로부터 받은 영향이 구체적으로 발현되기 시작한다. 학교생활이나 입시로 인해 십대 때 잠재되어 있던 왜곡된 성심리는 성인이 되고 상대 이성을 만나게 되면서 여과 없이 표출된다. 2009년, 호남을 연고지로 하는 기아 타이거즈의 우승을 견인하며 그해 골든글러브까지 수상했던 우리나라 최고의 프로야구 선수 K씨(36세)는 한순간 잘못된 방식으로 자신의 스트레스를 해소하려다가 결국 돌이킬 수 없는 나락으로 떨어졌다. 2016년 7월, 전북 익산의 한 원룸 앞에 자신의 승용차를 세워두고 길을 지나가는 여대생 A씨(20세)를 보고 차 안에서 자위행위를 했던 게 화근이었다. K는 치마를 입고 있던 A의 뒷모습을 보면서 승용차의 창문을 열고 정신없이 자위에 몰두하며 이내 신음을 토해내던 그는 점점 대담해졌다. 여대생 A의 옆에 바싹 차를 대고 걸음걸이에 맞춰 자위를 시도한 것. 이 광경을 주변을 지나던 한 시민이 보고 경찰에 신고를 했고, K는 현장에서 바로 공공장소에서의 음란행위로 붙잡히고 말았다. 경찰에서 K는 "순간적으로 충동을 참지 못해 그랬다."고 고개를 숙였고, 그 일로 그는 시즌 중에 팀에서 불명예스럽게 방출되고 말았다. 억대의 연봉을 받던 최고의 슬러거가 하루아침에 성전과자로 추락하게 된 것이다.

잘 나가던 그가 왜 누구도 납득할 수 없는 이런 상식 이하의 행동을 통해 스스로 불행의 길에 들어섰을까? 그가 평소 성도착증이 있다거나 이상성애자여서 공공장소에서 음란행위를 했던 게 아니다. 따로 여자를 밝히거나 자위에 중독되어 그러한 추태를 부린 것도 아니다. K를 그렇게 몰고 간 건 그의 내면에서 작동했던 성심리에 불균형이 왔기 때문이다. 사건이 있기 직전, 그는 극심한 슬럼프와 타격 저하로 2군행을 통보 받은 상태였다. 1군에서 스포트라이트를 받으며 주전으로 뛰던 고참 선수에게는 치욕적이고 견디기 힘든 처분이었을 것이다. 팀의 주축 선수인데 타석에서 방망이가 잘 맞지 않으면서 심적으로도 많이 위축되었을 게 분명하다. 이처럼 남성들은 스트레스가 쌓이면 자위나 음란행위, 성도착증, 외도, 관음증에 빠지기 쉽다.* 그 이유는 남성들이 가장 빠르게 스트

---

* 박수경, 『그 남자 그 여자의 지킬 앤 하이드 (가연)』, 264~265.

레스를 해소할 수 있는 방편의 하나가 바로 섹스이기 때문이다. 사건이 발생했던 장소도 2군 훈련장 근처였다. 목표를 잃고 방황하던 그의 눈에 A가 들어온 건 시한폭탄의 뇌관을 건드린 것이나 마찬가지였다. K처럼 성과지향적인 퍼포먼스를 보여줘야 하는 업종에 종사하는 남성일수록 이런 스트레스에 노출되는 경우가 빈번하다. 인천을 연고지로 하는 프로농구 전자랜드 엘리펀츠의 J씨(35세) 역시 K와 마찬가지로 최근 길거리에서 음란행위를 한 혐의로 구속되었다. 2019년 7월, J는 인천시 남동구 구월동 로데오거리에서 바지를 내리고 음란행위를 했다가 목격자의 신고를 받고 출동한 경찰에 의해 체포되었다. 경찰은 사건 발생 당일 주변 CCTV를 확인해 J가 타고 달아난 차량번호를 토대로 전자랜드 홈구장인 인천 삼산월드체육관 주차장에서 그를 체포했다. 한 순간의 비행이 그의 선수 생명을 영구적으로 삭제해 버렸다.

감정의 해소와 문제의 해결은 전혀 다르다

왜 이런 일이 벌어지는 걸까? 보통 이 시기는 직장 내에서 스트레스가 정점에 달하기 때문에 성적 충동을 제어하는 게 중요하다. 직장 내 승진과 업무 평가, 사내 관계와 업무 스트레스, 실적 압박과 이직 스트레스 등으로 정신적인 어려움을 호소하는 이들이 이 시기에 많이 몰려 있다. 남성과 달리 여성의 경우, 일보다는 관계에서 오는 스트레스가 더 많이 작용한다. 왜곡된 성심리는 미성년자를 추행하고 자신을 성적 대상화를 시키는 대담함을 보인다. 경남 진주의 모 초등학교 교사였던 강씨(32세) 역시 뒤틀린 성심리로 인해 초등학생 제자를 성적 노리갯감으로 삼아 국민들의 분노를 샀다. 2017년, 강씨는 교내 체험활동 수업에서 알게 된 B군을 눈여겨보고 "만두를 사주겠다."며 집밖으로 불러내 자신의 승용차에 태워 성행위를 시도했다. 이후 더욱 대담해진 강씨는 두어 달에 걸쳐 자신이 일하는 초등학교 교실과 자신의 승용차에서 B군과 10여 차례 성관계를 가졌다. 그녀는 휴대폰으로 자신의 얼굴이 나온 나체 사진을 찍어 B군에게 수차례 보냈으며, "사랑한다."는 문자도 지속적으로 보낸 것으로 확인되었다. B군의 부모가 아들의 문자 메시지를 확인하는 과정에서 강씨의 사진을 보게 되면서 결국 덜미가 잡혔다. 경남지방경찰청 여성청소년수사계는 미성년자의제강간 등 혐의로 강씨를 즉각 구속했다. 수사 과정에서 "우리는 서로 좋아하던 사이였다."고 주장하던 강씨는 결국 자신의 죄를 털어 놨고 "너무 잘 생겨서 그랬다."며 고개를 숙였다. 놀라운 것은 강씨가 자녀까지 두고 있는 유부녀였다는 사실이다. 법원은 그녀에게 징역 5년, 성폭력치료프로그램 80시간 이수, 신상공개 10년을 명령했고, 교육청은 그녀를 직위해제했다. 이후 남편과는 이혼한 것으로 알려졌다. 결국 강씨는 잘못된 성심리로 가진 모든 것을 잃고 말았다.

강씨를 직접 상담하진 않았지만, 상담소에서 20～30대 여성 내담자들을 상담해 보면, 대중매체에 자주 노출된 여성들일수록 이성관계에 대해 황당한 판타지를 가지고 있는 경우가 많다. 영국의 심리학자 반 홈스Bjarne M. Holmes는 294명의 학부생을 대상으로 한 탐구적 연구에서 장밋빛 로맨스를 부추기는 매체를 선호하는 성인기 여성일수록 남녀 사이가 운명 지어진 관계라는 믿음, 세상 어디엔가 미리 예정된 나만의 소울메이트가 있을 거라는 상상, 남녀관계에서 상대의 마음을 읽을 수 있다(마인드 리딩)는 확신을 더 굳건히 갖고 있다는 사실을 발견했다.* 그도 그럴 것이 「세렌디피티(2001)」 영화를 본 커플이라면, 한 번쯤 운명(?)에 자신의 만남을 맡겨보고 싶은 충동이 들었을 것이다. 서울 남산 타워에 매년 그토록 많은 사랑의 자물쇠가 달리는 현상도 이런 대중의 심리를 잘 반영하고 있다. 홈스는 여성들에게 인기 있는 「브리짓 존스의 일기(2001)」 같은 로맨틱코미디 41종과 「섹스 앤더 시티」 같은 드라마 46종, 「보그」 같은 여성잡지 24종을 접하는 빈도수를 통해 실지로 성인기 여성이 얼마나 이런 황당한 로맨스를 꿈꾸는지 폭로했다.

---

* 「In search of my "one-and-only": Romance-oriented media and beliefs in romantic relationship destiny」 참고.

로맨스가 일상의 판타지로 남는 것까지는 좋은데, 이로 인해 벌어지는 사건 사고들은 단순한 해프닝으로 끝나지 않는 경우가 많다. 자기도 모르게 성범죄의 대상이 되거나 잘못된 상대와의 잘못된 만남으로 평생 고통을 겪을 수도 있다.

성에 상처를 갖고 있는 여성 중에 특히 피학적인 상상을 하는 경우가 있다. 남성으로부터 겁탈을 꿈꾸거나 모르는 남자에게 성적으로 복속당하는 판타지를 갖는다. 어떤 여자는 쇼핑으로, 또 누구는 종교로 풀지만, 사랑의 상처나 성에 대한 아픔은 보통 이성에 대한 관심이나 무분별한 섹스로 해결하려 한다. 성에 대한 욕구가 증폭되면서 남자에게서 성적 위로를 갈구하게 된다. 전에 없던 성감들이 살아나고 섹스에 눈을 뜨게 되면서 남편의 친구나 교회의 전도사, 직장상사에게 꼬리를 치게 된다. 우리에게 익숙하게 알려진 배우 이씨(35세)를 성폭행 혐의로 고소했던 A씨(33세)의 경우도 그렇다. 2016년, A는 배우 이씨가 자신의 집을 찾아와 무력을 동원하여 자신을 강간했다고 경찰에 신고했다. 그녀의 주장에 따르면, 배우 이씨가 불쑥 자신의 집으로 찾아와 공구로 블라인드를 달아주겠다며 주소를 알려 달라 재촉했다는 것이다. "제가 주소를 가르쳐주지 않자, 주변에 차를 대놓고 제 집을 찾아 동네방네 돌아다녔어요. 너무 무서웠어요." 보통 남녀 간의 성폭행 사건이 발생하면 경찰은 피해자 중심으로 사건을 기술하고 수사를 진행한다. 이때까지만 해도 사건을 맡은 서울 수서경찰서는 어김없이 이씨를 출국 금지시키고 피의자 신분으로 조사를 시작했다. 피해자 A는 2주 전에 새 집으로 이사했는데 "여자다 보니 전동드릴도 다룰 줄 몰라 창에 블라인드를 달지 못하고 있다."는 말에 이씨가 "내가 해주겠다!"고 호기롭게 이야기할 때만 해도 '지인 소개로 알게 된 유명 연예인인데 무슨 큰 일이 일어나겠어?'라고 안심했다고 한다. 그러나 그녀의 주장은 당일 이씨가 땀투성이로 집에 들어와 갑자기 샤워실이 어디냐고 묻더니 허락 없이 샤워를 끝내고 반라 상태로 나왔다는 것이다. 그리고는 기겁을 하는 자신을 두 번에 걸쳐 성폭행을 했다고 주장했다.

그러나 조사가 진행되면서 A의 주장에는 허점이 많았다. A가 내놓은 사건 진술의 앞뒤가 자주 맞지 않았지만, 이씨의 진술은 처음부터 매우 자세하고 일관되었다. 무엇보다 이씨는 강력히 자신의 혐의를 부인하고 있었다. 조사가 진행되면서 점차 상황이 역전되었고 경찰이 혐의 사실에 대해 집중 추궁하던 중 결국 압박을 이기지 못하고 A씨가 "이씨와의 관계에서 강제성이 없었다."는 진술을 털어놓았다. A씨는 자신의 법률 대리를 맡았던 법무법인이 신뢰 관계의 훼손을 이유로 사건에서 손을 떼면서 심적으로 압박을 느꼈던 것으로 알려졌다. 도주의 위험이 있다고 판단한 경찰이 구속영장 신청을 검토하자, A씨는 조금이라도 형량을 줄이기 위해 경찰에 자백할 수밖에 없었다. 이렇게 A씨는 무고죄로 쇠고랑을 차게 되었다. 하마터면 애꿎은 남자의 인생을 아작낼 뻔했다. 모 뮤지컬에도 출연하며 배우의 꿈을 키우던 그녀는 자신의 왜곡된 성심리를 해결하지 못해 범죄자 신세로 추락하고 말았다.

위의 사례들은 모두 전문적인 상담과 치료가 필요한 경우라고 할 수 있다. 가학과 피학은 모든 성을 자기중심주의나 상대중심주의로 볼 때 일어나는 결과다. 보통 이상심리는 생각장애와 감정장애 두 가지로 나뉘는데, 이상성욕의 90%는 왜곡된 성심리에 의해 생각과 행동으로 표출된다. 감정장애로 인해 이상성애자가 되는 건 고작 10% 밖에 되지 않는다. 결국 성인기의 성에 대한 왜곡된 정보로 자신의 전 생애에 영원한 숙제를 떠넘기는 미련하고 충동적인 행동을 하게 된다는 뜻이다. 가학성과 피학성은 동전의 양면이다. 심한 경우, 수간獸姦까지 가는 경우도 있다. 한때 세상을 떠들썩하게 했던 검사 바바리맨이나 판사 몰카, "유부녀가 제일 원하는 건 강간"이라며 가사도우미를 겁탈했던 모 재벌 회장에 이르기까지 사회적 덕망과 지위를 쌓았던 그들이 한 순간 성범죄자의 나락으로 떨어진 건 이처럼 성인기의 그릇된 성심리를 계속 품고 키워왔기 때문이다. 이들은 자기 자신에 대한 성과 이성에 대한 성, 집단 문화에서의 성에 대한 정보가 전무하다. 자신 전공이나 전문분야에 대한 지식은 많지만 이런 지식과 경험은 일천했던 것이다.

가학피학증

가학피학증(sadomasochism)은 성적 만족을 위해 상대에 일정 수준 이상의 공격을 가하거나 반대로 공격을 받는 병리적 상태를 포괄하는 개념입니다. 가학증은 프랑스의 작가 사드의 이름에서 따왔으며, 피학증은 오스트리아의 작가 자허마조흐의 이름에서 따왔습니다. 가학과 피학이 따로 오는 경우도 있지만, 보통은 두 대응적 상태가 시차를 두고 함께 나타납니다. 가학피학증은 어린 시절 상상력으로 일어나기도 하지만, 보통은 성인기에 왜곡된 성심리로 시작되며, 학계에서는 남성이 가학, 여성은 피학 성향을 더 많이 나타내는 것으로 보고되고 있습니다. 처음에는 언어적 구사를 통해 상대방을 공격하다가 상황이 악화되면 직접 때리거나 신체적 폭력을 행사하게 됩니다. 가학장애자는 상대방을 심하게 체벌하고 감금, 속박하면서 성적인 쾌감을 느끼며, 심하면 죽음에 이르게 할 수도 있습니다. 피학장애자는 강간을 당하는 공상을 하기도 하고, 무력한 유아처럼 취급받고 싶어서 기저귀를 차고 싶다는 유아증적 욕구를 갖는 경우도 있습니다.

03 중년기의 성심리
_외도와 바람을 넘어

    미국의 30대 대통령 캘빈 쿨리지John Calvin Coolidge가 대통령 재임 시절 있었던 일화 중 하나다. 어느 날, 대통령의 영부인이 정부가 새로 만든 농장을 시찰하고 있었다. 영부인이 닭장에 가보았더니 때 마침 수탉이 교미하는 장면을 보게 되었다. 뜻밖의 남세스러운 장면을 보고 얼굴이 벌겋게 달아오른 영부인은 분위기를 바꾸어 보려고 옆에 대동하는 관리인에게 물었다. "으음, 수탉이 힘이 좋은가 봐요?" 기다렸다는 듯이 관리인은 받아쳤다. "아이구, 하루 여러 번 해도 도통 지치질 않아요." 영부인은 깜짝 놀라 되물었다. "어머, 수탉은 하루에 여러 번 할 수 있어요?" "하다마다요. 매일

네댓 번은 합니다." 이야기를 듣던 영부인은 조용히 관리인에게 당부를 남겼다. "내일 대통령이 들르실 때 그걸 얘기해 주세요." 다음 날, 같은 농장을 방문한 쿨리지 대통령에게 관리인이 전날 있었던 일화를 전하자, 대통령이 다음과 같이 물었다. "매번 같은 암탉하고 하나요?" 관리인은 눈을 반짝이며 대답했다. "그럴 리가요? 대통령님, 매번 다른 암탉과 한답니다." 쿨리지 대통령은 씨익 웃으며 이렇게 말했다고 한다. "그걸 영부인에게 얘기해 주세요."

　　우스갯소리지만 농담 속에 뼈가 느껴진다. 동상이몽이라는 말이 있다. 남녀는 언제나 섹스를 놓고 서로 다른 꿈을 꾸는 존재들인지 모르겠다. 고매한 성격의 대통령조차 영부인과 이런 짓궂은 성적 농담을 주고받을 정도면 말이다. 말 만들기를 좋아하는 호사가들은 이 일화를 듣고 입에서 입으로 전했고, 생태학자인 프랭크 비치Frank A. Beach는 1955년 '**쿨리지 효과**Coolidge Effect'라는 용어를 만들어내기까지 했다. 쿨리지 효과란 생태계에서 암컷이 바뀔수록 수컷이 성적으로 새로운 자극을 얻는 현상을 일컫는 용어로 남성들의 외도를 설명하는 심리학적 설명에서부터 남성 고객을 타깃으로 하는 마케팅 전략에 이르기까지 다양한 방식으로 적용되고 있다. 인간에게 나타나는 쿨리지 효과는 흥분과 쾌락을 일으키는 호르몬인 도파민이 갈수록 적게 분비되고, 관계에서 경험되는 쾌락 역시 꾸준히 감소하기 때문에 일어난다. 남성이 사정한 후 옆에 누워있는 여성에 대해 성적인 욕구를 다시 끌어올리는 데에 몇 시간에서 많으면 며칠이 걸리지만, 새로운 성적 대상이 나타날 경우 활발하게 도파민이 분비되면서 바로 성기를 세울 수 있는 원인이기도 하다. 아무리 절세미인하고 살아도 치마만 두르면 박색이라도 눈길을 주는 게 남자다.

특별히 중년기 남성은 쿨리지 효과에 주의해야 한다. 우리는 본의 아니게 외도의 바람이 휘몰아쳐 그간 쌓아놓은 사회적, 경제적 공든 탑을 하루아침에 와르르 무너뜨리는 경우를 심심찮게 보기 때문이다. 중년기 남성들이 외도에 빠지는 이유에는 여러 가지가 있다. 특히 사회적으로 성공하고 사회적 지위가 있는 남성의 경우 외도의 비율이 더 높아진다는 흥미로운 연구도 있다. 틸버그대학의 요리스 라메르스Joris Lammers와 동료들이 사회적으로 성공한 남녀 전문직 종사자 1,561명을 대상으로 실시한 연구에 따르면, 남자의 지위가 올라가면서 외도의 확률도 덩달아 올라간다는 사실을 확인했다. 이 관계는 여자도 예외가 아니었다. 연구자들은 직업적 성공과 외도와의 관계에 대해 경제적-사회적 성공이 가져다준 자신감이 일과 무관한 삶의 다른 영역인 인간관계나 남녀관계에도 영향을 준 것이라고 주장했다. 이들의 연구는 2011년 저명한 국제 심리학 저널에도 실렸다.*

　모 지상파 방송국의 뉴스 앵커로 세간에 알려진 김씨(55)도 그런 경우에 속한다. 지하철에서 자신의 휴대폰으로 몰래 여성의 특정 신체 부위를 촬영하다가 덜미가 잡혀 평생 언론인으로서 공들여 쌓은 탑을 스스로 무너뜨렸다. 2019년 7월, 그는 방송국에서 퇴근하던 길에 지하철 영등포구청역에서 원피스를 입은 여성의 치마 속을 몰래 촬영하다가 옆에 있던 한 시민의 눈에 띄었고, 이를 피해 여성이 인지하고 소리를 지르며 경찰에 신고하게 되었다. 이에 놀란 김씨는 필사적으로 사람들이 많은 지하철 출구로 도주하였으나, 출동한 경찰관들에 의해 곧바로 경내에 붙잡혀 근처 지구대로 인계되었다. 검거 당시 김씨는 술에 취한 상태였으나, 판단력이 없을 정도는 아니었던 것으로 알려졌다. 경찰 조사를 받는 과정에서 그는 애초에 범행 사실을 완강하게 부인했으나, 그의 휴대폰 안에서 피해 여성의 신체를 촬영한 여러 장의 사진이 발견되면서 결국 범죄를 시인할 수밖에 없었다. 경찰 조사에서 김씨는 "평소 사진 찍는 게 취미인데, 술을 지나치게 많이 마신 상태에서 어이없는 실수를 저질렀다. 피해자에게 진심으로 미안하다."고 말한 것으로 전해진다.

---

* 「Power Increases Infidelity Among Men and Women」 참고.

이 한 번의 실수로 그가 사회인으로서 평생 쌓았던 사회적 지위는 그대로 날아가 버렸다. 방송국은 김씨의 사직서를 바로 수리했고, 그가 이끌었던 시사 프로그램은 전격 폐지되었다. 그는 사건이 발생한 후 일부 기자들에게 문자를 보내 "마음의 상처를 입으신 피해자분과 가족분들께 엎드려 사죄를 드린다."며 "모든 것을 내려놓고 성실히 조사에 응하겠다. 참회하며 살겠다."고 말한 것으로 알려졌다. 이어 그는 "가족과 주변 친지들에게 고통을 준 것은 제가 직접 감당해야 할 몫이다."라며 고개를 숙였다. 평소 민감한 시사 주제에 대해 나름 소신 있는 발언들로 시청자들의 사랑을 받았으며, 자신의 방송을 통해 일각에서 벌어지는 불법 촬영 및 유포, 리벤지 포르노, 성범죄 솜방망이 처벌 등에 대해 비판의 수위를 높여왔던 터라 대중들의 허탈감은 컸다. 과거 김씨는 특히 몰래카메라 유출과 관련한 사안을 언급하며 "갑자기 내가 나온 몰래카메라, 성관계 영상 등이 인터넷에 떠돈다고 하면 기분이 어떻겠나? 생각만 해도 끔찍하다."며 불쾌감을 표했기 때문에 시청자들은 더 큰 배신감을 느꼈다.

한국 사회에는 은연중에 중년의 남자에게 외도나 성폭력을 조장하는 마초문화가 똬리를 틀고 있는 것 같다. 심하게 부부싸움을 하고 필자를 찾았던 중년 부부의 사연이 그렇다. 연매출 수백억을 올리는 제조업을 하던 남편 K씨(50대)는 아내를 너무 사랑했고 가정과 자녀들에게 헌신하는 100점짜리 아빠였다. 퇴근하면 집에 있는 아내에게 밥도 해주고 "내조하느라 얼마나 고생이 많나?"며 세숫대야에 물 받아 놓고 아내의 발도 씻겨주던 그였다. 밖에서는 사업도 크게 성공시켰고 회사 직원들도 가족처럼 많이 아꼈다. 자녀 공부도 잘 시켜서 아들이 고등학교에서 반장을 도맡아 했다. 남들이 술 마시고 놀러 다닐 때 MBA 과정도 다니고 인문학 책도 많이 읽어 지적이기까지 했다. 일과 가정에 이상적인 밸런스를 유지하는 K는 어디 내놔도 손색없는 일등 신랑이었다.

그런데 문제는 주변에 있었다. 이러한 자신을 보고는 주변 친구들이 모두 이구동성으로 한 마디씩 했다고 한다. "야, 임마! 니가 남자 망신 다 시키냐? 고추 떼라!" "닌 여편네가 그리 무섭드노?" "참 갑갑하다! 그리 잡혀서 평생을 어떻게 살래?" 만나는 사람마다 자기가 남자답지 못하고 아내에게 꽉 붙들려 산다고 핀잔을 주기에 바빴다. 외부의 시선이 그를 지속적으로 괴롭혔다. 처음 한두 번은 웃어 넘겼지만, 점차 자신을 공처가 취급하는 시선이 부담스러워지기 시작했다. 그래서 일부러 술친구들을 피했다. 동창회나 친구들 모임에도 나가지 않았다. 그러다가 주변으로부터 고립되면서 대인기피증이 오더니 급기야 우울증까지 걸리게 되었다. 이 문제를 가지고 어떤 상담센터를 갔더니, 여자 상담가조차 K의 이야기를 듣고 남성성에 문제가 있다는 진단을 내렸다고 한다. "제가 아내 말고 외간여자들과 단 한 번도 섹스를 한 경험이 없다고 말했더니 그 상담사도 저를 보고 남자답지 못하다고 하더군요. 그러면서 남자라면 집 밖에서 다른 여자랑 섹스도 하고 놀 줄도 알아야 한다고 충고해 주었습니다. 허허." 그러면서 K는 그녀가 자기를 꼭 바보 취급하는 거 같아서 필자를 찾아왔노라고 털어놓았다.

중년기의 외도는 고속도로의 중앙분리대와 같다. 넘어가는 순간 끝장이다. 무엇보다 바람을 피운 본인이 평생을 쌓아올린 공든 탑을 한방에 허물어버리는 짓이다. 오른손으로 연필을 들고 글씨를 쓰는 동시에 왼손으로 지우개를 들고 글씨를 지우는 꼴이다. 필자는 남편의 외도로 정신적 충격과 고통에서 헤어 나오지 못하는 많은 여성 내담자들을 상담해왔다. 자신의 아내가 거의 정신분열에 가까운 혼란을 겪는 모습을 보면서 한 중년 남성이 "이렇게 아내가 힘들어 하는 줄 알았으면 절대로 바람을 피우지 않았을 겁니다. 정말 타임머신이라도 있다면 외도 이전으로 돌아가서 인생을 다시 시작하고 싶은 심정입니다."라고 말하기도 했다.

통산 76승 5패의 천재 복서이자 두 번이나 세계 헤비급 챔피언에 올라 명예의 전당에 헌액된 조지 포먼은 외도에 대해 이런 유명한 명언을 남겼다. "사람들이 외도로 상처를 입으면, 결코 회복되지 못한다. (그런 면에서) 권투 시합 이상이다." 화려한 선수생활을 마감하고 사각의 링을 내려와 길거리의 목회자로 거듭난 포먼은 외도로 인해 미국 내 숱한 가정들이 깨어지는 상황을 보면서 혼외정사의 위험성을 적시했다. 시합 중에 아무리 상대 펀치에 두들겨 맞아도 일주일만 지나면 얼굴의 상처가 아물지만, 배우자의 외도로 인한 마음의 상처는 평생 낫지 않는다는 사실이다. 미국의 소설가 체리 프리스트Cherie Priest는 "모든 외도는 동화 속 이야기거나 비극이다."라고 말했다. 외도는 현실에는 존재할 수 없는, 독자의 머릿속에서만 존재하는 비현실적인 이야기거나 주인공을 파멸로 몰아가는 비극일 뿐이다. 자신의 성심리를 챙겨야 하는 많은 중년기의 남녀들이 새겨들어야 할 조언이 아닐까 싶다.

노년기의 성심리
_늙어도 녹슬지 않는 성욕

　필자가 기업체 강연이나 공개 강의에서 노년기 성심리를 말할 때는 언제나 영화 「죽어도 좋아(2002)」를 언급한다. 인간에게 필수적인 3대 욕구는 노년의 삶이라고 비켜가거나 돌아가지 않는다. 나이 들어서도 먹고 싶고 자고 싶고 하고 싶다. 아니 어쩌면 늙으면서 더 먹고 싶고 더 하고 싶을지도 모른다. 많은 사람들이 늙는 것(노화)과 죽는 것(사망)이 자신에게는 결코 일어나지 않을 일처럼 살아간다. 남아있는 시간이 새털 같이 많을 거라고 생각하지만, 누구에게나 노년은 시간문제며 당장 보이지 않을 뿐 이미 눈앞에 닥친 가까운 미래와 같다. 그래서 노년기의 남녀들은 더 필사적으로 상대를 희구한다.

솔직히 영화 「죽어도 좋아」는 바로 이런 점을 너무 사실감 있게 그리고 있어 '아직 젊은' 우리들이 보기에 가끔 불편한 장면들도 있다. 하지만 영화 안으로 들어가 보면, 그게 누구든 간에 사람이라면 누구에게나 성욕은 있으며 그 성욕을 솔직하게 마주할 때 진정 자유와 행복을 얻을 수 있다는 메시지를 발견하게 된다. 영화는 노년기의 성심리를 어떻게 그리고 있을까? 배우자와 사별하고 하루하루 노년의 외로움을 견디며 살아가는 두 노인, 박치규와 이순예가 공원에서 서로 만나는 장면으로 영화는 시작한다. 박 할아버지는 이 할머니를 보고 첫눈에 반해 고백을 한다. "어이구, 이봐요. 아유, 왜 그렇게 이뻐요? 여기 좀 봐봐요." 누가 먼저랄 것도 없이 인생의 막차를 타고 가는 두 주인공은 그렇게 일분일초가 아쉬운 듯 바로 동거로 들어간다. 번듯한 약혼식도 결혼식도 필요 없다. 그저 냉수 한 그릇 놓고 서로 손을 마주 잡으면 그만이다. "검은 머리 파뿌리..."로 시작하는 상투적인 성혼 선언도 필요 없다. 이미 둘의 머리는 흰 눈이 내린 듯 백발이 되었기 때문이다. 여느 시집가는 신부의 거창한 혼수도 없다. 할머니의 작은 옷 보따리와 장구 한 채가 전부다. 두 사람은 조촐한 그들만의 결혼식을 올리고 동네 사진관에 가서 결혼 기념으로 사진을 한 장 박는다. 웨딩드레스를 입은 할머니를 보고 할아버지는 여느 신랑처럼 들뜬다. "너무 너무 이뻐요. 달덩이 같아요."

둘이 살아온 햇수가 세상의 허식을 상쇄하고도 남음이 있기에 그들은 거창하게 '백년해로'를 다짐하지도 않는다. 그들에게 남아 있는 시간이 얼마 없는 만큼 둘은 서로에게 솔직할 수 있었다. 대뜸 할아버지가 짓궂은 농을 부린다. "아들 하나만 낳아줘." 싫지 않은 듯 할머니가 맞받아친다. "그래, 낳을 수 있음 낳아야지." 둘은 하루가 아쉬운 듯 매일 밤 이불 속에서 뜨거운 사랑을 나눈다. 노인들이라고 하기에는 체위며 수위가 제법이다. 할아버지는 사랑하는 할머니랑 하루라도 더 살려고 운동을 시작한다. 할머니는 장구를 치며 할아버지에게 청춘가를 가르치고, 할아버지는 까막눈인 할머니에게 글을 가르친다. 스크린에 비친 둘의 사랑은 누가 보더라도 영화 제목을 쉽게 떠올리게 한다. '이대로 생을 마감할 수 있다면, 이젠 죽어도 좋아!' 필자는 할아버지와 할머니의 섹스 장면이 오래도록 뇌리에 남았다. 서로에게 애틋하고 다정한 마음이야 젊은이들과 크게 다를 바 없었다. 다만 몸으로 사랑을 확인하는 일은 팔팔한 청춘들에게나 의미 있는 거라고 자위했던 필자가 부끄럽게 느껴졌다. 서로를 부둥켜안고 뒹구는 할아버지와 할머니를 보면서 섹스는 거추장스럽고 불편한 의례적 행위가 아니라 모든 남녀에게 살아가는 과정에서 반드시 필요한 의식이라는 생각이 들었다. 공원이나 공공 장소에서 노인들을 대상으로 몸을 팔았던 박카스 아줌마를 모델로 한 영화 「죽여주는 여자(2016)」에서 느꼈던 것과는 또 다른 느낌이 었다.

노년기에 섹스가 가능할까? 국내 자료는 아니지만, 영국 맨체스터대학에서 내놓은 연구를 살펴볼 필요가 있다. 연구팀은 80대 이상 자국의 노령 인구가 어떤 성적 활동을 하는지 광범위한 조사를 실시했다. 남성들의 경우, 나이가 들어도 빈번하게 섹스를 꿈꾸는 것으로 조사되었다. 70대와 80대 이상의 남성들의 경우, 실제로 조사 대상에서 32.8%와 19%의 남성이 일상에서 성관계를 가지고 있다고 답했다. 반면 많은 경우 이혼과 사별로 인해 섹스파트너가 없거나 다양한 이유로 30.4%와 16.7%의 노년 남성들이 자위를 하면서 욕구를 해소한다고 답했다. 반면 여성의 경우는 70대와 80대 이상의 응답자 중에서 각기 35.7%와 31.6%의 여성들이 아직까지 성관계를 한다고 답했다.*

---

* 「Sexual Health and Well-being Among Older Men and Women in England: Findings from the English Longitudinal Study of Ageing」 참고.

하지만 연구는 노년기 남녀들의 활발한 성관계 중에도 일정한계가 있음을 밝혔다. 70대와 80대 이상의 남성들 중 각기 66.1%와 88.3%의 응답자들이 성관계 중 발기에 어려움을 겪는다고 시인한 것. 최근 의학이 발달하면서 발기부전치료제가 임상을 거쳐 대중 시판되고 있다. 비아그라가 포문을 열었고, 여러 부작용을 개선한 시알리스와 레비트라도 있다. 하지만 모든 약은 독이기도 하다. 의학의 도움을 받아 이러한 성문제를 해결할 때에 반드시 유의해야 할 사항들이 있다. 엄밀히 말해서 시중에 나와 있는 약물들은 모두 발기부전치료제가 아니라 발기유도제라고 부르는 게 맞다. 아무리 복용해도 성관계 시 발기를 일시적으로 도울 뿐 발기를 근원적으로 해결해줄 수는 없기 때문이다. 문제는 부작용이다. 개인에 따라 차이가 있지만 약을 복용한 후 구토나 안면홍조, 발기지속, 협심증 등을 유발할 수 있는 것으로 알려졌다. 특히 심혈관계질환이 있는 남성들이 무분별하게 약을 복용하고 심장마비로 사망하는 사례가 심심찮게 보고되고 있다. 따라서 발기부전치료제를 복용할 때에는 반드시 의사의 소견을 통해 처방전을 받는 것이 안전하다. 여성의 경우, 노년기 성생활에 어떤 애로사항이 있을까? 많은 여성들이 노화로 인해 관계 중에 성교통을 호소한다. 섹스 도중 질이 마르는 현상이 생기므로 이런 여성들은 관계 전에 윤활제를 적절히 사용하는 것이 도움이 된다.

필자는 특히 심리적 측면에서 노년기의 성심리에 관해 몇 가지 사항들을 말하고 싶다. 초고령화 사회가 우리 코앞에 다가왔고 고독사가 사회의 큰 문제로 대두되고 있는 요즘, 노년기에 배우자와 함께 동거하는 것만으로도 대부분의 노년층 남녀들에게 심리적인 큰 위안과 안정감을 줄 수 있다. 특히 2017년 기준으로 남성(79.7년)보다 6년가량이나 홀로 살아가야 하는 여성(85.7년)들의 경우, 배우자와의 사별 이후 정신적 충격과 고독, 외로움으로 인생의 무망감을 느끼고 우울증이나 자살에 이르는 비율이 증가한다. 특히 최근 들어 노년기 남자든 여자든 독거 상태에서 자살을 시도하는 사례가 빈번하다. 서울시 서대문구 및 강동구 지역에 거주하는 65세 이상의 독거노인 553명을 대상으로 이뤄진 조사에 따르면, 독거노인이 고독감과 무망감을 높게 인식할수록 자살 위험이 높았고, 무망감은 고독감과 자살 위험 사이에서 매개 효과를 보였다.* 노년기의 성심리를 언급하기에 앞서 배우자의 존재를 소중하게 여기고 꾸준한 대화와 노력으로 관계를 유지하는 게 중요하다. 따라서 상대방에게 무리한 성관계를 요구하거나, 외도를 통해 성욕을 해결하려고 시도하는 것은 말년에 상대에게 씻을 수 없는 과오를 저지르는 일이 된다. 성행위가 가능한 범위 안에서 서로의 성심리를 배려

---

* 「독거노인의 자살 위험 영향 요인에 관한 연구—고독감의 영향 및 무망감의 매개 효과 검증을 중심으로」 참고.

하고 남녀 모두 건강한 관계를 만들어가는 진지한 노력이 필요하며, 정신적-신체적 안녕을 해치면서까지 성심리에 몰두하는 것은 바람직하지 않다.

각 연령대별로 성심리의 특징과 대응 방안을 정리하면, 다음과 같다.

〈각 연령대별 성심리 특성〉

❶ 0~19세(성장기)

몸이 성장하면서 정서적 성장이 함께 이뤄지는 단계로 성심리가 완성되지 않았기 때문에 성충동 조절이나 대인관계에 문제가 발생할 수 있는 시기다. 남자들의 경우, 호르몬 발달로 이성에 급격한 관심을 갖고 야동이나 음란물 및 자위에 중독될 수 있다. 여자들도 2차성징이 시작되면서 본격적으로 외모 가꾸기에 열중하며 이성에 대한 관심이 증폭된다. 이성간의 교제 이전에 건강한 인간관계와 진로 탐색, 학습에 더 매진해야 할 시기로 조기 성교육이 긁어 부스럼을 야기할 수도 있으니 각별히 주의해야 한다. 건전하고 건강한 관계를 통한 인성과 인격이 만들어진 뒤에 그에 맞는 단계적 성교육이 이뤄져야 한다. 무분별한 성적 정보를 제공하는 건 또 다른 폭력이다. 이 시기에는 우정이 사랑보다 더 중요할 수 있다.

❷ 20~40세(성인기)

성심리가 자리 잡는 완성기며, 성인식 이후 성적 자기결정권이 주어지면서 이성에 대한 호기심과 함께 두려움이 공존하는 시기다. 신체적으로 남성호르몬과 여성호르몬이 격렬하게 충돌하며, 성문제를 가지고 상처를 가장 많이 받는 시기이기도 하다. 본격적으로 사회에 진입하면서 사회의 성역할과 생물학적 성욕의 갈등이 증폭된다. 성인들을 위한 포괄적인 성교육이 필요하다. 성교육은 청소년기에만 필요한 과정이 아니다. 도리어 성인에게 제대로 된 성교육을 제공하는 게 첫번째다. 그 다음 아이들에게 제대로 성교육을 가르칠 수 있는 토대를 놓는 게 두 번째다.

❸ 41~60세(장년기)

성심리의 왜곡을 가장 많이 겪는 시기며, 성적 일탈과 과지각에 따른 여러 가지 인간관계 문제들을 일으킬 수 있는 때이기도 하다. 가장 먼저 부부간 상대의 성을 존중하고 대화를 통해 문제를 하나씩 해결하는 지혜가 필요하다. 남성의 경우, 이 시기는 발기부전과 성적 능력이 감퇴하면서 자신감이 부쩍 떨어질 수 있다. 그래서 가정에서 느끼지 못했던 감정을 직장이나 사회생활에서 무리하게 느끼려고 시도하는 경우가 많다. 직장을 가족생활로 생각하는 전형적인 오류이며, 남자와 여자가 한 공간에서 어떻게 직장생활을 할 수 있을까를 먼저 생각해야 한다. 여성의 경우, 폐경이 오면서 성불감증이나 성교통을 호소할 수 있다.

❹ 61~80세(노년기)

삶을 마무리하는 인생의 황혼기로 남녀 간의 뜨거운 사랑과 애정보다는 반려자이자 동반자로 정서적 안정과 관계의 지속이 필요한 시기다. 신체적으로 퇴행을 겪으면서 젊은 시절 가능했던 성관계가 점차 힘들어지며, 이로 인해 스트레스와 우울증이 올 수 있다. 남성의 경우, 섹스가 아니더라도 반려자와 함께 공유할 수 있는 취미를 가지는 것도 좋은 방법이며, 무리하게 성관계를 시도하기 위해 약물을 복용하는 것은 바람직하지 않다. 노화를 긍정적으로 수용하고 현실을 받아들이는 것도 지혜로운 방법이다. 상처하거나 사별한 경우, 사회적으로 자아실현을 할 수 있는 다른 활동들을 알아보는 것도 좋다.

쾌락은 반드시 상처를 동반한다. 즐거움은 괴로움을 부른다. '희로애락'이라는 말만 봐도 기쁨과 즐거움이 노여움과 슬픔을 앞뒤로 싸고 있다. 인생은 쾌快와 불쾌不快의 이중주다. 사람들은 쾌는 좋은 것이지만 불쾌는 나쁜 것이라고 단정한다. 하지만 쾌는 불쾌와 나란히 간다. 어떨 때는 앞서다가도 뒤처지기도 한다. 인간은 끊임없이 쾌를 찾는다. 그리하여 쾌는 불쾌가 된다. 그러면 인간은 또 다른 쾌를 찾아 떠난다. 쾌와 불쾌는 이렇게 정반합의 과정을 거친다. 이것이 프로이트가 말했던 쾌락원칙의 핵심이다. "무의식은 쾌락원칙을 따르고, 의식은 현실원칙을 따른다." 그래서 프로이트는 쾌락을 추구하는 인간의 의식 아래에 자기 파괴적이고 자기 처벌적인 무의식이 있음을 간파했다. 이것이 우리가 가진 리비도의 본색이다. 따라서 슬픔과 고통을 두려워할 필요도 애써 부정할 필요도 없다. 그 골짜기가 깊을수록 기쁨과 쾌락의 봉우리도 가까이 있음을 알기 때문이다.

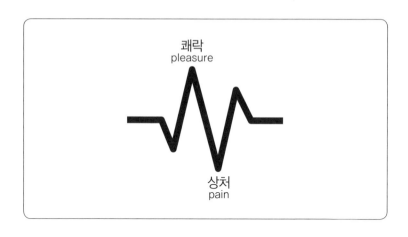

쾌락
pleasure

상처
pain

    성심리도 마찬가지다. 성에 대한 원숙한 이해는 성적 즐거움과 괴로움의 사이에 있다. 성관계로 이르러오는 쾌와 불쾌 간의 어디엔가 우리의 성심리가 위치해 있다. 이러한 성심리의 너울을 이해해야 한다. 쾌락의 봉우리는 내면의 상처라는 골짜기를 품을 때에 가능하다. 『문명 속의 불안』에서 프로이트는 쾌락원칙에 대해 다음과 같이 말했다. "우리가 알고 있듯이, 인생의 목적을 결정하는 것은 쾌락원칙의 프로그램이다. 이 원칙은 처음부터 인간의 정신 작용을 지배한다." 우리는 청소년기부터 노년기에 이르는 남녀의 성심리를 자세히 살펴보았다. 필자가 말하고 싶은 핵심은 인생의 어느 시기에서건 성심리의 균형을 유지하고 관계의 밸런스를 찾자는 것이다. 그러기 위해서는 어느 시기에서건 바람직한 성상담과 성교육이 전제되어야 한다. 학생들은 학생대로, 직장인들은 직장인

대로 전문적인 상담과 교육을 통해 자신의 성심리를 마주하고 왜곡된 지형과 맥락을 고쳐나가는 작업을 게을리 해서는 안 된다. 이제 다음 장에서 그 바람직한 성교육의 패러다임을 살펴볼 것이다.

쾌락원칙

쾌락원칙(pleasure principle)은 프로이트가 인간의 정신현상을 이해하기 위해 구상한 쾌–불쾌의 양적이고 경제적 원리를 지칭합니다. 무의식 속의 리비도를 충족시키지 못한 불쾌를 자아는 어떤 식으로든 해결하려고 하는데, 보통은 현실적인 상황으로 인해 직접적인 충족이 아닌 꿈이나 대리물을 통한 방식으로 쾌를 확보한다고 합니다. 이때 현실적인 상황을 프로이트는 '현실원칙'이라고 명명했습니다. 그는 쾌락원칙이 현실원칙의 조정을 받는 과정에서 간접적이고 타협적인 방식으로 쾌락을 얻을 수밖에 없다고 보았습니다. 하지만 이러한 쾌락원칙은 나중에 '죽음충동(death drive)'으로 보완되었는데, 기존의 쾌락원칙으로는 설명될 수 없는 욕망, 쾌락을 추구하려는 반복 그 자체를 목적으로 하는 쾌락을 죽음충동으로 보았습니다. 이로써 쾌와 불쾌의 상관관계가 명확하게 드러나게 되었습니다.

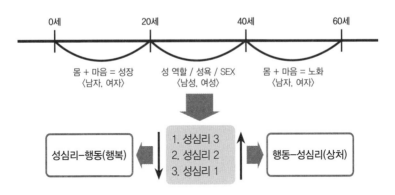

0세	20세	40세	60세

몸 + 마음 = 성장　　성 역할 / 성욕 / SEX　　몸 + 마음 = 노화
〈남자, 여자〉　　　　〈남성, 여성〉　　　　　〈남자, 여자〉

성심리─행동(행복) ←
1. 성심리 3
2. 성심리 2
3. 성심리 1
→ 행동─성심리(상처)

대부분의 사람들은 사회생활을 잘하기 위하여 인간관계에 대한 기술이나 처세술을 배우고 학습하려고 합니다. 개중에는 강좌를 들으며 자신을 적극적으로 관리하는 이들도 적지 않습니다. 하지만 사람들은 섹스도 하나의 인간관계라는 생각을 하지 못하고 따로 배우지 않아도 그냥 본능적으로 할 수 있는 것이라고 착각합니다. 시중에 인간관계를 가르치는 자기계발서들은 그렇게 차고 넘치는데 성심리를 가르치는 책들은 눈을 씻고도 찾을 수가 없는 것도 바로 그런 이유 때문입니다. 하지만 섹스는 인간이 영위하는 가장 중요한 인간관계의 하나이며, 어쩌면 일반적인 인간관계보다 더 중요한 관계일 수 있습니다. 일반적인 인간관계의 경우. 어그러지거나 문제가 생기면 바로 대처하고 고칠 수 있지만, 성심리의 경우에는 '내가 문제가 있나?'라는 인식도 하지 못하고 속수무책 상처를 받아 신음하는 일이 비일비재합니다. 섹스라는 근본적이고 내밀한 인간관계에서는 일반적인 인간관계보다 당사자 본인도 알게 모르게 불만족과 마음의 상처가 깊게 자리 잡을 수도 있고, 상처를 치유해야 한다는 의식조차 하지 못한 상태에서 불행한 삶을 살게 됩니다. 때문에 행복한 부부, 또는 아름다운 연인으로 살고 싶다면 성적 인간관계인 섹스의 인지 능력을 키우는 것도 일반적인 인간관계의 능력을 키우고 사회적 스펙을 쌓는 것만큼이나 중요하다고 말할 수 있습니다. 남녀노소를 막론하고 인간이 태어나면서부터 성심리가 어떻게 발달하는지 필수로 알고 살아야 합니다.

❖ 프리다 칼로(Frida Kahlo)의 「프리다와 디에고 리베라(Frida and Diego Rivera, 1931)」

chapter 7

그 남자 그 여자의 바람직한 성교육

바람직한 성교육을 위한 실전 노하우

"질문에 답하는 것이 성교육의 주된 부분이다.
거기에는 두 가지 법칙이 있다.
첫 번째는 질문에 충실하게 답할 것,
두 번째는 성지식을 여타 다른 지식과 똑같이 간주할 것."
─버트런드 러셀─

그 남자 그 여자의 바람직한 성교육

화폭 중간에 벌거벗은 채 웅크리고 있는 한 여성이 눈물을 흘리고 있다. 그 주변에는 역사 상 위대한 인물로 평가되는 남자들의 얼굴이 빼곡히 그려져 있다. 전 세계 많은 사람들에게 논란과 함께 찬사를 받은 이 그림의 주인공은 멕시코의 여류화가 프리다 칼로Frida Kahlo다. 그녀는 자국을 넘어 세계적으로 최고의 화가로 추앙받고 있으며, 여러 점의 자화상을 포함하여 그녀가 생전에 남긴 많은 그림들은 멕시코의 국보로 여겨지고 있다. 1907년, 멕시코의 멕시코시티에서 태어난 칼로는 그림과 아무런 상관없는 평범한 가정에서 자랐다. 사진사였던 헝가리계 독일인 아버지는 딸의 이름을 독일어로 '평화'라는 뜻의 '프리다'로 지었다. 사람은 이름값을 한다는 말이 있듯이, 그 이름은 아버지의 의사와 상관없이 칼로의 생애에 지워지지 않는 이정표가 되었다. 젊은 시절 멕시코 청년공산당에 가입하여 죽을 때까지 스탈린주의자로 살았던 어머니의 전철을 밟으며 그녀는 평생 자유와 평화를 위해 혁명 투사로 활동했다.

불행의 껍질을 벗기면 축복의 알맹이가 드러난다고 하던가. 6살 때에 소아마비에 걸려 오른쪽 다리에 후유장애가 남은 건 마냥 뛰어놀아야 할 어린나이에 커다란 걸림돌이었지만, 도리어 이른 시기에 찾아온 장애는 훗날 그녀를 더 단련시키는 계기가 되었다. 밖에서 뛰어놀지 못했던 칼로는 앉아서 책을 읽고 생각에 잠기는 날이 많았고, 그런 특별한 학창시절은 그녀를 우수하고 명민한 학생으로 자라게 도와주었다. 어려서부터 그녀는 학업에서 두각을 나타냈고, 1921년 의사가 되기 위해 국립예비학교에 다니면서 러시아 혁명가에 심취하여 평생 공산주의자로 살게 되었다. 이때 학교의 벽면에 프레스코 벽화를 그리는 디에고 리베라Diego Rivera를 운명적으로 만나게 된다. 당시 리베라는 유럽에서 돌아와 멕시코 문화운동을 주도하던 거리의 예술가로서 민중들의 지지를 한 몸에 받고 있던 인물이었다. 칼로는 첫눈에 그에게 반하고 만다. 그녀를 눈여겨본 리베라 역시 그녀에게 그림을 가르치며 미술가로서의 길을 안내하는 스승을 자처한다. 이후 리베라와 칼로의 관계는 로뎅과 클로델의 관계로 발전한다.

불행은 그녀의 삶을 놓아주지 않았다. 18세 때, 불의의 교통사고로 척추와 오른쪽 다리를 다쳐 본의 아니게 평생을 30여 차례의 재수술을 받아야 하는 장애인이 되었다. 사고로 인한 정신적, 육체적 고통은 이후 그녀가 화가되었을 때 삶을 바라보는 관점에 많은 영향을 주었고, 그녀의 작품세계에 여러 형태로 드러나게 되었다. 그렇게 힘들고 아픈 와중에도 자신의 스승이자 정신적 지주였던 리베라와 무려 21세의 나이차를 극복하고 결혼에 골인하였다. 하지만 그 결혼은 칼로에게 행복을 가져다주지 못했다. 그녀는 명성을 쌓으며 승승장구하는 남편을 내조하느라 붓을 들 시간이 없었고, 남편이 그녀의 여동생과 바람을 피우면서 결혼생활은 지옥으로 돌변했다. 이후 남편 리베라는 문란한 여자관계와 끊임없는 추문을 일으키며 그녀의 영혼을 흔들었고, 그럴수록 그녀는 더욱 창작의 세계로 침잠해 들어갔다.

1939년, 유럽 전시회에서 당대 최고의 화가였던 파블로 피카소나 칸딘스키의 호평을 받았고, 그해 멕시코로 돌아와 그녀는 리베라와 이혼을 결행한다. 그녀에게 새로운 사랑이 찾아왔으나, 그녀는 그 경험을 통해 도리어 자신에게 필요한 사람이 리베라임을 다시 확인하게 된다. 다음 해, 칼로는 다시는 성관계를 갖지 않는다는 조건으로 리베라와 재혼했다. 그녀에게 섹스는 고통과 슬픔일 뿐이었다. 선천적 골반 기형에 교통사고의 후유증으로 자궁을 크게 다친 칼로는 세 번이나 아이를 유산하면서 더 이상 자녀를 낳을 수 없는 상태였다. 그런 그녀에게 성적 만족을 위한 섹스는 큰 의미가 없었다. 그녀에게 필요했던 건 단지 리베라라는 남자였을 뿐이다. 남자는 몸의 성을 버릴 수 없다. 하지만 여자는 몸의 성보다 마음의 성을 더 중요하게 생각한다.

이후 그녀의 삶 역시 순탄치 않았다. 회저병으로 발가락을 절단하는 수술을 받아야 했고 골수 이식수술 중 세균에 감염되어 생사를 넘나드는 여러 번의 고비를 맞기도 했다. 그러한 극심한 고통 속에서도 칼로는 끝까지 붓을 내려놓지 않았고, 그녀의 작품세계는 더욱 깊어갔다. 1954년, 정치 행사에 참여했다가 폐렴에 걸린 칼로는 결국 그 병을 이기지 못하고 사망하고 만다. 그녀의 나이 고작 47세였다.

그녀의 삶을 단순히 한두 마디의 단어로 정의내리기 무척 힘들다. 자신을 화가의 길로 들어서도록 이끌었던 스승과 운명적인 사랑에 빠졌고, 또 그 사람과 마냥 행복하지만은 않은 결혼생활을 이어갔으며, 자발적으로 이혼한 뒤 그를 잊지 못하고 재혼하여 평생 섹스가 없는 관계를 지속했다. 그녀는 정치가도 아니었고, 사회운동가도 아니었으며, 페미니스트도 아니었다. 그녀는 그저 '여자'였다.

애정과 열정, 헌신의 삼중주

프리다 칼로와 디에고 리베라의 사랑을 어떻게 정의할 수 있을까? 평생 리베라를 바라보고 살았던 칼로, 사랑한 만큼 상처를 받았고 아픈 만큼 더 성숙한 사랑을 만들었다. 우리는 그녀가 리베라를 사랑했던 방식을 두고 과연 '사랑'이라는 단어만으로 모든 것을 다 설명할 수 있을까? 이쯤에서 과연 사랑에는 어떤 종류가 있을까 묻지 않을 수 없다. 미국 코넬대학교의 심리학 교수인 로버트 스턴버그Robert J. Sternberg는 자신의 책에서 인간관계의 함수를 삼각형으로 표현한 것으로 유명하다. 그는 완전한 정삼각형처럼 남녀의 관계에도 동일한 각도의 세 개의 꼭짓점과 동일한 길이의 세 개의 분면으로 이루어진 형태가 이상적이라고 주장했다. 그에 따르면, 세 개의 꼭짓점에는 각기 친밀감과 열정, 그리고 헌신이 놓인다. **친밀 감**intimacy은 남녀 간의 정서적 가까움, 사랑하는 사이에서 나타나는 서로 밀접하게 연결된 감정, 서로 정서적 지지를 주고받고 행복과 존경, 의지, 이해를 경험하는 상태를 말한다. 반면 **열정**passion은 사 랑하는 관계에서 신체적 매력, 성적인 몰입으로 이끄는 솔직한 욕 망이다. 마지막으로 **헌신**commitment은 한 사람을 사랑하기로 결심하 고 장기적으로 그 사랑을 지키겠다는 다짐으로 신체적, 정신적 정 절과 함께 정직, 배려, 존중의 정신을 포함한다. 솔직히 친밀감이나 열정은 사랑의 한 요소로 흔히 떠올릴 수 있는 항목이지만, 바로 이 헌신은 연인이나 부부관계에서 절대적으로 필요한 요소임에도 불 구하고 사랑의 한 축으로 삼기에 무척 낯선 것이기도 하다.

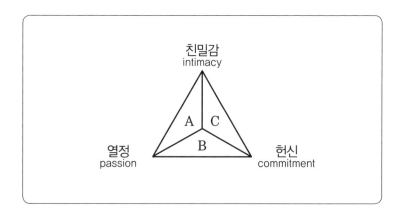

스턴버그의 주장은 간단하다. 사랑의 3요소가 그림처럼 각기 세 개의 꼭짓점에 위치해 정삼각형을 이루며, 이 세 분면이 완전한 등변을 이룰 때 가장 성숙하고 완전한 사랑의 관계를 갖게 된다는 것이다. 서로의 사랑, 즉 친밀감과 열정, 그리고 헌신을 골고루 키울 때 삼각형의 면적도 비례해서 늘어나게 되며, 어느 한쪽이 과도하게 커지거나 작아질 때, 즉 각 꼭짓점의 각도가 벌어지거나 좁아질 때 이상적인 정삼각형의 형태가 찌부러지게 된다는 것이다. 따라서 친밀감과 열정, 헌신 중에서 어느 하나의 요소가 독단적으로 강조되면 원래 의도와 상관없이 그 사랑의 관계는 일방적이거나 단편적인 방향으로 틀어질 수 있다. 스턴버그에 따르면, 사람들이 평상시 사랑이라고 부르는 많은 감정과 표현, 관계와 느낌은 사실 세 요소의 한 부분이거나 다른 표현에 불과하다. 중요한 것은 이 세 가지의 '총량'이 아니라 적절한 '균형'에 있다고 할 수 있다. 서로 연관성이 있으나 각각의 요소로 독립적으로 나타나기도 하기 때문에 사랑의 관계를 이상적으로 지속시키고 싶다면 세 면의 길이와 꼭짓점의 각도가 일정한지 꾸준히 살펴야 한다.

사랑의 총량이 아니라 적절한 균형이 중요하다

스턴버그는 여기서 한 발 더 나아가 삼각형의 각 꼭짓점만의 의미도 제시했는데, 친밀감만은 그저 좋아함으로, 열정만은 심취함으로, 헌신만은 공허한 사랑으로 규정했다. 각기 꼭짓점 하나를 두고 사랑의 전부라고 말하는 것은 상대를 그저 좋아하는 것이거나 상대에게 심취한 것, 아니면 공허한 것에 불과하다는 것이다. 또한 그는 삼각형을 이루는 각 등변의 의미도 제시했는데, 친밀감과 열정이 연결된 A분면은 낭만적인 사랑으로, 열정과 헌신이 연결된 B분면은 얼빠진 사랑으로, 헌신과 친밀감이 연결된 C분면은 우정 같은 사랑으로 각각 규정했다. 상대에 대한 헌신 없이 맹목적인 열정과 애정만 가지고 끌어가는 관계는 영화나 드라마에 자주 등장하는 낭만적인 사랑은 될 수 있지만, 지속적이고 안정적인 사랑의 관계라고 보기 힘들다. 그래서 그렇게 많은 영화와 소설의 주인공들의 사랑이 설익은 풋사과처럼 떫거나 해피엔딩이 아닌 이별과 미움으로 점철된 것일지도 모른다. 그렇다고 서로에 대한 애정과 친밀감 없이 육체적인 탐닉으로 지속된 관계는 얼빠진 사랑이나 육체적 관계에 중독된 상태일 수도 있으니 주의해야 한다. 물론 서로에 대한 애정과 헌신만 끈끈하고 연인으로서 열정이 없다면 사랑이라기보다는 우정에 가까울 것이다. 친밀감과 열정, 헌신이 함께 일정한 관계의 지분을 가지고 있을 때 비로소 원숙한 사랑이라 부를 수 있다. 이를 도표로 나타내면 다음과 같다.

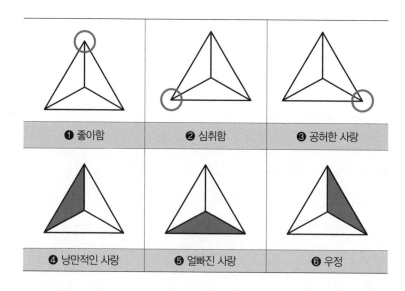

| ❶ 좋아함 | ❷ 심취함 | ❸ 공허한 사랑 |
| ❹ 낭만적인 사랑 | ❺ 얼빠진 사랑 | ❻ 우정 |

❶번 좋아함은 단순한 호기심을 넘어 상대를 좋아하는 단계. 진정한 우정이 될 수도 있고 풋풋한 사랑이 될 수도 있다. 황순원의 소설 「소나기」에 등장하는 소녀에 대한 시골 소년의 사랑이 아마도 여기에 해당할 수 있을 것이다. 그러나 이 관계에서는 남녀의 열정과 장기적인 헌신은 찾아볼 수 없다. 반면 ❷번의 심취함은 성적 탐닉에만 고착된 관계를 말한다. 심지어 상대를 좋아하지도 않고 상대의 성에 빠질 수 있다. 당연히 이런 육체적 관계에서 장기적인 헌신을 찾을 수 없을 것이다. ❸번 공허한 사랑은 아마 중년부부들 사이에서 가장 많은 형태가 아닐까 한다. "으이그, 내가 정으로 살지."라고 뇌까리는 분들은 대부분이 이런 관계에 정체되어 있는 셈

이다. 때에 따라서는 강력한 사랑의 형태로 나타날 수 있지만, 헌신만 남고 열정과 친밀감이 사라진 상태기 때문에 관계가 지속될수록 공허함만이 남게 된다. ❹번 낭만적인 사랑은 정서적으로나 육체적으로 연결되어 있지만, 영화나 소설에 등장하는 관능적인 외도나 원나잇스탠드를 포괄할 수 있는 관계기 때문에 지속적이지 못하다. ❺번 얼빠진 사랑은 소위 "첫 눈에 보고 빠진다."는 말로 요약되는 관계다. 강렬한 폭풍처럼 전신을 감싸지만, 친밀감과 헌신이 뒷받침되지 않으면 시간이 지나면서 그 감정은 눈 녹듯 사라진다. 보통 구애나 결혼 초기에 종종 발견할 수 있다. 마지막으로 ❻번 우정과 같은 사랑은 열정이 관계에서 사라졌지만, 깊은 애정과 헌신이 남아 있는 형태의 관계다. 성적인, 육체적인 욕망이 없지만 인생을 함께 나눌 수 있는 동반자와의 관계라고 할 수 있다.

스턴버그는 사랑의 삼각형을 제시하면서 동시에 세 가지 꼭짓점에 있어 관계를 향상시킬 수 있는 여러 방법들도 제안했다. 먼저 부부관계의 친밀감을 증대하는 방안으로 스턴버그는 배우자와 유의미한 시간을 함께 보내거나, 상대방의 이야기를 '제3의 귀'로 듣는 연습, 차이점보다는 공통점에 초점을 맞추는 대화를 제안한다. 부부 사이에서 자신의 말만 하고 남의 이야기는 잘 들으려 하지 않는 경우가 많다. 서로의 언어 습관에 고착되어 버리면 대화를 하고 있지만 자신도 모르게 독백으로 귀결되는 이유가 바로 그것이다. 두 번째로 결혼 초기의 뜨거운 열정을 지속하기 위해서는 배우자를 칭찬하는 습관을 들이고, 평소 의미 있는 신체 접촉을 함께 연습하는 노력이 필요하다고 조언한다. 상대방이 조금만 분위기를 만들려고 해도 "어허, 가족끼리 이러면 안 되지."정색을 하며 피하기보다는 서로의 몸에 애정적인 관심을 가지고 꾸준히 노력하는 자세가 필요할 것이다. 마지막으로 헌신을 유지하기 위한 방안으로는 배우자와 했던 약속을 지키고 배우자의 욕구를 충족시키기 위해 서로 노력하는 자세를 꼽았다. 아무리 작은 약속이라도 서로에게 했던 그 말들이 모여 연인이나 부부 사이의 신뢰가 쌓인다. 믿음을 쌓는 데에는 많은 시간이 걸리지만, 믿음을 잃는 데에는 단 한 시간이면 족하다.

"세상에 완벽한 삼각형은 없다."고 했던 플라톤의 말처럼, 세상에 완벽한 정삼각형의 관계는 불가능할지도 모른다. 하지만 서로 노력하여 관계에서 부정감정의 원인을 찾고 배려하는 습관을 들이면 A와 B, 그리고 C에서 모두 긍정적인 결과를 얻을 수 있을 것이다. 성교육이 이런 사랑의 다양한 관계를 조망하는 방식으로 이뤄질 수 없는 걸까? 우리는 그 가능성을 다음 장에서 살펴볼까 한다.

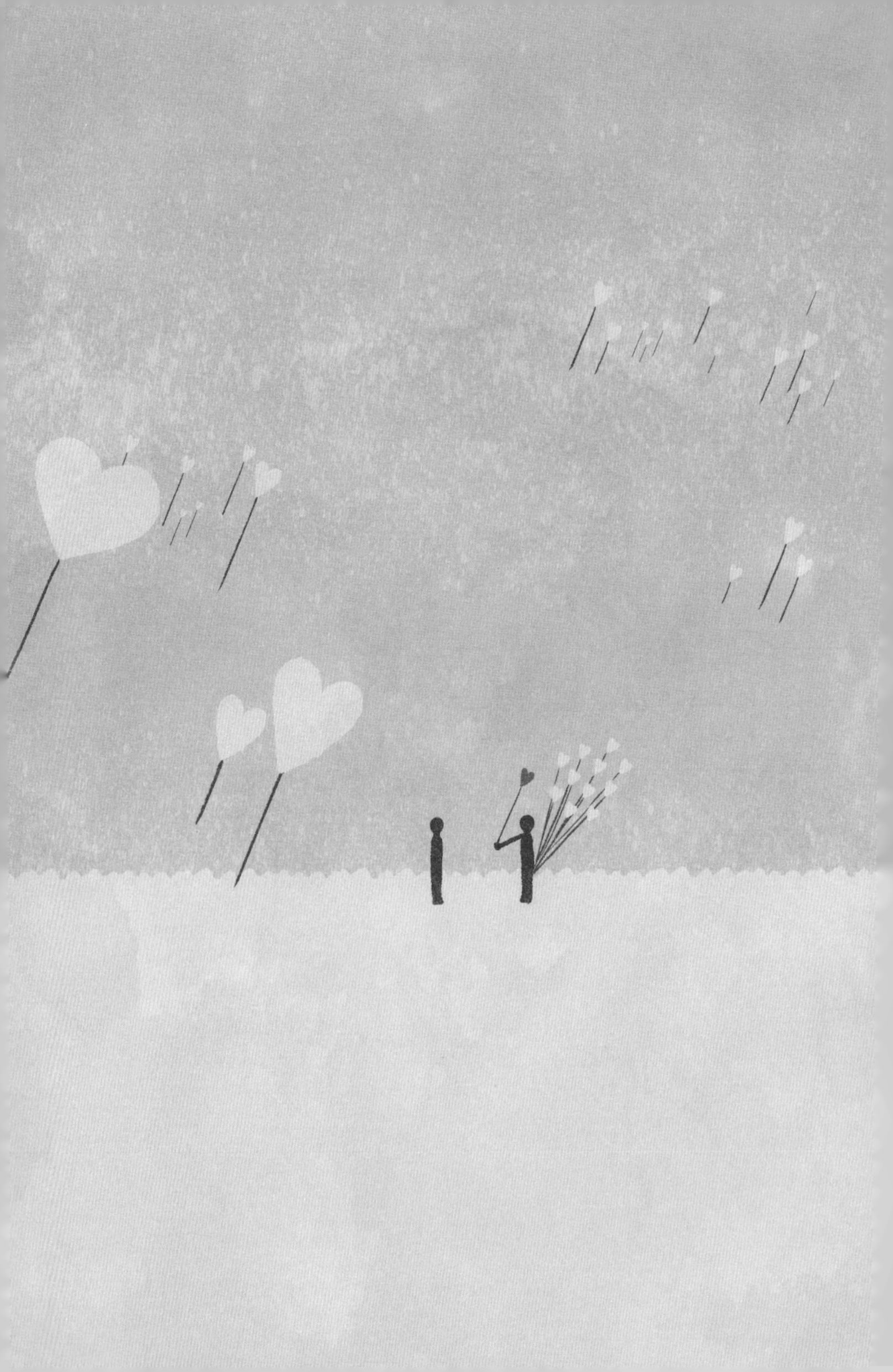

02 잘된 성교육과 잘못된 성교육

　미국을 걱정하는 여성CWA을 조직한 비벌리 라헤이Beverly LaHaye는 성교육이 안고 있는 문제점에 대해 이렇게 말한 적이 있다. "가족이 안고 있는 가장 파괴적인 대적大敵 중 하나는 공교육에서 이뤄지는 급진적인 성교육이다." 목사이자 남편인 팀 라헤이Tim LaHaye와 함께 한 때 가족 회복을 위한 사역을 했던 그녀는 "요즘 성교육은 아이들에게 이익이 되기에 적당한 수준보다 더 노골적"이라며 "너무 이른 시기에 이루어지는 너무 과도한 성교육은 성에 대한 지나친 호기심과 강박을 불러일으킨다."고 경고했다. 영화「나비효과」로 우리에게도 친숙한 영화배우 애쉬튼 커쳐Ashton Kutcher도 한 인터뷰에서 "학교 성교육 과정에서 어떻게 하면 임신이 되고 어떻게 하면 피임을 하는지는 가르치지만, 여성에게 즐거움의 하나로 섹스는 말하지 않는다."고 기능 위주의 현행 성교육을 비판한 적이 있다.

　이러한 미국의 상황과 우리나라의 상황이 크게 다르지 않다고 본다. 교실 한쪽에 성기를 도해한 그림을 걸어놓고 남녀의 성관계 동영상을 틀어주는 작금의 성교육은 득보다 실이 많다는 게 필자의 확고한 입장이다. 성행위에 도달하기까지 남녀의 무의식에서 작동하는 성심리를 다루지 않고 생략한 채 생물학적이고 위생학적인 차원에서 이뤄진 성교육은 청소년들에게 성에 대한 불필요한 자극과 수치심, 환상과 몰입을 줄 수 있다. 성에 문제가 발생하여 필자의 상담소를 찾는 많은 청소년들 중에는 학교나 보건소에서 행해진 집체식 성교육에서 받은 충격 때문에 며칠 잠을 이루지 못했던 경험을 토로하던 여자 아이도 있었다. 그 여아는 초등학교 고학년 때 성교육 시간에 남자 성기를 보고 나서 페니스에 몰두한 나머지 스스로 자위도구를 만들어 매일같이 탐닉하다 직장이 파열되는 심각한 사고를 당했다. 딸의 문제를 뒤늦게 안 부모들은 그녀가 2개월 동안 자신의 성기 안에 소시지나 오이 조각들을 넣고 학교를 다녔다는 이야기를 듣고 말문에 턱 막혔다. 그렇지 않아도 그녀의 부모는 성적이 자꾸 떨어지고 늘 기력이 없던 딸 아이 때문에 걱정하던 터였다.

맬 플레처Mal Fletcher는 "성교육은 어떻게 장기적인 헌신을 달성할 수 있는지 초점을 맞춘 관계 교육relationship education이 되어야 한다."고 말했다. 냉전 시대 미국과 소련이 군비경쟁을 벌이듯, 현재 학교와 관공서에서 시행되는 성교육 프로그램들은 될 수 있으면 어린 나이의 학생들에게 될 수 있으면 많은 몸에 대한 성정보를 주려고 경쟁을 벌이는 것 같다. 학교에서 단체로 행해지는 성교육을 통해 아이들은 섹스를 모의하고 이성의 몸을 탐색하는 욕망에 쉽게 노출된다. 회사나 기관에서 이뤄지는 성교육은 성 자체보다는 성폭력 예방과 관계 법령을 주지시키는 자리로 전락한지 오래다. 같은 사무실에서 근무하는 동료를 잠재적인 성범죄자로 규정하는 현행 성교육 방식은 남녀 모두에게 성에 대한 부정적 인식을 심어주고 작업 환경에 있어 서로 간 불필요한 경색을 가져온다. 사회 내에서 성교육의 수요는 지속적으로 늘고 있지만, 그에 발맞춰 적절한 성교육은 전혀 이뤄지지 않고 있다. 성교육의 뿌리는 호기심이 되어서도 경계심이 되어서도 안 된다. 무엇보다 성교육의 근간에는 배려와 이해가 자리 잡고 있어야 한다. 심리적 성향이나 발달체계, 남녀의 각기 다른 성심리에 대한 체계적인 이해가 확립된 상태에서 서로의 몸을 이야기해야 한다.

성교육의 뿌리는 호기심이어서도
경계심이어서도 안 된다

플레처의 말대로 성교육이 관계 교육으로 전환되려면, 무엇보다 마음과 심리에서 출발하여 몸과 행동으로 이어지는 교과과정이 요청된다. 마음의 성을 먼저 이해하고 나서 몸의 성을 말해야 한다. 몸에 대한 성만 말하고 마음에 대한 성은 언급조차 하지 않는 성교육의 피해는 고스란히 사회에 부담으로 작용한다. 남자와 여자의 신체작용에 대해 언급하고 각종 성범죄에 대한 대처방식은 가르쳐주지만, 임신과 출산, 피임 같은 무거운 주제들만 다루고 있어 일단 청소년들은 소화하기 힘들고 결혼과 육아에 막연한 부담감을 갖게 된다. 또한 성교육이 쓸데없는 성정보들과 성범죄 사례들을 제시하므로 부적절한 성행위를 유발하고 나아가 범죄를 양산하는 관문이 될 수도 있다. 일예로 졸피뎀과 같은 향정신성의약품에 관한 정보들은 굳이 이를 알 필요 없는 사람들까지 마약에 대한 호기심을 갖도록 만들 수 있다. 성기능제제나 자위도구를 판매하는 사이트, 성매매나 유사성행위를 알선하는 업체를 알려주는 기사들을 강의 중에 무분별하게 언급하면서 사전정보가 없었던 피학습자들이 괜히 그러한 내용을 접하게 만드는 교육이 이뤄지고 있다.

세상에는 잘된 성교육과 잘못된 성교육이 존재한다. 잘된 성교육은 불특정다수를 한 곳에 모아놓은 단기 집체식 교육을 지양한다. 대신 특정한 공통 목표와 의식을 공유한 집단들이 모둠을 이루어 최소한 학교의 경우 한 달에서 한 학기 이상 장기적으로 수업을 하는 집단교육 모델을 지향한다. 한 모둠은 적게는 네댓 명에서 많게는 열댓 명까지 될 수 있다. 때에 따라서는 수업에서 남녀의 성비를 조절하거나 동성끼리 출석의 제한을 두어 민감한 주제들을 비켜가는 방식도 이뤄진다. 한 번 수업에 충분한 시간이 주어진다면 최소한 10차시나 15차시 정도로 기간을 끊을 수 있고, 불가피하게 많은 시간이 확보되지 않는 경우라면 단기적으로 끝내더라도 최소 3차시 정도는 주어져야 한다.

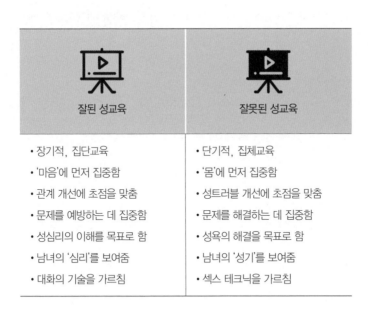

잘된 성교육	잘못된 성교육
• 장기적, 집단교육	• 단기적, 집체교육
• '마음'에 먼저 집중함	• '몸'에 먼저 집중함
• 관계 개선에 초점을 맞춤	• 성트러블 개선에 초점을 맞춤
• 문제를 예방하는 데 집중함	• 문제를 해결하는 데 집중함
• 성심리의 이해를 목표로 함	• 성욕의 해결을 목표로 함
• 남녀의 '심리'를 보여줌	• 남녀의 '성기'를 보여줌
• 대화의 기술을 가르침	• 섹스 테크닉을 가르침

잘된 성교육은 남녀와 인간관계를 개선하는 방향에 초점을 맞춘다. 성교육의 목적은 성트러블을 해결하고 남녀의 원활한 성생활을 위해 섹스 테크닉을 가르치는 데에 있지 않다. 이론과 실제를 통해 직접적이고 현실적인 차원에서 섹스를 언급할 수 있겠지만, 바람직한 성교육의 주된 관심사는 남녀의 관계에서 이뤄지는 정신의 역동과 성심리의 발현에 있다. 대부분 남녀의 성심리가 그간 다양한 관계 속에서 왜곡되어 있기 때문에 이를 해결하고 치유하는 과정이 성교육에서 반드시 다뤄져야하기 때문이다. 그간 성욕을 참는 이유, 불가피하게 성범죄가 일어나는 과정, 직장 내 성희롱 예방법 따위를 들으라고 그 많은 사회적 비용을 지불하면서까지 회사원들을 한 자리에 모아왔다면, 이제는 제대로 된 성교육에서 그 모든 각론들 이전에 원론적인 부분을 다뤄야한다. 이제 다음 장에서 그 구체적인 커리큘럼에 대해서 알아보도록 하자.

03 몸보다 마음을 먼저 보는 성교육

1997년 이래로 미국 연방정부는 **금욕주의**abstinence-only 성교육 프로그램에 15억불 이상 막대한 재정을 투자해왔다. 그런데 미국의 청소년 성범죄와 섹스 및 강간으로 인한 2차 피해, 원치 않는 임신 비율은 계속 증가세에 있다. 청소년들이 일으키는 성문제는 엄청난 사회적 비용을 요구하고 있으며, 많은 교육 관계자들과 전문가들의 골칫거리가 된지 오래다. 전문가들은 미국 내에서만 매일 매 시간마다 한 명의 청소년이 무분별한 섹스로 인해 에이즈 바이러스인 HIV에 감염되고 있으며, 2006년 한 해만 보더라도 HIV에 새로 감염된 56,000명의 미국인들 중에서 거의 15%가 13세에서 24세 사이의 젊은이들 중에서 발생하고 있다고 경고하고 있다. 지표를 에이즈에서 일반 성병으로 넓히면 결과는 더 충격적이다. 매년 미국에서 발생하는 190만 건의 성병 환자 중에서 거의 절반이 15세에서 24세에 이르는 청소년과 젊은이들인 것으로 나타났다. 성지식이 없는 청소년들의 위험은 성인보다 더 크다. 피임 없이 성관계를 가지는 십대 소녀는 1년 안에 임신할 확률이 90%라는 통계가 있을 정도다. 감염된 남성 파트너와의 단 한 번의 질 성교로 헤르페스에 걸릴 위험이 30%나 되고 임질에 걸릴 확률이 50%, HIV에 걸릴 확률이 100분의 1에 이른다.

많은 교육 전문가들은 오랫동안 국가주도형 성교육에 천문학적인 예산을 들이고 있는데도, 왜 사회적 지표가 나아지지 않는지 의아하게 여겼다. 그러다 최근 이들 중에서 이 대안으로 새로운 성교육 시스템의 도입을 주창하기 시작했다. 바로 **포괄주의**comprehensive 성교육 프로그램이었다. 효과는 금세 나타났다. 청소년들 사이에서 40%나 섹스 시작 연령이 늦어졌으며, 덩달아 성적 파트너의 숫자도 반으로 줄었다. 반대로 콘돔이나 다른 피임 기구를 사용하는 빈도는 눈에 띄게 늘었다. 30%는 섹스의 빈도수가 줄었고, 60%는 남녀가 임신에 무방비 상태에서 이뤄지던 무분별한 섹스도 줄었다.* 포

---

* 미국 Advocates for Youth에서 발행한 「September 2009 Comprehensive Sex Education: Research and Results」를 참고.

괄주의 성교육은 십대들의 성병과 원치 않은 임신을 피하는 최선의 방법으로서 금욕에 대한 원칙을 가르치지만, HIV를 비롯한 성병에 노출될 수 있는 위험을 줄이고 임신에 도달할 수 있는 확률을 줄이기 위한 실제적인 교육도 병행한다. 콘돔과 피임뿐만 아니라 대인관계와 의사소통기술, 남녀의 성심리의 차이를 가르치고 청소년들이 자신의 가치관과 목표, 선택권을 탐색할 수 있도록 도와주는 상담 프로그램도 추가된다. 금욕주의와 포괄주의 성교육은 어떤 점에서 차이를 보일까? 둘의 형식을 도표로 비교해 보자.

금욕주의 성교육	포괄주의 성교육
1. 혼외 성관계는 유해한 사회적, 심리적, 신체적 결과를 초래한다.	1. 성은 삶에서 자연스럽고, 정상적이며, 건강한 부분이다.
2. 결혼하기 이전에 성행위의 절제만이 수용할 수 있는 해답이다.	2. 성행위의 절제는 원치 않는 임신이나 성병을 막는 가장 효과적인 방법이다.
3. 모든 학생들에게 오로지 도덕적으로 옳은 가치관만 가르쳐야 한다.	3. 학생들에게 가족과 공동체의 가치뿐 아니라 개인적 가치를 탐사하고 정의할 수 있는 기회를 제공할 수 있다.
4. 결혼 전 성행위로 빚어지는 부정적인 결과만을 가르쳐야 한다.	4. 인간발달, 인간관계 기술, 성적 건강 및 사회와 문화적으로 성과 관련된 폭넓고 다양한 주제들을 함께 논의할 수 있다.
5. 절제를 장려하고 성적 표현을 제한하는 공포 전략을 사용한다.	5. 절제의 이익을 포함하여 성적 표현에 대한 긍정적인 메시지를 제공한다.
6. 콘돔의 실패율과 성병의 위험성, 에이즈의 공포를 강조한다.	6. 콘돔의 적절한 사용법과 피임, 임신 및 성병 감염에 관한 정보를 가르친다.
7. 특정 종교적 가치, 윤리를 강조한다.	7. 성적 자기결정권의 중요성을 강조한다.
8. 임신한 십대의 불행한 상황만을 과장한다.	8. 원치 않는 임신에 직면한 여학생들에게 임신기간, 육아, 입양, 낙태와 관련된 정보를 제공한다.

성교육에 접근하는 방식만 보더라도 스스로 문제점을 일찌감치 파악하고 그 대안을 여러모로 모색한 미국 사회의 건강한 논의 방식을 읽을 수 있다. 사회와 문화가 이질적이기 때문에 모든 것을 전부 한국 사회에 이식할 수는 없겠지만, 금욕주의 성교육의 한계를 극복하기 위해 다양한 심리학적—상담학적 프로그램들을 추가시킨 점은 국내 성교육 현장에도 꼭 적용하고 싶은 부분이다. 세상에 완벽한 교육 프로그램은 없다. 그 어떤 것도 분명 한계가 있으며 나름대로 문제점이 노출될 수 있다. 포괄주의 성교육을 통해 청소년들이 그동안 몰랐던 성지식을 얻어 성적으로 관심을 증폭시킬 위험도 충분히 있다. 콘돔을 나눠주고 임신진단시약을 제공하는 것으로 청소년들에게 성적 자극을 줄 수도 있다.

그렇다면 금욕주의 성교육이 과연 이런 문제를 해결할 수 있는가 하면 절대 그렇지 않다. 청소년들을 억눌러 놓고 금욕과 절제만을 가르친다고 해서 그 방향으로 계도할 수 있는 게 결코 아니다. 양자 모두 나름의 한계와 장점이 있기 때문에 단순 통계만을 가지고 무엇이 더 바람직하다고 섣불리 단정 지을 수 없다. 다만 현재 선진국들의 추세는 금욕주의에서 포괄주의로 옮겨가고 있으며, 필자 역시 여러 가지 이유로 인해 포괄주의 성교육에 더 방점을 찍고 있다.

금욕주의에서 포괄주의로

금욕주의 성교육 VS 포괄주의 성교육

미국에서 80년대 후반에서 90년대 초반 에이즈가 전국적으로 주목을 받을 때 시작된 금욕주의 성교육은 과거 미국 공립학교의 대표적인 성교육 프로그램이었습니다. 금욕주의 성교육 프로그램은 미국 사회보장법 제510조에 의거하여 1996년 빌 클린턴 대통령 시절 전성기를 누렸습니다. 2000년대 초반 부시 정부까지 금욕주의 성교육은 주류 프로그램으로 굳건한 지위를 유지했습니다. 2000년대 후반 오바마 정부에 들어와서야 포괄주의 성교육에 7천 5백만 불을 투자하면서 하나의 유력한 대안 프로그램으로 부상하게 됩니다. 현재는 금욕주의 성교육과 포괄주의 성교육이 학교 현장에서 경합을 벌이고 있는 상황입니다.

그렇다면 어떤 이유에서 포괄주의 성교육이 더 바람직한 교육적 효과를 낼 수 있을까? 필자가 제시하는 10차시 성교육 커리큘럼을 보면 그 이유를 명확하게 알 수 있다. 학교나 관공서에서 이 프로그램을 성교육에 활용하면 좋을 것이다. 여기에 구체적인 교보재나 특강 인사가 추가될 수 있고 때에 따라서는 차시를 조정할 수도 있다. 인원은 10여 명에서 15명이 적당하며, 상황에 따라 조금 많을 수도, 적을 수도 있을 것이다.

차시	교육 내용
1차시	**인간의 이해** 관계의 중요성 / 몸-마음의 관계 / 뇌의 발달 / 건강한 생활 / 건전한 사회활동 / 자아실현 / 관계망과 의미망
2차시	**남자의 언어와 여자의 언어** 발달 / 언어 / 감정 / 관계맺기 / 자기표현 / 의사소통 / 3대 욕구와 성심리 / 남녀의 상반성/남녀의 행동양식
3차시	**몸과 마음** 심신접근(psychosomatic approach) / 성욕 / 성심리 / 오르가슴 / 성역할의 이해 / 성경험 / 성정체성
4차시	**남녀의 성심리** 의식과 무의식 / 어린시절 / 성장기 / 청년기 / 장년기 / 노년기 / 남자의 성심리 / 여자의 성심리 / 건전한 남녀관계
5차시	**왜곡된 무의식의 지도** 남녀의 상반된 성심리 / 자위 / 포르노 / 관음증 / 가학 / 피학 / 외도 / 매춘 / 성매매 / 강박증 / 의부증 / 의처증 / 성중독 / 노출증 / 성자학증
6차시	**결혼과 만남** 이성관계 / 데이트 / 감정전달법 / 약혼 / 결혼 / 혼전 성관계 / 이혼 / 만남과 헤어짐 / 유대감 /취미생활과 종교생활
7차시	**남녀의 몸** 2차성징 / 성기의 발달 / 성기의 구조 / 섹스에 반응하는 형태 / 성감대 / 남녀의 차이 / 긍정성과 부정성
8차시	**성심리와 성지식** 만남 / 접촉 / 스킨쉽 / 자위 / 키스 / 패팅 / 섹스 / 피임 / 피임의 방법과 도구 사용법 / 체외사정 / 낙태 / 임신과 출산 / 육아 / 이별 / 법적 지식
9차시	**성심리와 성범죄** 강간 / 아동 성범죄 / 청소년 성범죄 / 디지털 성범죄 / 직장 내 성희롱 / 성적 학대 / 성폭력
10차시	**집단 상담** 고민과 상담 / 상황별 대응법 / 심리상담 / 법적 상담

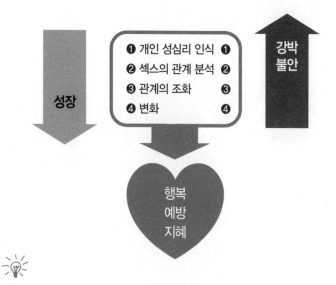

❶ 개인 성심리 인식 ❶
❷ 섹스의 관계 분석 ❷
❸ 관계의 조화 ❸
❹ 변화 ❹

성장

강박
불안

행복
예방
지혜

청소년뿐만 아니라 성인 남녀에게 올바른 성교육이 필요한 이유는 성에 대한 바른 이해와 가치관을 통해 건강한 심신의 삶을 영위할 수 있기 때문입니다. 전문적인 상담을 통해 확립된 올바른 성심리와 행동의 교육은 독립된 인격체로서 한 개인이 행복한 인생을 살아가는 데 필요한 기본 덕목이 됩니다. 성은 스스로 알 수 있는 것이 아니며 인간관계 속에서 벌어지는 다양한 함수를 이해하고 그에 대한 대비를 배워야 하는 것입니다. 성교육은 남녀노소 누구에게나 필요합니다. 많은 남성들은 삽입과 체위 위주의 테크닉이 섹스의 전부라고 생각하는 경우가 많고, 여성들은 호기심과 관심이 있으면서도 섹스에 대한 부정적인 정서와 이미지를 무의식적으로 가지고 있는 경우가 많습니다. 이는 대부분 청소년을 대상으로 하는 기존의 성교육이 성폭력이나 성범죄를 예방하는 쪽으로 맞춰져 있고, 성심리가 발생하는 이치를 배우는 과정 중심의 커리큘럼이 아니라 위생학적이고 해부학적인 결과 중심의 교육만을 해왔기 때문입니다. 현재 선진국을 중심으로 과정 중심, 심신 포괄적, 상담이 포함된 커리큘럼으로 성교육의 패러다임이 바뀌고 있는 부분을 우리가 특히 주목해야 하는 이유가 바로 여기에 있습니다.

❖ 피에르 보나르(Pierre Bonnard)의 「남녀(L'homme et la femme, 1900)」

—

chapter 8

섹스는 아름다워질 수 있다

삶에서 섹스의 의미와 가치 그리고...

"사랑 없는 섹스는 절대적으로 우스꽝스럽다.
섹스는 사랑을 따라갈 뿐 결코 사랑에 선행하지 않는다."

—소피아 로렌Sophia Loren—

섹스는 아름다워질 수 있다

　　　　　　　　영화 「제럴드의 게임(2017)」은 인간
의 삶에서 섹스가 지니는 의미와 가치에 대해 시사해주는 바가 많
다. 비록 로맨틱코미디는 아니지만 인간관계를 고민하는 여성이라
면 꼭 한 번 시청하기를 권한다. 권태로운 부부생활에 새로운 돌파
구가 필요했던 중년부부 제럴드와 제시는 큰맘 먹고 시골 별장으
로 주말 휴가를 떠난다. 둘은 그간 서로에게 소홀했던 관계를 회복
하기 위해 나름대로 신혼 분위기를 내보려고 각자 시나리오를 짠
다. 변호사였던 남편 제럴드(브루스 그린우드)는 별장 관리인에게

일주일간 머물 테니 음식으로 냉장고를 채워두라고 지시한다. 오붓하게 아내와 단 둘이 시간을 보낼 테니 그 동안 별장 주변에 얼씬도 하지 말라고 당부해 두는 것도 잊지 않았다. 제시(칼라 구기노) 역시 이번 여행이 그와의 결혼생활을 지속할지 말지를 결정하는 중요한 일정이었다. 이미 두 부부의 관계는 회복이 불가능할 정도로 서로에 대한 애정이 말라비틀어져 있었다.

평소와 다른 이벤트가 필요했다. 무미건조하게 치르는 의례와 같은 관계를 벗어나 일과 애들도 신경 쓰지 않고 오로지 단 둘이 서로에게 집중하는 시간을 갖기로 했다. 둘은 설레는 마음을 억누르며 별장으로 향한다. 이미 둘은 첫날밤을 어떻게 보낼지 머릿속으로 시뮬레이션을 몇 번이고 돌렸던 터였다. 그러나 둘은 시작부터 꼬였다. 제시는 남편을 위해 야한 란제리를 준비하지만, 남편 제럴드는 결박용 수갑을 준비한 것! 한 이불을 덮고 수십 년을 산 부부인데도 서로를 어쩌면 이렇게 모를 수 있을까 싶지만, 필자는 도리어 이 부분에서 영화의 설정에 위트와 함께 대단한 통찰력이 있다고 느꼈다. 이처럼 관계 회복을 위한 섹스를 앞두고 대부분의 여자는 순수를 동경하지만, 남자는 가장 지저분한 욕망의 밑바닥을 여과 없이 드러낸다. 남자는 여자를 능욕해서라도 리비도의 충족을 원한다.

물론 이런 남자의 태도를 마냥 비판할 수도 없다. 남자의 성욕을 둘러싸고 있는 많은 만족 버튼들은 본인의 의지와 상관없이 외부의 조건들에 의해 눌러지고 작동되기 때문이다. 어쨌든 남편의 과한 설정에 조금 놀랐지만 모처럼 분위기를 깨고 싶지 않았던 제시는 침대 위에서 남편의 요구를 순순히 들어주기로 마음먹는다. 이 지점에서 언제나 여자는 남자의 성적 판타지를 충족시켜주는 수동적 존재로 머문다. 즐기는 체위부터 섹스의 가부可否, 성행위에 도달하는 방식에 이르기까지 남자는 항상 '갑'에 위치한다. 제시는 자신의 기분에는 아랑곳없이 자신의 욕망에만 집중하는 남편이 조금 서운했지만, 첫날은 이렇게 치르기로 체념한다. 그런데 상황은 엎친 데 덮친 격으로 침대 양쪽 기둥에 수갑으로 팔을 결박한 뒤 남편은 자신이 겁탈할 테니 도와달라고 소리 지르라는 요구까지 하고 나선다. 제시가 억지 춘향 격으로 소리를 지르는 가운데 급기야 제럴드는 아빠가 되어 딸을 강간하는 연기에 심취한다. 여기서 제시는 일말 남아있던 로맨틱한 감정조차 싹 사라지게 되고 남편에게 수갑을 풀라며 정색을 한다. 얼음장처럼 얼어붙는 분위기에 어리둥절해하는 남편 제럴드. 그가 미처 몰랐던 소싯적 아내의 트라우마를 건든 것이다.

발로 남편을 밀면서 장난할 기분 아니라며 빨리 수갑을 풀라고 하자, 도리어 이 상황에서 성욕이 불같이 일어난 제럴드는 발버둥치는 아내의 입을 막고 더러운 말들을 내뱉으며 강압적으로 관계를 가지려고 한다. 아뿔싸! 제럴드는 평소 안 좋았던 자신의 심장을 너무 과신했다. 평소 복용량보다 과도하게 삼킨 비아그라 때문에 그는 순간 심장마비를 일으키고 그렇게 허무하게 침대 위에 쓰러져 죽고 만다. 추억을 만들러 갔던 여행이 지옥으로 탈바꿈하는 순간이었다. 남편의 시체에 깔려 속절없이 "누구 없냐?"고, "살려 달라!"고 외치는 제시의 절박한 외침은 별장을 타고 공허한 메아리가 되어 되돌아올 뿐이었다. 이미 별장지기에게 주말을 비워둘 것을 신신당부했던 남편의 용의주도함 때문에 제시는 그렇게 두 팔이 침대에 묶인 채 일주일을 지내야 하는 운명에 놓이게 된다. 웃으며 시작한 장난 같은 게임이 한 사람의 사망과 다른 한 사람의 조난을 낳자, 제시는 생존마저 걱정해야 할 상황에 봉착하게 되었다.

영화 앞부분에서 둘만의 근사한 저녁을 위해 남편이 미리 냉장고에 주문해 둔 고베산 와규를 몇 점 잘라 숲에서 배회하던 들개(?)에게 다정하게 먹이는 장면이 곧이어 끔찍한 복선으로 돌아올 줄 제시는 이때까지 전혀 몰랐다. 금세 허기진 들개는 다시 별장을 찾게 되고 이내 죽어 바닥에 쓰러져 있는 제럴드의 송장을 물어뜯기 시작한다. 고작 몇 시간 전 자신의 손으로 직접 생고기를 먹였던 들짐승이 이제 남편의 오장육부를 잘근잘근 씹어 먹고 있는 기가 막힌 상황을 보며 제시는 "저리 꺼져!"고래고래 소리를 지르며 쫓아내 보지만 침대에 묶여있는 자신이 야생에 길들여진 개를 물리칠 방법은 솔직히 아무 것도 없었다. 제럴드의 싱싱한 시체로 만찬을 즐기며 들개는 인간의 피에 도취하게 된다. 인육을 즐기는 개가 남편을 다 먹어치우고 나서 다음 목표물이 바로 자신이 될 거라는 건 누가 말하지 않아도 분명해 보였다.

건강한 마음이 건강한 섹스를 만든다

01

결국 영화에서 제시는 극한의 상황에 내몰리면서 내면의 상처를 끄집어내고 직면하게 된다. 남편이 비아그라를 복용하며 두었던 물이 반쯤 담긴 유리컵을 가까스로 한 손으로 잡고 버려진 카드보드지를 말아서 빨대를 만들어 여러 번 나누어 마시는 그녀가 평소 자신의 삶에서 그토록 목말라했던 것이 무엇이었는지 생각해보게 되었다. 동시에 자신의 두 팔이 결박되어 옴짝달싹 못하게 되어 눈만 감으면 들개에게 영락없이 다리를 먹잇감으로 뜯겨야 하는 상황을 만나면서 자신의 손가락에 끼워진 결혼반지가 자신에게 얼마나 가혹한 족쇄로 작용했는지 돌아보게 되었다.

동시에 그녀에겐 지우고 싶은 과거의 트라우마가 있었다. 그녀가 어린 시절, 변호사였던 아빠와 함께 해변으로 놀러 갔을 때 벤치에 앉아 일식을 바라보는 자신을 무릎 위에 앉혀두고 아빠가 뒤에서 자위를 하던 끔찍한 경험을 다시금 떠올린다. 특수 안경으로 태양이 달 그림자에 가려지는 광경을 보던 어린 소녀 제시는 신음을 토해내며 자신의 엉덩이에 정액을 방출하는 아빠를 그렇게 수용해야 했다. 태양이 사라진 날, 소녀도 사라지고 아빠도 사라졌다. 그리고 그 모든 기억 역시 제시의 뇌리에서 사라졌다. 그녀는 무시무시한 기억을 아예 기억 속에서 소거하므로 트라우마를 극복하려 한다. 그렇게 제시는 기억 속에서 잃어버린 아빠를 찾아, 자신의 인생에서 또 다른 아빠 역할을 해줄 건실한 사람을 찾아 변호사 제럴드와 결혼한다. 이 모든 과거가 영화에서는 내면의 자아와의 대화로 하나씩 밝혀진다. 스티븐 킹의 원작소설을 동명 영화로 제작한 「제럴드의 게임」은 현실과 꿈, 기억과 바람을 오가는 몽환적인 장치들로 흡인력 있는 스릴러물의 전형을 보여준다. 필자는 이 영화를 보면서 건강한 마음이 건강한 섹스를 만든다는 지극히 평범한 원칙을 다시 한 번 확인할 수 있었다. 이번 장에서는 자위와 포르노그래피, 성 강박증과 관련된 건강한 성담론을 통해 바람직한 성심리의 방향을 찾아보고자 한다.

❶ 자위

자위만큼 역사적으로 많은 오해와 억측에 시달린 성행위도 없을 것
이다. 19세기까지만 하더라도 서구에서 자위는 혐오스러우면서도
부도덕한 짓으로 치부되었다. '자위masturbation'는 '손으로 자신을
더럽히다'는 어원상의 의미처럼, 인간으로서의 품위와 함께 지성과
신체적 능력을 떨어뜨리고, 생명력을 고갈시킬 뿐만 아니라 인간이
저열한 금수의 단계로 추락하는 행위로 여겨졌다. 뉴욕의 의사였던
자코비Abraham Jacobi는 아동의 자위와 히스테리 사이에 상관관계가
있다고 주장했으며, 유명한 외과 의사였던 켈로그John Harvey Kellogg
는 청소년기의 아이들이 자위에 탐닉하지 않기 위해 콘플레이크를
만든 것으로 유명하다. 그가 만든 식사대용 시리얼은 당시 자위에
대한 의학적 정의와 함께 대중들의 폭발적인 인기를 누렸으며 곧
그의 이름을 따서 '켈로그'라고 명명되었다.

하지만 우리는 21세기에 살고 있다. 과거 수음手淫에 덧씌워졌
던 부정적인 규정들은 새로이 발견된 과학적 사실들과 그에 따른
긍정적인 평가로 인해 하나씩 벗겨졌다. 최근 임상의학에서는 자위
가 갖는 좋은 측면들을 부각시키며 도리어 권장하고 있다. 미국의
한 전문적인 저널에 실린 논문에 따르면, 자위를 통해 전립선암의
위험을 줄일 수 있다는 연구 결과가 실리기도 했다. 정기적으로 정

자를 배출해주면 고환이 신선한 정자를 계속 만들어 전립선 건강에 좋다는 이유에서다. 뿐만 아니다. 자위는 무분별한 성적 대상을 통해 여러 가지 성병에 노출될 위험을 줄여주며, 독신이나 미혼, 특정한 시기나 환경으로 성적 대상을 구할 수 없는 이들에게 성욕을 해소시킬 수 있는 기회를 제공해 준다. 또한 스트레스나 우울에 빠진 상황에서 혼자 즐기는 자위가 당사자에게 정서적으로 긍정적인 측면이 있다는 여러 연구들도 있다. 미국 알라스카주의 15세 소년은 자위를 막기 위해 자신의 방과 화장실에 무단으로 CCTV를 설치한 아버지를 고소하겠다고 공개적으로 나선 사건도 발생했다.* 소년은 "아버지가 결혼하기 전까지 몸을 만지지 말라고 강요했다."며 "학교에서 이뤄지는 성교육에도 참여하지 못하게 막았다."고 주장했다. 격세지감을 느끼게 해주는 사례.

문제는 자위를 바라보는 관점과 인식의 문제라고 보인다. 남자의 지위는 여자의 대화와 같다. 여자들은 정서적으로 힘들 때 친구와 수다를 떨어서 감정을 해소한다. 대상이 없을 때에는 일기를 쓰거나 잠을 실컷 자거나 영화를 보고 스트레스를 푼다. 남자도 마찬가지다. 스트레스를 받은 남자가 감정을 해소할 수 있는 배출구 중

---

* https://www.thesun.co.uk/news/9073312/boy-sue-parents-cctv-bedroom-masturbating/

에 가장 손쉽게 선택할 수 있는 방식은 자위다. 스포츠나 독서, 여행처럼 건전하게 정신적 문제를 해결할 수 있는 기제를 가지고 있는 남자들도 자위만큼 있는 곳에서 간편하고 빠르게 스트레스를 풀수 있는 환상적인 도구를 찾지 못한다. 비록 잦은 자위나 지나친 성적 몰입으로 신체적인 고갈이 일어나지 않는다는 전제 하에서 자위는 일상에서 신체적, 정서적 정화가 일어나는 하나의 매개가 될 수 있다. 그래서 통계에서 볼 수 있듯이, 97%가 넘는 대부분의 남성들이 자위를 경험했거나 지속적으로 하고 있다.

남자의 자위는 여자의 대화와 같다

하지만 여자는 조금 다르다. 여자는 신체 구조상의 특징과 사회-문화적 함의 때문에 자위에 대한 접근이 남자에 비해 더딘 편이다. 여기에는 섹스와 자위에 대해 갖는 부정적인 심리도 함께 작용한다. 필자가 상담한 많은 여성 내담자들이 자위에 대해 특별히 죄책감을 느끼는 경우가 많았으며, 자기 성에 대한 바른 이해를 통해 욕구와 인식을 일치시키는 경험을 하지 못한 이들도 있었다. 자위는 스스로 '자기를 위로하는 것'이다. 책으로도 음악으로도 영화로도 수다로도 자기를 위로할 수 있지만, 손가락으로도 얼마든지 위로할 수 있다. 남에게 무분별하게 위로를 요구하다가 자칫 범죄의 대상으로 전락할 수 있다. 스스로 자위에 대해 이해가 없는 아내가 이성이 자위를 하는 것에 대한 이해가 부족한 건 더 큰 문제다. 그래서 안방에서 애들 재워놓고 나와 보니 남편이 서재에서 포르노를 틀어놓고 신나게 자위하는 걸 본 아내가 화들짝 놀라는 것이다. "저런 더러운 거 보면서 그동안 나랑 했던 거야?" 남편의 자위행위에 서운함을 느끼거나 더럽다고 느끼는 여성들이 많다. "나로는 충족이 안 되는 거야?" "추잡해! 앞으로 내 몸 더듬을 생각하지 마!" 남편 입장에서는 마른하늘에 날벼락인 셈이다. 자위에 대한 자기 이해를 남에게까지 강요하는 행태에 아무런 문제의식을 느끼지 못하고 상담소를 찾는 아내들이 적지 않다. "혼자서 그렇게 딸딸이를 칠 정도로 남자에게 섹스가 그렇게 중요한가요?" 이런 복장 터지는 얘기를 하는 여자들이 많다.

남자든 여자든 몸과 마음의 건강을 위해서 스스로 관리할 수 있는 능력 중 하나로 당당히 포함될 수 있는 게 자위다.『네 방에 아마존을 키워라』의 저자 베티 도슨Betty Dodson은 여자에게 자위가 반드시 필요하며, 자위는 자아실현의 하나가 될 수 있다고 말한다. 책에서 그녀는 여자가 자신의 몸을 먼저 탐사하고 알아야 훌륭한 섹스의 파트너가 될 수 있으며, 이는 자신의 몸을 사랑하는 첫 걸음이라고 주장한다. 그러면서 도슨은 여성이 자신의 은밀한 방에서 정기적으로 '자위 의식'을 실천하는 게 좋다고 조언하며 8단계의 자위를 제시했다. 제일 먼저 자기 자신을 사랑하는 단계로, 벗은 자신의 몸을 거울을 통해 보면서 스스로에게 "사랑해!"라고 외친다. 그 다음에는 욕조에 뜨거운 물을 받고 주변에 촛불을 켜 놓거나 향수 비누, 오일, 거품이 이는 입욕제 등을 준비하여 근육과 긴장을 푸는 목욕을 한다. 재즈 음악이나 클래식을 배경음악으로 틀어놓는 것도 좋은 생각이다. 3단계는 거울 앞에 서서 자신의 몸을 구석구석 세세히 들여다보면서 생김새를 살핀다. 벗은 모습을 응시하고 대면하는 것만으로도 자기애를 키울 수 있다. 4단계는 몸 전체에 수딩오일을 바르며 자신의 몸을 천천히 어루만지고 마사지를 한다. 5단계는 사타구니를 벌리고 대음순을 헤쳐서 질 안쪽을 들여다보고 그 위에 있는 소음순의 크기와 촉감, 양쪽의 크기 차이도 확인해 본다. 소음순 속 클리토리스의 색깔과 크기도 확인한다. 숨을 깊이 쉬며 질 근육과 항문의 긴장을 풀고 두 손가락 정도를 이용해 천천히 질 내부를 어루만지고 음핵 주위도 만져 본다. 6단계는 거울 앞에서 대담한 춤을 추는 것이다. 노래에 맞춰 엉덩이를 돌려 보고 아랫배를 내밀어 본다. 7단계는 오르가슴을 위한 최적의 분위기를 만드는 것이다. 8단계는 천천히 오르가슴에 이르는 것이다. 몸을 스스로 애무하면서 유두와 성기는 특히 섬세하게 마사지한다. 오르가슴에 가까워졌다고 느끼면 근육을 긴장시켜 시간을 늦추며 자극의 물결을 탄다.

　신체와 마음은 함께 이어진 씨실 날실과 같다. 몸이 경직되어 있으면 마음도 불안하고, 마음이 아프면 몸도 아픈 게 사람이다. 자위는 스스로의 간단한 노력으로 마음의 짐과 몸의 긴장을 날려버리는 좋은 시도다. 사람마다 자위하기 좋은 장소와 분위기, 오르가슴에 이르는 시간과 형식은 제각각일 것이다. 또한 한 번에 성공하는 경우도 드물다. 평소 하지 않던 행동을 급한 마음에 섣부르게 시도했다가 더 불쾌감을 얻을 수도 있다. 스스로 목에 차오르는 죄책감에 포기하고 싶을 때도 있다. 인내를 갖고 자기에게 맞는 방법을 꾸준히 찾아나가는 것이 중요하다. 도슨은 내 방에 즐거움의 강물, 아마존을 두어서 늘 일상의 문제를 해결하고 새롭게 태어나는 21세기의 아마조네스들이 되자고 여성들을 초청한다.

❷ 포르노그래피

포르노그래피pornography 역시 자위만큼 많은 사회적 질시와 지탄의 대상이 되었다. 대부분의 교양 있는 현대인들은 개인적으로 포르노의 소비자면서 동시에 공개적으로 포르노를 비판하는 이중적인 태도를 견지하고 있다. 특히 아동들이 포르노에 노출되는 비율이 늘면서 남녀를 무론하고 많은 세대가 야동을 거리낌 없이 보는 시

대가 되었다. 미국 UCLA 근대 유럽사학 교수인 린 헌트Lynn Hunt
가 쓴 『포르노그래피의 발명』은 이러한 현상에 대해 다음과 같이
말한다.

> "'포르노그래피'는 금지되어야 할 음란물이라는 의미로 사용하기
> 위해 19세기 영국에서 발명된 낱말이다. 이전에는 누구나 즐겨 사
> 용하던 심리적 최음제가 도덕적 타락을 부추기는 반사회적 문제아
> 로 낙인이 찍힌 것이다. 금지하는 진짜 이유는 따로 있었다. 일을
> 해야 할 노동자들까지 포르노의 즐거움에 빠져들면 일은 누가 하
> 겠냐는 것이었다."
>
> 『포르노그래피의 발명(알마)』, 7.

인터넷의 보급과 함께 포르노그래피는 이미 무시할 수 없는 거
대한 영상산업으로 발전했다. 미국 통계에 의하면, 인터넷에서 포
르노를 구매하는 데 매초마다 약 3,075불이 지불되고, 전 세계 인터
넷 사용자들 중 28,258명이 매초마다 포르노 영상을 시청한다. 1초
에 372명이 검색엔진에 성인 검색어를 쳐서 포르노를 찾고 있으며,
매 39분마다 새로운 포르노 비디오가 만들어지고 있다. 이처럼 포
르노는 매년 970억불의 매출을 올리는 거대한 산업이 되었다. 이게
2006년 통계니까 현재 매출액은 이보다 이미 여러 배 이상 뛰었을
것으로 예상된다. 놀라운 사실은 통계에 따르면 전 세계 포르노 매
출의 1위부터 3위까지가 순서대로 중국, 한국, 일본이었다는 점이

다. 우리나라는 한해 포르노로 250억불을 쓰며, 270억불인 중국을 바짝 추격하고 있다. 중국과 인구수를 감안하면 이 수치는 정말 충격적이다. 과연 포르노를 심리학적으로 어떻게 봐야 할까?

필자는 기본적으로 둘 다 남이 하는 것을 본다는 차원에서 포르노와 먹방 사이에 차이가 없다고 생각한다. 최근 들어 유튜브 1인 방송이 하나의 유력한 매체로 자리 잡으면서 많은 BJ들이 음식을 먹는 장면을 영상으로 담는다. 구독자수가 백만 명이 넘는 어떤 여성 BJ는 앉은 자리에서 건장한 남성 여럿이 함께 먹어야 하는 양을 혼자서 뚝딱 해치우는 방송으로 큰 인기를 누리고 있다. 필자는 나와 아무런 상관없는 제3자가 음식을 맛있게 먹는 모습을 보면서 대리만족을 느끼고 정서적 포만감을 느끼는 이들이 많은 것처럼, 나와 전혀 관련이 없는 두 남녀가 섹스를 재미있게 하는 모습을 보면서도 똑같은 심리적 위안을 얻을 수 있다고 본다. 중요한 것은 포르노가 주는 강박, 죄책감에서 오는 이상심리일 것이다. 죄책감은 두 가지 형태로 진화하는데 하나는 야동에 중독되는 것이고, 다른 하나는 성도착증으로 이어지는 것이다.

남자의 성심리를 모른 채 포르노를 말할 수 없다. 남자는 시각적으로 충분히 성적 절정에 도달할 수 있기 때문에 여자보다 포르노에 쉽게 빠질 수 있다. 미국의 통계지만, 남성들은 여성들보다 최대 여섯 배 이상 포르노를 시청하며, 한 번 볼 때도 여성들보다 훨씬 오래 감상한다. 과거 일부 남성들의 전유물이었던 포르노는 이제 남녀노소 할 것 없이 누구나 간단한 절차를 통해 자유롭게 구하거나 접속할 수 있으며 스마트기기를 이용하여 파일을 전송하고 다운로드 받을 수 있게 되었다. 어쩌면 포르노가 삭막한 관계에 새로운 자극이 될 수도 있다. 따라서 포르노를 보느냐 안 보느냐는 피상적인 질문에 머물 수밖에 없다.*

문제는 야동이 일상의 질서와 삶의 관성을 무너뜨릴 때다. 모든 지나침은 중독을 낳고, 중독은 육체와 정신에 모두 해롭다. 아래 간단히 해볼 수 있는 자가진단이 있다. 각 질문을 읽고 솔직하게 답변을 해보자.

---

* 남자가 포르노를 보면서 자위를 하는 심리에 대해서는 다음 칼럼을 참고하면 좋을 것이다.
https://www.psychologytoday.com/intl/blog/sexual-intelligence/201707/husbands-watch-porn-wives-despair-why

1. 일상생활 중에 종종 야동에서 봤던 장면이 떠오른다.   (예/아니오)
2. 회사나 길거리, 공공장소에서 몰래 야동을 본 적이 있다.   (예/아니오)
3. 야동에서 봤던 체위를 실제로도 해보고 싶다는 충동이 인다.   (예/아니오)
4. 야동을 보고 있으면 시간 가는 줄도 모르고 계속 빠져들게 된다.   (예/아니오)
5. 전혀 무관한 상황을 보고도 야동의 한 장면이 연상되어 참기 힘들다.   (예/아니오)
6. 야동을 보다가 학교나 회사, 모임, 약속 장소에 늦은 적이 종종 있다.   (예/아니오)
7. 성인배우나 포르노배우가 되어 직접 야동에 출연하고 싶은 생각이 든다.   (예/아니오)
8. 밤을 새면서 인터넷에서 음란물사이트나 성인물을 뒤지고 다닌 적이 있다.   (예/아니오)
9. 낯선 사람이나 이성친구에게 일부러 야동을 보여주거나 같이 본 적이 있다.   (예/아니오)
10. 개인 휴대폰이나 노트북, 외장하드에 몰래 저장해둔 야동이 여러 개 있다.   (예/아니오)

위 항목 중에서 7~10개의 질문에 '예'라고 답한 독자들은 심각하게 포르노중독을 의심할 수 있다. 포르노를 성심리의 관점에서 어떻게 봐야 할까? 학계에 보고된 포르노가 성심리에 부정적인 영향을 미친다는 보고서는 셀 수 없이 많다. 대표적인 예가 노트르담대학의 커크 도란Kirk Doran과 조지프 프라이스Joseph Price가 2014년 20,000명의 기혼자들을 대상으로 실시한 한 연구인데, 그들은 포르노에 노출되는 정도가 높은 집단의 이혼율과 혼외정사가 그렇지 않은 집단에 비해 현저히 높다는 통계를 내놓았다. 반면 현 결혼생활에 대한 만족도는 포르노의 노출도에 반비례했다.* 이밖에 조금 더

---

* 「Pornography and Marriage」 참고.

세밀한 연구들도 많다.

포르노의 합법화가 사회 내 강간이나 성폭력과 같은 성범죄를 부추길 수 있다는 일각의 주장에 대해 이미 70년대 포르노를 합법화했던 스웨덴이나 덴마크의 성범죄율이 안정적으로 관리되고 있다는 통계를 근거로 반박하는 학자들도 있다. 하지만 반대편에서는 범죄와 포르노의 상관관계를 단순히 통계만 가지고 논의하는 건 상황의 맥락을 이해하지 못하는 처사라고 비판한다. 필자가 보기에 가장 큰 문제는 포르노에서 그리는 여성의 대상화다. 캘리포니아주립대학의 심리학 교수인 글로리아 코완Gloria Cowan과 그 동료들이 성인물 영상을 무작위로 선택해 조사한 결과 전체 포르노의 73%가 여성 배우에게 신체적인 위협과 폭력을 가했고, 51%가 여성 배우를 강간하는 설정을 했다고 밝혔다. 게다가 남자 배우는 항상 전문가나 사장, CEO였고, 여자 배우는 여학생, 비서, 주부였다. 또한 남자는 반쯤 옷을 걸치고 있었으나, 여자는 항상 전라로 출연했고, 은밀한 부위 역시 노골적으로 노출시켰다는 것이다.* 영화에 등장하는 여성 배우의 상황은 대부분 강간이나 겁탈, 고문, 가학적—피학적 학대, 변태적 행위의 대상이나 피해자로 그려진다. 이를 통해 남

---

* 「The Effects of Pornography on Individuals, Marriage, Family, and Community」참고.

성들이 갖는 왜곡된 성심리는 단순한 통계나 수치로 드러날 수 없는 것이다.

❸ 순결 강박증

남자가 포르노중독에 문제를 안고 있다면, 여자에게는 종종 순결에 대한 강박증에 시달릴 위험요소가 다분하다. 순결은 오랫동안 여자에게 가해진 윤리적 프레임이었다. 그래서 아직도 많은 여성들이 이 프레임에서 자유롭지 못하다. 순결을 정절과 치환하는 이들도 있고 여성이 반드시 가져야 할 덕목의 하나로 찬양하는 문화도 여전히 존재한다. 엄밀히 말해, 순결은 문화적 가치관에 불과할 뿐 생물학적으로는 거의 아무 것도 말해주지 않는다. 순결을 강조하는 사회일수록 전통적이고 보수적인 가치관을 가지고 있는 사회인 경우가 많다. 전통적으로 순결은 삽입성교를 하지 않은 상태, 즉 해부학적으로 처녀성을 확보하고 있는 상태를 가리킨다. 어떤 20대 직업여성은 남자친구가 자위를 도와준답시고 어느 날 그의 손가락으로 자신의 성기를 쑤신 것에서 순결을 잃었다고 울분을 토로하는 경우도 봤고, 심지어 상담소를 찾은 어떤 여성은 상대 남성이 콘돔을 끼고 삽입했기 때문에, 그래서 정확히 물리적으로 피부와 피부가 서로 닿지 않았기 때문에 자신은 순결을 지켰노라고 떳떳하게 주장하는 경우도 본 적이 있다. 하지만 예수는 "음욕을 품는 것도 간음한 것이다."라고 말했다. 여성에게 가해진 순결에 대한 콤플렉스는 모두 신체적이고 위생학적인 문제가 아닌 문화적이고 심리학적인 문제들이라는 사실을 말해주는 경구의 하나다.

순결 강박증은 어떻게 문화의 하나로 자리 잡았을까? 성심리를 도외시하고 몸의 금욕과 신체적 순결만을 강조하는 성교육도 한몫했지만, 종교적 금욕을 성적 문제에 덧씌워서 여성들을 단속하는 행태도 여성들이 성에 부정적인 관념을 갖도록 하는 데 큰 역할을 했다. 한 보고서에 따르면, 미국의 소녀와 젊은 여성들의 약 12%는 공공기관과 종교단체에서 행하는 소위 **순결서약**virgin pledge을 맹세한다고 한다. 1994년과 2008년 사이 여러 간격으로 수집된 자료에 따르면, 순결서약을 했던 7~12학년 여학생들이 대부분 서약을 지키지 못했으며, 도리어 서약을 하지 않은 집단보다 훨씬 성병 발병률이나 혼외정사 비율이 높았음을 보여주었다. 특히 2001~2002년 사이 성병 바이러스 감염을 진단하는 소변 샘플을 제공한 3,254명의 여성들 중에서 15%가 학창시절 순결서약을 했다고 실토했다. 특히 연구가 시작될 당시 성경험이 없었던 7학년과 8학년 여학생들 중 훗날 혼외임신을 경험한 1,335명 중에서 23%가 학창시절 순결서약을 했다고 털어놓았다. 2인 이상의 섹스파트너와 성관계를 가진 여성들 중에서 순결서약을 했던 여성들이 그렇지 않은 여성들보다 HPV에 대한 양성반응이 더 높았고, 섹스파트너의 숫자가 올라갈수록 이 비율은 더 높아졌다. 게다가 순결서약을 했던 여성들이 서약을 하지 않았던 여성들보다 첫 번째 성교 이후 6년 내에 혼외정사로 임신한 비율이 두 배가량 많았다. 물론 콘돔과 피임약을 일관성 있게 사용하지도 않았고, 임신의 대부분은 더 무계획적이었다.*

비록 미국의 자료지만, 이 통계가 말해주고 있는 바는 무엇일까? 일차적으로는 성병 감염과 비혼모에 있어서 순결서약이 아무런 효력을 발휘하지 못하고 있음을 보여주는 지표라고 생각한다. 본 연구는 순결서약을 어긴 집단에서 혼외임신과 성병 감염의 비율이 평균치를 훨씬 웃돌고 있음을 보여준다. 금욕을 강조하고 순결을 이상화하는 방식으로는 청소년 성문제와 성인기 성관계에 대해 아무런 긍정적인 효과도 기대할 수 없음을 단적으로 보여주는 통계다. 아마도 금욕만을 위한 성교육 과정이 콘돔과 피임약의 효과를 과소평가하는 경향이 있기 때문에 순결서약을 한 여성들은 안전한 성행위를 할 때 그만큼 준비가 덜 되어 있는 것 같다. 그러나 더 큰 문제는 자의든 타의든 순결서약을 결행한 여성들이 그들의 섹스파트너들과 전반적으로 성에 대해 소통할 준비가 덜 되어 있었다는 사실이다.

---

* 「Broken Promises: Abstinence Pledging and Sexual and Reproductive Health」 참고.

성심리를 이해하지 않고 단편적인 이벤트성 서약이나 상식적인 수준의 피임법 소개로는 근본적인 문제를 해결할 수 없음을 보여준다. 다음의 자가진단을 통해 성에 대한 인식을 평가 해보자.

자가진단

1. 성은 더럽고 불결한 것이다. (예/아니오)
2. 자위는 스스로를 더럽히는 행위다. (예/아니오)
3. 내 성기를 거울로 자세히 비춰본 적이 없다. (예/아니오)
4. 야동에서 그려지는 남녀의 성행위는 생각만 해도 역겹다. (예/아니오)
5. 상대방이 내 몸을 만지거나 눈길을 주는 게 달갑지 않다. (예/아니오)
6. 내 몸에 어디가 민감한 성감대인지 별로 궁금하지가 않다. (예/아니오)
7. 나중에 결혼하더라도 되도록 배우자와 성관계를 피하고 싶다. (예/아니오)
8. 만나면 성관계를 적극 요구하는 이성친구 때문에 난처했던 적이 많다. (예/아니오)
9. 수치스럽고 위협적이거나 난폭한 겁탈을 당할까봐 언제나 조마조마하다. (예/아니오)
10. 내 몸이 사랑스럽거나 자랑스럽지 않고 어딘지 모르게 부끄럽게 느껴진다. (예/아니오)

위 진단표에 '예'라고 답변한 질문이 6~10개 사이인 분들은 순결 강박증을 심각하게 고민해야 한다. "결혼 전 성관계는 불결한 짓이야." "섣불리 남자에게 몸을 허락하면 헤픈 여자라는 소리를 들을 수 있어." "여자는 순결을 잃으면 다 잃는 거야." "섹스 하기 전 남자와 섹스 한 이후의 남자가 다른 법이야." 여성의 순결과 정절을 강요하는 여러 가지 명제들이 도리어 이성관계를 망치고 결혼 이후의 부부관계에도 부정적인 영향을 미칠 수 있다는 사실을 명심해야 한다. 『우리는 처녀성이 불편합니다』의 저자들은 여성의 순결 강박증을 일컬어 프로이트의 '남근 선망'에 빗대 '처녀 선망virgin envy'이라고까지 명명했다. 그만큼 순결에 대한 요구가 뿌리 깊은 문화적 소산이라는 뜻이다. 이 책은 중세 로맨스 문학부터 현대 멕시코혁명의 주역이 된 여성 게릴라의 사례까지, 가부장적 사회와 보수적인 남성 중심의 문화에서 처녀성 담론, 순결의 이데올로기가 어떻게 소비되었는지를 추적하고 있다. 심지어 할리우드 영화로 공전의 히트를 기록한 「트와일라잇(2008)」조차 이런 순결 이데올로기를 고착시킨 스토리를 토대로 전개된다고 고발한다. "「트와일라잇」은 모든 혼외 성관계를 위험하다고 보는 금욕 중심 성교육의 성혐오적 관점에서 독해하는 것이 타당할 것이다. 본질적으로 성교육 프로그램들은 보수적이고, 성에 부정적인 관점을 옹호하며, 이성애적인 일부일처제 혼인 바깥의 어떠한 섹슈얼리티도 의심스러운 것으로 여긴다."* 하물며 오랜 유교문화로 다져온 한국 사회는 여성의 순결에 대해 얼마나 집요한 찬탄을 이어왔는가?

---

* 『우리는 처녀성이 불편합니다(책세상)』, 112.

순결 강박증

순결 강박증은 보통 어린 시절 교육에 의해 만들어진 성에 대한 강박증으로 성인이 되고 나서도 성적 자기결정권을 계속 뒤로 유예하는 특징을 보입니다. 이 강박증은 주로 종교적 이데올로기가 작동하는 경우가 많고, 엄격한 가정교육을 중시하는 환경에서 빈번하게 관찰됩니다. 아직도 사회에 근본주의적 신앙이 남아있는 일부 국가에서는 딸이 결혼 전에 성관계를 갖는다고 의심되면 '명예살인'이라는 명목으로 가족 구성원 중에 남자들이 나서서 당사자를 죽이는 경우가 비일비재합니다. 엄밀히 말해서, 이것도 강박증(obsession)의 일종이기 때문에 심해지기 전에 반드시 치료가 이뤄져야 합니다.

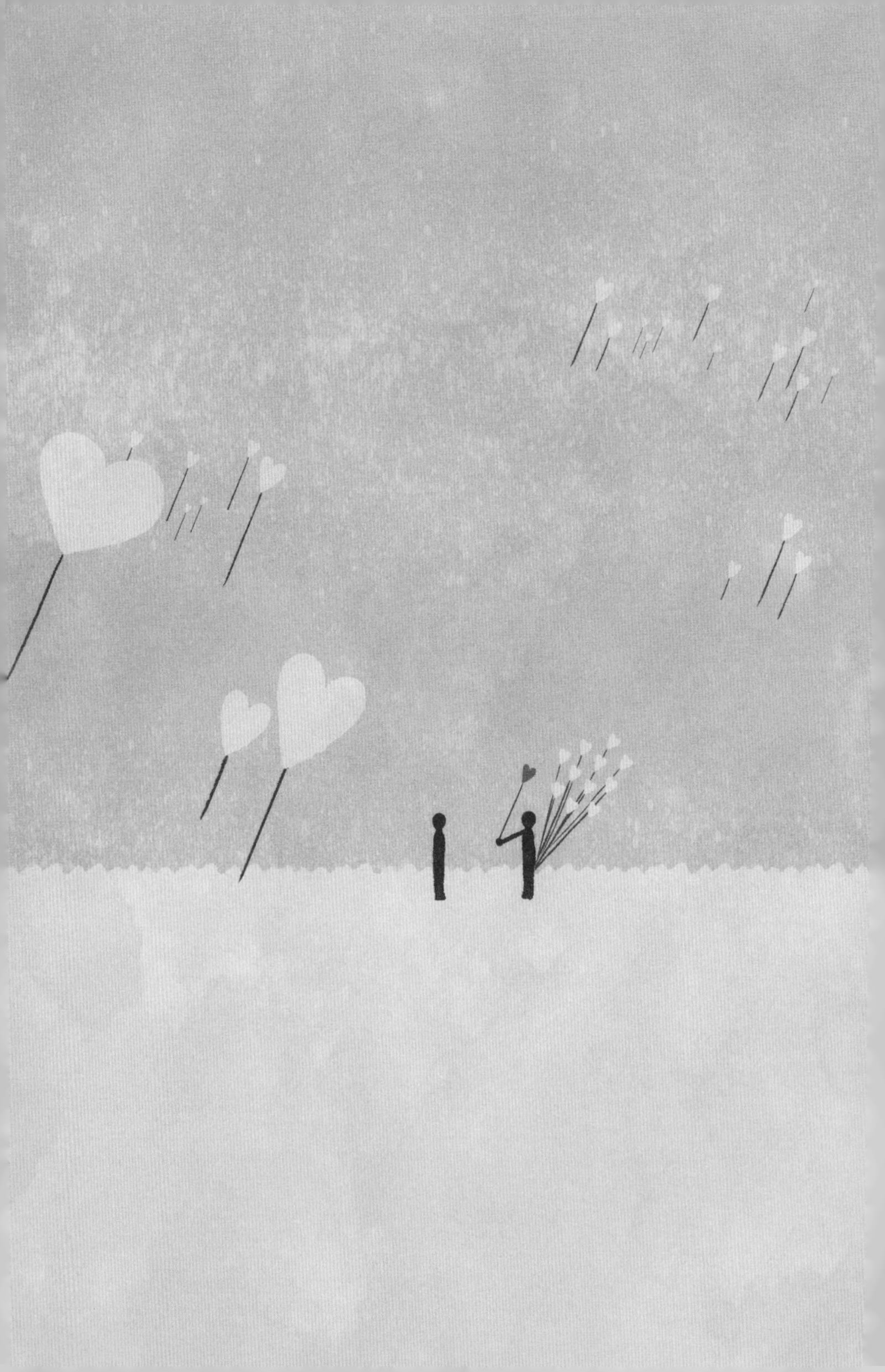

침대 위에서의 실제적 제안들

　2007년, 미국의 심리학자 모린 오설리번Maureen O'Sullivan 교수는 남녀가 흔히 상대에게 하는 거짓말들을 조사해서 발표했다. 20여 년 넘게 거짓말의 심리학을 연구해온 그녀는 연애에 빠진 남녀모두 로맨틱한 사랑을 하면서 상대방에게 무심결에, 혹은 고의적으로 내뱉는 대표적인 선의의 거짓말을 각기 7개씩 선정했는데, 남자가 여자에게 하는 대표적인 거짓말은 자신의 재산 액수였고, 여자가 남자에게 하는 거짓말은 피임에 관한 것이었다. 흥미로운 사실은 여자가 남자에게 하는 거짓말의 대부분이 섹스와 관련된, 아니면 적어도 성적 매력을 어필할 수 있는 부분이었다는 점이다. 여자는 상대의 성적인 능력에 대해 장황한 거짓말을 늘어놓으면서 그를 옆에 묶어두려고 하며, 실지로 그렇게 생각하지도 않으면서 남자의 매력과 호감을 보여주므로 그를 안심시키려고 한다는 것이다.

남자의 거짓말	여자의 거짓말
❶ 자신이 가진 돈의 액수	❶ 피임
❷ 성병 감염 여부	❷ 남자의 성적인 능력에 대한 느낌
❸ 결혼과 같은 장래의 계획	❸ 애인이 얼마나 매력적인지에 대한 평가
❹ 사랑하지 않으면서 사랑하는 척하는 것	❹ 남자의 몸매 또는 얼굴에 대한 호감
❺ 친구와 함께 보낸 시간	❺ 처녀성, 첫경험에 관한 거짓말
❻ 여자가 좋아하지 않을 것 같은 과거의 일	❻ 애인이 기분 상하지 않게 하려는 거짓말
❼ 다른 여자와 시시덕거리며 놀아난 일	❼ 애인을 화나게 하지 않기 위한 거짓말

오설리번에 따르면, 이런 거짓말은 순전히 번식 성공률을 높여 자신의 후손을 퍼트리기 위해 남녀 각각 환경에 적응한 결과라는 것이다. 남자들은 상대에게 능력 있고 멋진 배우자로 보이기 위해 재력을 부풀리는 전략을 터득한 반면, 여자들은 상대에게 가임 능력이 뛰어난 배우자로 인식되기 위해 정절과 신체적 매력을 어필하는 전략을 자연스럽게 배웠다. 남자는 성관계를 통해 자신의 유전자를 뿌리기 위해 거짓말에 의존할 수밖에 없다. 수컷 공작새가 화려한 깃털을 펼치며 교미 상대자로 암컷의 간택을 받으려는 본능과

같은 이치라고 할 수 있다. 반면 여자는 스스로에게 거짓말 했다는 사실조차 거짓말로 둘러대는 경향이 있었다. 그녀는 모두가 사랑하는 사람에게 거짓말을 한다는 사실을 인정하면서도, 자기 자신이 얼마나 많은 거짓말을 하느냐고 물으면 다른 사람보다 훨씬 거짓말을 적게 한다고 대답하는 경우가 많았다. 특히 남성들보다 여성들이 이런 자기기만에 더 빠지기 쉬운 것으로 나타났다. 왜 그럴까?

필자는 오설리반의 설명을 넘어 이렇게 해석하고 싶다. "나 오늘 한가해요.""오늘은 안전한 날이에요." 여자들이 남자들을 안심시키는 전략적 문장들은 모두 사랑하는 남자를 합리적으로(?) 자신 곁에 묶어두려는 거짓말들이다. "자기, 오늘 너무 멋졌어.""자기 꺼 너무 굵어.""테크닉 죽인다. 어디서 배운 거야?""오늘 오빠 때문에 뿅~갔어." 이렇게 여자들이 남자에게 하는 칭찬은 대부분 남자의 남성성, 그러니까 몸에 붙은 근육이나 허리의 힘, 성적인 탁월한 능력 등에 관한 것들이다. 거짓 오르가슴으로 남자의 신들린 섹스 실력을 칭찬하면서 계속 그의 정자를 받고 싶다는 욕구를 드러내는 것이다. 심지어 여자들이 하는 자신의 처녀성에 대한 거짓말조차도 상대 남자에게 자신과의 섹스를 통해 얻게 될 여러 부차적인 부담을 주지 않기 위한 전략에 불과하다.

여자가 사실 원하는 것은 남자의 굵은 페니스가 아니라 그의 배려 섞인 포옹과 애정이 묻어나는 진한 키스, 다른 것들을 상쇄하고도 남을 부드러운 친절이다. 성기에 성감이 몰려 있긴 하지만, 여자는 희로애락의 감정이 발달했기 때문에 온몸이 성감대라고 할 수 있다. 남자는 씨를 주기 위해서 다른 남자와 경쟁을 하고, 자연스럽게 더 크고 굵은 성기에 대한 신화를 만들어왔던 반면, 여자들은 씨를 받는 문제에 정서가 몰려있기 때문에 본능적으로 주변 여성들에 대한 질투가 발달했다. 남자는 시각적으로 성반응이 있으며, 여자는 정서적으로 반응이 온다. 악상기호로 남자가 알레그로라면, 여자는 아다지오에 가깝다. 남자는 여자가 손이나 입으로 자신의 성기에 직접 자극을 주기 원하지만, 여자는 남자가 전희 단계를 건너뛰고 다짜고짜 성감대를 손으로 직접 만지려고 하면 온몸에 소름이 돋는다. 가장 무딘 곳에서 서서히 안으로 들어가야 한다. 참지 못하고 성기를 바로 공격하면 여자는 대번 소리를 지르며 그를 밀쳐 낸다. 이에 남자는 성에 대한 부정감정이 만들어지고 본의 아니게 여자의 반응에서 열등감이나 임포를 경험한다.

남자는 민감 → 둔감으로
여자는 둔감 → 민감으로

남자들이 느끼는 찌릿찌릿한 느낌 이상의 오르가슴을 여자들도 느낄 수 있다는 사실을 여기서 꼭 말해두어야겠다. 개인에 따라 사랑을 나눴던 기분이 며칠째 계속 살아 있는 경우도 있다. 남자에게 마음을 허락한 여자는 봄날 만개한 꽃처럼 온몸을 활짝 열어젖힌다. 남자에게 마음을 주지 않은 여자는 불판 위에 올라온 주꾸미처럼 도리어 옷으로 온몸을 똘똘 만다. 여자가 자신의 하체를 가뿐하게 남자에게 허락하는 것은 '이제 들어와도 좋다.'는 그린라이트를 켠 것이다. 부정감정을 극복하고 남자에게 부끄러운 부분을 보여주는 대담함은 실지로 사랑의 힘이 아니고서는 불가능하기 때문이다.

이때 남자는 성기를 공략하기 전에 전희와 패팅으로 여자의 몸을 준비시키는 것이 중요하다. 성기로부터 멀리 떨어진 부분부터 역으로 공략해 들어가는 차분함과 끈기가 필요하다. 먼저 손바닥과 머리카락부터 천천히 훑으면서 귓불, 입술, 목덜미, 어깨, 가슴, 배꼽, 복부 순으로 인내심을 갖고 천천히 손이나 혀로 애무한다. 손과 혀를 동시에 사용하는 양공작전도 좋다. 당신을 좋아한다면 그녀는 아마 자지러지면서 정신을 못 차릴 것이다. 이때 손으로 너무 강하게 상대를 쥐거나 깨무는 것은 금물이다. 금방이라도 깨지기 쉬운 크리스털 와인 잔을 다루듯이 천천히, 정성껏, 부드럽게 터치한다. 여자의 몸을 피아노 건반이라고 생각하자. 강약 템포를 조절하면서 너무 강하지 않게, 그렇다고 너무 약하지 않게 두드리며 여자의 몸으로 사랑의 세레나데를 연주한다. 일정한 흥분에 도달한 여자는 자기도 모르게 남자의 몸을 자신 쪽으로 끌어당겨 어서 삽입해줄 것을 요구할 것이다. '자기야, 그만 애태워. 이제 들어와 줘.' 보통 이때 여자는 이런 느낌의 눈빛을 발사한다. 하지만 아직 시기상조다.

여자를 완전히 무장해제 시키기 위해서는 아직 한 부분이 더 남았다. 무엇보다 여자의 클리토리스를 소홀히 해서는 안 된다. 여자의 오르가즘은 사실 거기서부터 시작한다. 아무리 야구에서 안타를 많이 쳐도 주자가 홈으로 들어와야 점수를 낼 수 있듯이, 아무리 온몸을 더듬고 물고 빨아도 클리토리스를 건드리지 않고서 침대 위의 여자를 절정에 오르게 할 수 없다. 1번 핀을 쓰러뜨리지 않고서 볼링에서 스트라이크는 일어나지 않는다. 모든 길은 로마로 통하듯, 모든 감각은 클리토리스로 통한다. 남자들은 대음순 꼭대기에 수줍은 듯 모습을 감추고 있는 그 완두콩만한 클리토리스 한 개가 여자를 울고 웃기는 마법의 버튼임을 명심하자. 간혹 여자의 질이나 소음순, 대음순에 성감대가 있다고 착각하는 경우가 있는데, 사실 그 부분에 별 감각이 없는 여자들이 의외로 많다. 그 부분을 아무리 손이나 혀로 애무해도 큰 감흥을 못 느낄 수 있다는 말이다. 또한 무턱대고 페니스를 깊이 삽입하는 것도 여자를 절정에 이르게 하는 데 큰 도움이 안 된다. 남자들이 상대를 거칠게 다루고 무조건 세게 박는 것을 여자들도 좋아할 거라는 생각은 대부분 포르노가 심어준 커다란 착각이자 몰이해다. 준비가 안 된 여자에게 다짜고짜 들이밀면 성교통이 올 수도 있다.

여기서 남자의 성심리가 갖는 대표적인 왜곡이 있는데, 포르노를 평소 많이 시청한 남자들이 종종 복종과 지배의 이미지를 떠올리고는 상대 여자를 학대하듯 마구 다루는 것이다. 앞서 말했던 것처럼, 소위 사디즘(가학)과 마조히즘(피학)의 관계를 오가는 방식인데, 일반적인 여자들은 이런 관계를 전혀 원하지 않는다. 춘화잡지나 야동에서 본 체위나 자세를 요구했다가는 아마 여자는 놀라서 까무러칠 것이다. 정상적인 여자는 사랑을 원하지 겁탈을 원하지 않는다. 남자에게 마구 다뤄지는 섹스를 원하는 여자들이 있다면, 그들은 분명 마음에 여러 가지 상처를 가지고 있는 경우에 해당한다. 보통 **강간 환상**rape fantasy이라고 불리는 정서인데, 성에 대한 부정감정과 강박증이 심한 여성들에게서 나타난다. 성적으로 능욕당하거나 추행을 당하는 판타지는 남자의 상상 속에서만 존재할 뿐 성심리가 온전한 여자의 기대와 희망 속에서는 찾을 수 없다. 잘못된 성심리의 발현은 나 하나의 상처로 끝나는 게 아니라 상대에게도 씻을 수 없는 상처를 줄 수 있다는 사실을 명심하자. 그게 치료가 되지 않으면 인생 전체가 문제가 될 수 있기 때문이다. 무엇보다 섹스 중에 서로 대화를 하라. 거짓 오르가슴을 흉내 내는 데 237개의 근육이 필요하지만, "이게 클리토리스야."라고 말하는 데는 고작 15개 밖에 필요하지 않다.

강간 환상

강간 환상(rape fantasy)은 이성에게 성적으로 농락당하고 싶은 정서적 욕망을 말합니다. 보통은 남성보다 여성에게서 흔히 일어나는 것으로 알려져 있습니다. 일반적으로 10% 정도의 여성들이 이런 환상을 가지고 있다고 정의되지만, 1988년 펠레티어(Pelletier)와 해롤드(Herold)의 연구에 따르면, 여성 응답자의 절반 이상이 성관계를 강요당하는 환상을 가진다는 통계도 있습니다. 남성보다 여성이 강간 환상을 더 빈번하게 가지고 있는 이유에 대해 1978년 모로우(Moreault)와 폴링슈타드(Follingstad)는 섹스에 대한 사회적 죄책감을 여성이 기피하고 책임을 상대에게 전가하려는 방어기제에서 기인한 것으로 설명했습니다. 그들의 주장이 사실이라면, 일부 여성들이 갖는 강간 환상 역시 어떤 측면에서는 순결 강박증의 또 다른 발현이 아닐까 합니다.

03 새로운 전경을 찾아서

　　행복한 부부로 살고 싶다면 '성행위'보다는 '성심리'를 통한
성적 교감이 먼저 이뤄져야 한다. 평생 많은 재산과 부를 일궜어도
가정이 화목하지 못하고 부부관계가 원만하지 못해 지옥을 경험하
며 살아가는 이들을 많이 보았다. 이성에게 실망하고 배우자에게
절망하는 내담자들을 수십 년간 상담하면서 필자는 무의식에 고착
된 왜곡된 성심리를 교정하는 것만이 행복한 인간관계로 나아가는
가장 빠르고 정확한 지름길이라는 사실을 체험적으로 깨닫게 되었
다. 이성 간 성기와 성기의 접촉에서 이뤄지는 성교에 앞서 마음과
마음의 만남에서 이뤄지는 합일이 더 중요하고 선행한다. 마음의

욕동과 그 구조를 이해하지 못하면, 남녀가 만나 섹스를 통해 서로에게 지속적인 상처와 고통을 주는 악순환을 되풀이하게 된다.

성도 엄밀한 의미의 인간관계다. 아니 어쩌면 가장 원초적이고 중요한 인간관계라고 할 수 있다. 그런데 아무도 이 인간관계에 대해 체계적으로 배우거나 학습하려 하지 않는다. 인간들은 종종 가장 중요한 문제를 가장 하찮게 여긴다. 내 입으로 들어가는 음식은 원료며 성분이며 꼼꼼히 따지면서, 내 마음으로 들어가는 생각은 그게 악취가 나는 쓰레기인지 나를 죽일 수도 있는 독극물인지 신경도 쓰지 않고 관심도 갖지 않는다. 마음이 행복하지 않다면, 세상의 돈과 성공이 무슨 의미가 있을까? 이런 이야기를 할 때면, 필자는 상담소를 찾아와 "제 가진 돈 다 드릴 테니 제발 저 좀 도와주세요."라며 눈물을 흘리던 대기업 CEO의 얼굴이 종종 떠오른다. 우리나라에서 제일 좋은 대학을 나와 우리나라에서 가장 좋은 직장을 다니며 우리나라에서 가장 비싼 아파트에서 사는 그도 틀어진 부부관계에서 오는 상처로 인생이 무너져 내리는 상황을 두 손 놓고 있을 수밖에 없는 모습을 보며 다시 한 번 마음의 중요성을 느꼈다.

우리에겐 모두 성심리를 알아야할 의무와 책임이 있다. 내 성을 알고 내 몸과 마음을 지키고, 더불어 상대의 성을 알아서 배려하고 관계를 유지해야 한다. 남녀의 성에 대한 상반성을 모르면, 오해와 왜곡으로 빚어진 성인지에 의해 자기를 학대하고 상대를 미워하면서 살게 된다. 필자는 언제나 세상에는 두 종류의 사람과 네 종류의 관계가 존재한다고 말한다. 성심리를 아는 사람과 모르는 사람, 그리고 그들이 남녀로 각기 네 가지 관계를 만들어 내는데, 로맨스와 반대, 외도와 이혼이 그것이다. 상담소를 찾는 내담자들에게 필자는 아래와 같이 4분면의 각기 이니셜을 따서 로드ROAD로 제시하고 있다. 행복의 길을 찾는 관계는 결국 하나이기 때문이다.

	성심리를 아는 남자	성심리를 모르는 남자
성심리를 아는 여자	Romance 배려 사랑 행복	Affair 불륜 치정 외도
성심리를 모르는 여자	Objection 상처 오해 미움	Divorce 다툼 이혼 불행

가장 바람직한 관계는 당연히 성심리를 아는 남자와 성심리를 아는 여자가 만나는 관계다. 서로를 배려하고 사랑하면서 아름다운 로맨스를 이루게 된다. 이들이 부부의 연을 맺으면 이상적인 결혼생활을 할 수 있는 조건을 다 갖췄다고 볼 수 있다. 반면 최악의 관계는 성심리를 모르는 남녀가 만나는 것이다. 오해와 반목이 이어지며 끊임없이 다투고 미워하게 된다. 남자는 선의로 하는 행동인데, 이를 여자는 오해하고, 여자는 사랑으로 하는 행동인데, 이를 남자는 착각한다. 서로 영원히 일치할 수 없는 심리를 가지고 불행하게 살거나 이혼으로 떨어질 수밖에 없다. 이들은 섹스를 하면 할수록 성심리가 왜곡된다. 정신없이 싸우고 나서 섹스로 풀고, 그러다 다음날 다시 견원지간처럼 싸우는 일을 반복하게 된다. 성심리를 모르는 남자가 성심리를 아는 여자를 만나면 남자 쪽에서 탈이 난다. 아내는 상황을 인지하고 그에 맞게 대응하지만, 남자는 여자를 지속적으로 괴롭히다가 외도로 빠진다. 이런 관계는 보통 여자가 마음에 '참을 인' 자를 새기고 살아가게 된다. 반대로 성심리를 아는 남자가 무지한 여자를 만나면, 남자의 행동에 쓸데없이 여자가 상처를 받는 형국이 되기 쉽다. 이 관계는 주변에서 볼 수 있는 그리 흔한 사례는 아니지만, 보통 방어기제를 쓰는 아내가 남편을 거부하는 관계로 전락하기 쉽다. 당장 상담이 필요한 사례다.

인간은 상대방뿐만 아니라 사물 및 환경을 마주하고 일정한 판단과 해석을 내리며 살아간다. 인간은 주변을 지각할 때 사물의 각 부분을 따로 인식하지 않고 하나의 통합된 형태, 즉 게슈탈트 Gestalt로 파악한다고 한다. 인간의 인지는 1 더하기 1이 2가 아니라 1 더하기 1이 1도 되고 3도 되는 방식을 띤다는 것이다. 이른바 게슈탈트 심리학이라고 한다. 게슈탈트 심리학에 따르면, 인간의 지각과 인식에는 한계가 있기 때문에 전경과 배경이라는 두 가지 틀을 가지고 사물과 대상을 바라본다는 것이다. 여기서 지각의 중요한 부분은 전체 그림의 전경Vordergrund이 되고 그 밖에 나머지는 배경Hintergrund으로 처리된다. 마치 우리가 사진을 찍을 때 인물만 뚜렷하게 나오고 주변 배경이나 나머지 부분이 흐리게 처리되는 것과 같다.

문제는 이 전경과 배경의 관계가 고정돼 있지 않다는 사실이다. 게슈탈트 심리학을 심리 치료나 상담에 응용한 게슈탈트 치료법에 따르면, 삶이란 이 전경과 배경의 관계가 끊임없이 변화하는 과정이다. 어제의 전경이 오늘의 배경이 될 수도 있고, 오늘의 배경이 내일의 전경이 될 수 있는 것. 어제 중요했던 문제가 오늘 별로 중요하지 않은, 사소한 문제로 전락할 수 있고, 오늘 내 삶에 아무런 관련도 없을 것 같은 문제가 내일에 가서는 해결하지 않으면 죽어버릴 것만 같은 중차대한 문제로 탈바꿈할 수 있다. 인생의 특이점을 만나거나 직간접적인 계기를 만나 삶의 어떤 부분에서 관심의 초점이 바뀌면, 얼마든지 어제의 전경이 내 인지에서 배경으로 처리될 수 있다. 물론 시간이 흘러 삶의 맥락이 바뀌면 지금까지의 전경이 배경으로 물러나고, 배경이었던 부분이 전경으로 부상한다.

게슈탈트 심리학

19세기 말 독일의 철학자 에렌펠스(Ehrenfels)를 시작으로 20세기에 들어와 베르트하이머(M. Wertheimer)가 발전시킨 심리학으로 인간의 심리현상을 여러 요소들의 집합으로 설명했던 기존 심리학의 설명을 극복하고 형태(게슈탈트)를 통해 심리현상을 전체로 이해하려는 관점을 가지고 있습니다. 전경과 배경은 이 심리학의 중요한 기본 개념입니다. 소위 '지각적 분리'로 불리는데, 전경(형태)은 앞에 떠오르는 형상이고 배경은 전경의 뒤로 확산된 무정형의 공간처럼 지각되는 부분을 말합니다. 전경과 배경은 고정된 것이 아니라 상황과 관점에 따라 전도될 수 있습니다.

게슈탈트 심리학에 따르면, 이렇게 삶은 끊임없는 전경과 배경을 오가는 진자운동과 같다. 수년간 공무원 시험에 매진하는 공시족 청년에게 주변에 흐드러지게 핀 벚꽃의 아름다움이 눈에 들어올 리 없다. 그러다 그가 합격증을 받아들고 길을 나서는 순간 독서실

을 오가며 그토록 오랜 시간 동안 여의도 윤중로를 오갔는데 난생
처음으로 벚꽃이 눈에 들어온다. 그동안 배경이었던 벚꽃이 전경으
로 올라오는 순간이다.

　　사람의 관계, 연인의 관계도 마찬가지라고 생각한다. 한순간
나에게 중요한 사람으로 다가온 전경과 같은 대상도 배경으로 치환
될 수 있다. 또한 한 사람을 바라보는 관점에 있어서도 전경과 배경
이 존재한다. '이 사람이 이런 면이 있었구나.' 오랫동안 만남을 가
져왔지만 그의 진면목을 뒤늦게 깨닫는 순간이 있다. 그가 지적이
고 똑똑해서 끌렸는데, 만남을 이어가다 보니 그의 지성미는 배경
으로 물러나고 도리어 그의 친절함과 배려, 따뜻한 마음씀씀이가
전경으로 올라오게 된다. 시간이 지나다 보면 처음에 그의 가장 큰
매력이자 장점이라고 여겼던 것이 도리어 가장 의미 없고 하찮은
특성으로 빠질 수도 있다. 연애할 때는 남편의 이러이러한 면모 때
문에 그가 좋았는데, 살다보니 오히려 그의 저러저러한 면이 삶에
서 더 크게 다가오는 경우, 아마 이 시대의 아내들이라면 한두 번쯤
다 경험해봤을 것이다. 중년의 아줌마들 중에서는 때로 신혼 초기
설정된 전경과 배경이 평생 고정되어 쭉 변하지 않았으면 좋겠다고
생각했던 적도 있을 것이다. 그렇다고 대상을 바꾸려고 닦달하거나
몰아대서는 안 된다. 나의 전경을 바꾸면 된다. 이것이 왜곡된 성심

리를 교정하고 몸의 성과 마음의 성을 일치시키는 것이며, 나아가 조절과 동화로 스키마의 평형상태를 유지하는 것이다. 성심리의 교정으로 누구나 몸의 오르가슴과 마음의 오르가슴을 동시에 맛볼 수 있다. 이처럼 남녀관계는 새로운 상대의 전경을 찾아가는 여행과 같다.

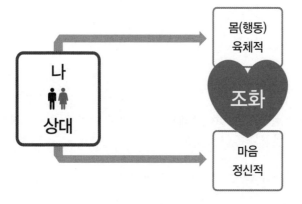

성심리는 남자와 여자가 서로 다르다는 것을 기본으로 이해해야 하며 연령대별로 성심리에 변화가 온다는 사실도 알아야 합니다. 섹스는 인생 전반에 걸쳐 발달하고 나이를 먹으면서 진화합니다. 성심리는 어느 한 부분에 고착되어 있는 것이 아니라 개인에 따라, 연령에 따라, 남녀에 따라, 환경에 따라 지속적으로 변화합니다. 자신의 성심리가 어떤 상태에 있는지 끊임없이 배우자를 통해 확인하고 파악하지 않으면 어느 순간 자신의 의도와 상관없이 외도와 불륜의 희생양이 되고 맙니다. 성심리의 이해는 섹스에 대한 지식의 많고 적음을 뜻하는 것이 아닙니다. 성심리의 이해는 인간관계 속에서 이뤄지는 남녀의 모든 관계에서 이르러 오는 지식을 확보하는 것입니다. 대부분의 많은 사람들이 이성에 대한 관심을 가지고 있으면서도 성에 어떻게 접근해야 할지 몰라서 고민합니다. 가까운 친구에게 묻거나 검증되지 않은 책을 참고하기도 합니다. 가장 위험한 발상은 성에 대해 잘 알고 있다는 자만입니다. 자신의 성심리를 과신하거나 오해해서 뒤틀린 남녀관계나 가학피학적 관계, 외도나 섹스리스에서 헤어 나오지 못하게 됩니다. 섹스가 무엇인지 모르는 남녀가 외도를 하며 수많은 성범죄와 이상심리로 사회적 물의까지 일으키게 됩니다. 남녀의 성심리를 알고 하는 섹스는 행복한 인생을 살아가기 위한 필수 요건이며 에너지입니다.

나가는 글

　　프랑스의 계몽주의자 볼테르는 "아마도 이혼은 결혼과 거의 같은 날짜를 가지고 있을 것이다. 비록 결혼이 몇 주 더 오래되었을 뿐이지만."이라고 말했다. 그는 『철학사전』에서 로마인들, 게르만족이 유럽에 이러한 이혼 풍습을 퍼트렸으나 이혼은 인류의 역사만큼 오래되었다고 주장했다. 최근 급증하고 있는 이혼율을 보고 있노라면 남녀가 서로 손잡고 결혼식장에 들어가서 식이 끝나고 각자 따로 나가는 것 같은 착각이 들 정도로 결혼과 이혼이 맞닿아 있어 볼테르의 말이 과히 틀린 말은 아닌 듯싶다. 최근 신문지상을 뜨겁게 달구었던 모 커플의 이혼 소식을 바라보며 이혼이 이제 누구도 피해갈 수 없는 인생의 중대한 관문의 하나로 자리 잡았다는 인상은 오직 필자만의 느낌일까? 한때 세기의 커플로 불렸던 그들이 이혼에까지 이르게 된 데에는 대중들이 알 수 없는 그들만의 여러 가지 속사정이 있을 것이다.

　　통계청에 따르면, 2018년 기준 대한민국 총 이혼 건수는 약 10

만8,700건으로 보고되었다. 예전에 젊은 부부들을 중심으로 이뤄지던 이혼이 이제 은퇴 연령이 가까운 노년들 사이에서도 빈번하게 일어나고 있다는 분석이다. 황혼 이혼의 증가는 지표에서도 그대로 드러난다. 50대와 60대 이상 이혼 건수는 각각 약 1만3,200건, 1만6,000건으로 전년 대비 각각 10.3%, 18.0% 증가했다. 전문가들이 내놓는 미래의 전망은 더 암울하다. 비혼과 만혼, 이혼, 독신 인구가 늘면서 2047년이 되면 우리나라 전체 가구의 절반 이상이 자녀 없는 '1인 가구' 형태가 될 것이라는 통계도 나오고 있다. 1인 가구 비중은 2017년 28.5%에서 2047년 37.3%로 늘어나고 배우자나 자녀를 두고 있는 현재 가구 형태는 반 토막이 날 전망이란다. 사실이라면, 얼마 안 가서 대한민국은 지구상에서 일본 다음으로 '외로운 독거자의 나라'가 될지 모른다. 대체 왜 이런 현상이 벌어질까?

여기서 거시적인 사회 문제를 미시적인 남녀의 성심리로 환원시키려는 마음은 없다. 다만 인류의 진화를 이끌었던 인간관계라는 굳건한 동력, 역사의 틈바구니 속에서 호모 사피엔스의 최종적인 승리를 추인했던 사회성이라는 '보이지 않는 손'이 현대에 접어들면서 전례 없이 맥을 못 추고 있다는 사실을 말하고 싶을 뿐이다. 히키코모리와 1인 가구 세대의 등장, 연령을 불문하고 '혼자라서 편해요.'라는 문장으로 대변되는 독거에 대한 희구는 이미 극단적인 사회문제로까지 불거진 것 같다. 먼 미래도 아니다. 20년 뒤, 30년 뒤, 우리의 노년기는 이전까지 단 한 차례도 존재하지 않았던 가장 철저하게 파편화된 인간관계 속에서 살아가게 될지도 모른다.

영화 「칠드런 오브 맨(2006)」에서는 급기야 남녀 간의 섹스가 사라지고 인류가 아이를 낳는 방법을 아예 잊어버린 미래 시대가 등장한다. 인구 성장이 완전히 멈춘 시대, 인류는 서로를 증오하며 전쟁을 일삼으며 스스로를 파괴하는 일에 몰두하고 있다. 이때 어느 날 흑인 소녀 하나가 아이를 임신하게 되고, 이를 알게 된 전 세계 국가와 단체, 심지어 테러리스트들조차 수십 년 만에 태어나게 될 이

신생아를 차지하기 위해 치밀한 작전과 고도의 심리 각축전을 벌인다. 인류에게 드디어 '인간의 자녀'가 강림하게 된 것이다. 영화 후반부에 총탄이 빗발치는 시내 총격전에서 무장한 한 군인이 울고 있는 갓난아기를 조심스레 안고 무너진 건물 밖으로 나오는 장면은 아직도 필자의 뇌리에서 잊히지 않는다. 그 아이는 전쟁으로 서로의 멸망을, 아니 종의 멸종을 가속화시키고 있는 우매한 인간들에게 생명과 평화의 참의미를 가르쳐주는 존재일지도 모른다. 아이의 가냘픈 울음소리는 포격과 파열음을 뚫고 인간관계를 잃어버린 인류의 미래가 얼마나 비참할 수 있는지 증명하고 있는 것처럼 보였다.

오랫동안 인간관계에 대한 문법을 연구하고 내담자들과 동고동락하며 사람들의 상처와 아픔을 함께 공유했던 필자는 인간관계가 단절되고 상호이해에 분절이 일어나는 현대 문명의 그림자에 서서 현대인들의 무의식의 왜곡된 성심리를 다시 복원하고 남녀가 새로운 관계 지도를 만들어 가는 일에 투신해왔다. 인간이 인간다운 삶을 영위하려면 반드시 어떠한 형식으로든 관계를 이어가야 하며 그 관계의 정점에 남녀관계가 있다는 사실을 부정할 수 있는 사람은 거의 없을 것이다. 이혼이나 불륜, 각종 인간관계의 문제로 필자의 상담소를 찾는 많은 내담자들 역시 '화려한 싱글' '행복한 돌싱'을 외치지만, 자신들의 의식 한 구석에 자리하고 있는 관계에 대한 욕구를 애써 부정하지 않는다.

인간의 진화는 인간관계와 함께 발달해왔다. 세상의 동식물은 유전자를 세상에 남기기 위해 교미를 하지만, 인간은 인간관계의 성숙과 완성을 위해 섹스를 한다. 인간은 사회를 구성하고 삶속에 자신의 성욕을 무분별하게 쓸 수 없기 때문에 남자의 성욕을 열정으로, 여자의 성욕을 사랑으로 재해석하였다. 사람의 감정 중에 성심리는 가장 핵심이 되는 감정이다. 때문에 부정이든 긍정이든 조금만 자극을 받아도 매우 예민하게 반응하게 된다. 인간의 사랑과 열정은 한 사람의 인생에 지대한 영향을 미치지만, 이에 대해서 제대로 알고 깨달을 수 있는 기회는 흔치 않다 보니 사회적 성공을 이루고도 성범죄에 노출되어 사회적 물의를 일으키는 일들이 종종 발생한다. 이 책은 그런 분들을 위해 집필했다. 오랫동안 책을 위해 자료들을 모으고, 내담자들의 서류들을 정리했다. 이번 책은 나름 술술 써졌던 전작과 달리 필자의 욕심 때문인지 처음부터 고통스럽게 지난한 집필 과정을 선사했다. 필자가 간절하게 전달하고 싶었던 내용들을 담느라 여러 번 원고를 고치고 다듬었다.

모든 일에는 처음과 끝이 맞닿아 있다. 이 책을 준비한 지 1년이 지난 시점에 드디어 원고를 완성하고 여러분들에게 내놓는다. 한 해가 바뀌고 계절이 바뀌고 다시금 원점에 선 느낌이다. 이 책을 들고 읽으며 자신의 삶에 중요한 관계의 뿌리가 무엇인지 깨닫고, 나아가 원만한 남녀관계를 정립하여 아름답고 멋진 인생 2막을 열어가는 내담자들의 웃는 얼굴을 떠올린다. 남녀관계를 고민하여 페이지를 들추는 모든 분들에게 신의 가호가 있기를....

가볍게 확인하는 그 남자, 그 여자의 성심리 테스트

※ 본 테스트는 성인 남녀 자가진단 약식 테스트이며, 해당 문항에 체크하여 점수를 환산하는 방식입니다. 각 문항들을 자세히 읽어보시고, 최근 1개월 동안 다음의 각 문항에 해당하는 내용을 얼마나 자주 느꼈는지 표기해 주세요. 하나도 빠짐없이 선택하시되, 너무 오래 생각하지 마시고 솔직하게 답변하시면 됩니다.

---

01. 나는 매번 이성을 만날 때마다 성적 공상 및 성행위에 대한 상상이 지속되거나 반복적으로 떠오른다.

매우 그렇다(5점)	그렇다(4점)	보통이다(3점)	아니다(2점)	전혀 아니다(1점)

02. 지속적이거나 반복적인, 성적 대상과의 거의 모든 성기 접촉이나 성적 접촉에 대해 극심한 혐오를 가지고 있다.

매우 그렇다(5점)	그렇다(4점)	보통이다(3점)	아니다(2점)	전혀 아니다(1점)

03. 나는 성행위가 원만하게 끝날 때가지 적절한 발기가 지속적으로 또는 반복적으로 일어나지 않거나 유지되지 않는다.(남성만 체크)

매우 그렇다(5점)	그렇다(4점)	보통이다(3점)	아니다(2점)	전혀 아니다(1점)

04. 정상적인 성적 흥분기에 뒤따르는 절정감이 지속적으로 또는 반복적으로 지연되거나 결여된다.

매우 그렇다(5점)	그렇다(4점)	보통이다(3점)	아니다(2점)	전혀 아니다(1점)

05. 약간의 성적 자극으로도 질 내 삽입 전, 삽입 당시, 삽입 직후, 또는 개인이 원하기 전에 절정감과 사정이 반복적으로나 지속적으로 일어난다.(남성만 체크)

매우 그렇다(5점)	그렇다(4점)	보통이다(3점)	아니다(2점)	전혀 아니다(1점)

06. 남성이나 여성에 있어서 성교와 관련된 반복적이고 지속적인 통증을 경험하고 있다.

매우 그렇다(5점)	그렇다(4점)	보통이다(3점)	아니다(2점)	전혀 아니다(1점)

07. 질의 외측 3분의 1을 차지하고 있는 근육의 반복적이거나 지속적인 불수의적 수축이 성행위를 방해한다.(여성만 체크)

매우 그렇다(5점)	그렇다(4점)	보통이다(3점)	아니다(2점)	전혀 아니다(1점)

08. 임상적으로 심각한 성기능 부전이 주요 임상 양상으로서 심한 고통이나 대인관계에서 어려움을 초래한다.

매우 그렇다(5점)	그렇다(4점)	보통이다(3점)	아니다(2점)	전혀 아니다(1점)

09. 생각치도 않는 낯선 사람에게 성기를 노출시키는 행위를 통해 성적인 흥분을 강하게 일으키는 공상, 성적 충동, 성적 행동이 반복되며 지속된다.

매우 그렇다(5점)	그렇다(4점)	보통이다(3점)	아니다(2점)	전혀 아니다(1점)

10. 이성의 속옷을 통해 성적인 흥분을 강하게 일으키는 공상, 성적 충동, 성적 행위가 반복되며 지속된다.

매우 그렇다(5점)	그렇다(4점)	보통이다(3점)	아니다(2점)	전혀 아니다(1점)

11. 동의하지 않은 상대방에 대한 접촉, 문지름을 통해 성적 흥분을 강하게 일으키는 공상, 성적 충동, 성적 행동이 반복되며 지속된다.

매우 그렇다(5점)	그렇다(4점)	보통이다(3점)	아니다(2점)	전혀 아니다(1점)

12. 사춘기 이전의 소아(보통 13세 이하)를 상대로 한 성행위를 통해 성적 흥분을 강하게 일으키는 공상, 성적 충동, 성적 행동이 반복되며 지속된다.

매우 그렇다(5점)	그렇다(4점)	보통이다(3점)	아니다(2점)	전혀 아니다(1점)

13. 굴욕을 당하거나 매질을 당하고 묶이는 방식으로 고통을 당하는 행위를 통해 성적 흥분을 강하게 일으키는 공상, 성적 충동, 성적 행동이 반복되며 지속된다.

매우 그렇다(5점)	그렇다(4점)	보통이다(3점)	아니다(2점)	전혀 아니다(1점)

14. 희생자의 심리적 또는 육체적 고통으로 성적 흥분을 얻는 행위를 통해 성적 흥분을 강하게 일으키는 공상, 성적 충동, 성적 행동이 반복되며 지속된다.

매우 그렇다(5점)	그렇다(4점)	보통이다(3점)	아니다(2점)	전혀 아니다(1점)

15. 이성의 옷을 바꿔 입어서 성적 흥분을 강하게 일으키는 공상, 성적 충동, 성적 행동이 반복되며 지속된다.

매우 그렇다(5점)	그렇다(4점)	보통이다(3점)	아니다(2점)	전혀 아니다(1점)

16. 옷을 벗는 과정에 있거나 성행위 중에 있는 상대가 전혀 눈치 채지 못한 가운데, 옷을 벗은 대상을 관찰하는 행위를 통해 성적 흥분을 강하게 일으키는 공상, 성적 충동, 성적 행동이 반복되며 지속된다.

매우 그렇다(5점)	그렇다(4점)	보통이다(3점)	아니다(2점)	전혀 아니다(1점)

17. 강하고 지속적으로 이성과의 동일시를 경험한다.

매우 그렇다(5점)	그렇다(4점)	보통이다(3점)	아니다(2점)	전혀 아니다(1점)

18. 성적 흥분에 따른 윤활-부종 반응이 성행위가 끝날 때까지 지속적, 반복적으로 일어나지 않거나 유지되지 않아서 성행위를 기피하게 된다.

매우 그렇다(5점)	그렇다(4점)	보통이다(3점)	아니다(2점)	전혀 아니다(1점)

19. 나는 평소 이성 이외에는 다른 생각을 하지 않는다.

매우 그렇다(5점)	그렇다(4점)	보통이다(3점)	아니다(2점)	전혀 아니다(1점)

20. 나는 성에 대해서 다른 사람들보다 많이 안다고 생각한다.

매우 그렇다(5점)	그렇다(4점)	보통이다(3점)	아니다(2점)	전혀 아니다(1점)

| 결과 및 평가 |

'예'라고 답변한 문항 개수 × 5 = 본인의 성심리 점수

❶ 60점 이상
성적 스트레스가 있습니다.
다소 짜증과 같은 심리적 형태가 있으며, 지속된다면 우울증이 시작될 수도
있습니다. 적절한 예방 조치가 필요합니다. 성심리 교육을 추천 드립니다.

----

❷ 70점 이상
평소에 성적 스트레스가 많습니다.
성적 의욕이 없으며 정신적 관련 문제가 의심됩니다. 항상 피곤을 느낄 수 있
으며, 면역성이 떨어져 있습니다. 지금 당장 휴식이 필요합니다. 가까운 전문
가를 찾아 상담을 해 보셔야 합니다.

----

❸ 80점 이상
성적으로 상당한 스트레스가 있으며 일상생활 또한 몸과 마음의 우울도가
심합니다. 이 상태가 지속되면 일상생활에 지장을 받으실 수 있을 만큼의 심
리 상태입니다. 성과 관련된 진료를 받으셔야하며, 정신과 상담과 심리전문
가의 치료가 반드시 필요합니다.

1판 1쇄 인쇄 2019년 12월 2일
1판 1쇄 발행 2019년 12월 9일

지은이   박수경

발행인   김성룡
코디   정도준
편집   백승기
디자인   김민정

펴낸곳   도서출판 가연
주소   서울시 마포구 월드컵북로 4길 77, 3층 (동교동, ANT빌딩)
구입문의 02-858-2217
팩스   02-858-2219